Hiltgunt Zassenhaus

Ein Baum blüht im November

Ein ergreifendes Zeugnis
der Nächstenliebe und Menschlichkeit
aus dem Zweiten Weltkrieg

BASTEI-LÜBBE-TASCHENBUCH
Band 61 228

© 1974 by Hoffmann und Campe Verlag, Hamburg
Lizenzausgabe im Gustav Lübbe Verlag GmbH,
Bergisch Gladbach
Printed in Germany, Mai 1992
Umschlaggestaltung: Manfred Peters
Gesamtherstellung: Ebner Ulm
ISBN 3-404-61228-0

Der Preis dieses Bandes versteht sich einschließlich
der gesetzlichen Mehrwertsteuer

Mit Ausnahme öffentlich bekannter Persönlichkeiten sind die Namen aller Privatpersonen, die in diesem Bericht vorkommen, geändert. Viele von ihnen sind noch am Leben; und zu schildern, was sie taten (oder zu tun unterließen), schien mir wichtiger als die Nennung ihrer Namen. Unverändert blieben die Namen von Frederik Ramm, Olav Brunvand, Björn Simoness und Pastor Svendsen. Ihre Geschichte ist jedem Norweger geläufig: als Beispiel für den Kampf um eine Freiheit, für die wir nur kämpfen können, wenn sie in uns selbst verankert ist.

H. Z.

PROLOG

Ich befand mich auf dem Flug nach Berlin. Seit fast fünfundzwanzig Jahren war ich nicht mehr dort gewesen – seit jener Winternacht des Jahres 1945, in der ich auf der Flucht vor der Gestapo untertauchte. Ich genoß den Flug. Hoch über den von Menschen gezogenen Grenzen streckte sich endlos der blaue Himmel; ich fühlte mich frei.

Für einen Augenblick schloß ich die Augen. Ich hatte nie wieder nach Deutschland kommen wollen – niemals; doch auf meiner Europareise hatte mich der Brief eines Verlegers in Ost-Berlin erreicht. »Kommen Sie herüber«, hatte er geschrieben. »Wir haben eine Sonderaufgabe für Sie.«

Eine Sonderaufgabe? Hätte dieses Wort nicht darin gestanden, ich hätte dem Brief weiter keine Beachtung geschenkt; doch es hatte Dinge der Vergangenheit angerührt. Meine Neugier hatte sich geregt, und so beschloß ich kurzerhand, hinzufliegen.

Ich würde nicht lange bleiben, nur einen Tag. Schon morgen würde ich wieder in die Vereinigten Staaten zurückfliegen. In meinen Ohren fing es an zu klingen. Die Maschine war kurz vor der Landung und verlor an Höhe. Ich sah aus dem Fenster. Die Berliner Mauer war nicht zu sehen. Vom Flugzeug aus wirkte Berlin wie jede andere Großstadt – ein Netz von Straßen und Häusern, dazwischen Sprenkel von staubigem Spätsommergrün.

Doch jetzt mußten wir uns über dem Osten der Stadt befinden. Unbebaute Flächen lagen verlassen da. Auf den Straßen sah man nur ganz vereinzelte Autos.

Doch dann änderte sich das Bild mit einem Schlage. Autos verstopften die Straßen, Parkplätze waren gedrängt voll. Wir überflogen West-Berlin; nur wenige Minuten später landeten wir auf dem Flugplatz Tempelhof.

»Wie lange bleiben Sie?« erkundigte sich der Empfangschef des Hotels.

»Nur eine Nacht«, sagte ich und machte mich auf den Weg nach Ost-Berlin.

Die Mauer war für mich kein Hindernis. Ich hatte einen, amerikanischen Paß. Doch beim Übergang am Checkpoint Charlie war ich nicht mehr ganz so sicher.

Der Paß wurde mir abgenommen, ich wartete fast eine Stunde, und als der Grenzbeamte schließlich zurückkam, wanderte sein Blick zwischen mir und dem Paßbild hin und her, als bezweifle er, daß es sich dabei um ein und dieselbe Person handelte.

Zwei andere Beamte nahmen mich ins Verhör. Weshalb ich käme, wohin ich wollte, wie lange ich in Ost-Berlin zu bleiben gedächte?

»Wir müssen Ihr Gepäck untersuchen.«

»Ich habe keins«, entgegnete ich.

Sie fragten nach meiner Handtasche, öffneten sie und hielten sie umgekehrt hoch, so daß sich der Inhalt über Tisch und Boden breitete. Ich starrte sie an; mir fiel auf, wie sehr sie alle einander ähnelten. Als ob ich das nicht schon seit langem wußte; sahen sie nicht überall und immer gleich aus?

»Wir tun nur unsere Pflicht«, sagte einer von ihnen und reichte mir die Handtasche zurück.

Sie ließen mich gehen, und ich betrat das Niemandsland an der Mauer. Die Friedrichstraße, einst eine der großen Berliner Durchgangsstraßen, endete jetzt an der Mauer und war menschenleer, soweit das Auge reichte. Die Häuser waren unbewohnt. Eine Kirche, von den Bomben des Zweiten Weltkriegs teilweise zerstört, war noch nicht wieder aufgebaut worden; der Eingang war vermauert.

Ein altes Auto mit einem handgeschriebenen »Taxi«-Schild stand am U-Bahnhof. Ich stieg ein.

Es war eine unbequeme, holprige Fahrt. Die Straße war voller Schlaglöcher, und der Wagen ruckte und ratterte. Obwohl keinerlei Verkehr ihn behinderte, dachte der Fahrer nicht daran, den Löchern auszuweichen; er fuhr verdrossen drauflos. Doch es entging mir nicht, daß er mehrfach einen forschenden Blick in den Rückspiegel warf.

»Woher sind Sie?« begann er schließlich.

»Aus Amerika.«

»Aus Amerika?« wiederholte er, als hätte ich vom Mond gesprochen.

Nach einer Pause sagte er: »Sie sprechen aber gut Deutsch.«

»Ich bin hier geboren und aufgewachsen.«

»Und noch rechtzeitig herausgekommen?«

»Nicht ganz«, erklärte ich.

Wir waren am Verlagsgebäude angekommen, einem modernen Hochbau mit großen, blanken Fenstern.

»Eigentum der Partei«, sagte der Taxifahrer. Der Wagen schoß mit einem Satz davon.

Zu beiden Seiten weite, unbebaute Flächen, die von Planierraupen eingeebneten Trümmer des Zweiten Weltkrieges. Schon zwängte sich Unkraut durch den rötlichen Schotter – hier und da sogar eine Glockenblume.

Dazwischen erob sich die schlanke Fassade aus weißem Marmor – ich sah an ihr hoch; wie mochte das Leben hinter dieser Fassade sein?

Die Empfangshalle drinnen: ein nur mit Planken verschlagener Boden und ein Holzverschlag in der Ecke. Ein Tisch, ein Telefon und ein armselig gekleideter alter Mann dahinter: das Empfangskomitee. Es war Mittagspause, und er rührte mit einem Blechlöffel in einem vor ihm stehenden Becher. Der Geruch verriet mir den Inhalt – Ersatzkaffee.

»Der Genosse erwartet Sie«, sagte er auf meine Frage nach dem Cheflektor.

Der Aufzug war außer Betrieb, und so stieg ich die Treppen hinauf bis in den fünften Stock. Der Raum war mit dicken Teppichen ausgelegt.

»Wir möchten Ihre Geschichte herausbringen«, sagte er zur Begrüßung. »Unsere Jugend soll erfahren, was Sie während des Krieges getan haben. Allerdings ...« – er hielt einen Augenblick inne – »... müßten Sie gewisse Änderungen vornehmen.«

»Ist das die Sonderaufgabe, die Sie erwähnten?«

»Ja, und?« sagte er achselzuckend. »Man muß mit der Zeit gehen ...«

Er rief seine Assistentin hinzu, eine junge Frau mit Hornbrille und kurzem, strähnigem Haar, die er mit »Genossin« anredete.

»Setzen wir uns doch zusammen, und lassen Sie uns darüber reden«, schlug er vor – offensichtlich bemüht, besonders freundlich zu sein.

»Ich habe Ihre Geschichte gelesen«, begann seine Assistentin voller Eifer. »Gott kommt fünfmal darin vor, und das muß heraus.«

»Sie scheinen Ihre Arbeit damals völlig allein und von sich aus gemacht zu haben«, sagte der Cheflektor. »Das entspricht nicht unserer Denkweise. Sie müssen erklären, daß Sie zu einer Untergrundorganisation gehört haben. Wir glauben nur an den Wert kollektiver Aktionen.«

Meine Augen wanderten zum Fenster. Von hier oben konnte ich die Mauer sehen.

»Sie haben recht«, sagte ich ruhig, »ich war nicht allein. Gott war immer bei mir.«

Der Cheflektor sprang auf und durchmaß das Zimmer. »Sie verstehen mich nicht«, rief er gereizt.

»Ich glaube doch«, versicherte ich ihm und mußte plötzlich an den Tag denken, an dem mir genau das gleiche gesagt worden war.

Wir wurden uns nicht einig. Ich ging, und als ich die Treppe wieder hinabstieg, entdeckte ich zu meiner Überraschung, daß mich keinerlei Gefühle bewegten – nicht einmal Zorn. Mir war, als ob alles, was ich heute gesehen und gehört hatte, mich nichts mehr anginge. Ich hatte mich von meiner Vergangenheit endgültig gelöst; sie war wie ein zugeschlagenes Buch.

Weit und breit kein Taxi; ich ging zu Fuß. Während ich frisch ausschritt, glitt meine Hand in die Jackentasche und berührte meinen amerikanischen Paß. Nur noch vierundzwanzig Stunden, dann war ich wieder in der Neuen Welt. Doch dann blieb ich plötzlich stehen. Es war eine Straße, die ich wiedererkannte. »Unter den Linden« – das war einst Berlins vornehmste Straße gewesen. An ihrem Ende, wie ein riesiges Denkmal der Vergangenheit, das Brandenburger Tor. Und noch etwas sah ich, das ich den ganzen Tag vermißt hatte: Menschen – viele Menschen. Schulter an Schulter standen sie vor dem Brandenburger Tor – wie eine lebende Mauer.

Erst als ich nahe herankam, bemerkte ich, daß die Zwischenräume zwischen den Säulen mit Beton ausgefüllt waren: Das Denkmal war zu einem Teil der Mauer geworden. Volkspolizisten mit geschultertem Gewehr überwachten die Menge. Da fiel mir ein, warum. Es war der 13. August 1969 – der achte Jahrestag der Errichtung der Mauer.

Stumm stand die Menge da; der Wind wehte aus West-Berlin Fetzen von Musik über die Mauer – Rock 'n' Roll!

Plötzlich durchbrach eine Kinderstimme das Schweigen.

»Mutter, was ist hinter der Mauer?«

»Menschen«, war die Antwort.

»Menschen wie wir?«

»Die Menschen sind überall gleich. Sie weinen und lachen genauso wie du und ich.«

»Aber wozu dann die Mauer?« wollte das Kind wissen.

Ich sah, wie sich das Gesicht der Mutter verschloß, als ginge ein Vorhang nieder.

Ich kannte diesen »Vorhang«. Ich kannte ihn von früher, und das Gesicht dieser Frau sagte mir, daß meine Vergangenheit kein zugeschlagenes Buch war. Nie würde ich vergessen können.

Mauern. Mauern aus Zement, Ziegelstein und Stacheldraht. Und Mauern, die man weder sehen noch berühren konnte – unsichtbare Mauern, errichtet aus Vorurteilen, Angst, Haß und – noch schlimmer – aus

Gleichgültigkeit. Mauern, die unser Denken hemmten und uns unempfindlich machten für den Schmerz, der anderen zugefügt wurde.

Das waren die Mauern des Dritten Reiches – die Mauern eines Volkes, das die Freiheit wie etwas Selbstverständliches hingenommen hatte – und sie verlor.

Ich bin mit diesen Mauern aufgewachsen und habe gesehen, wie Menschen sich dem Terror beugten. Aber ich sah auch Menschen, die ihre Furcht bezwangen und den Kräften der Zerstörung die Stirn boten. Das waren die Menschen des »verborgenen« Deutschlands – eines Deutschlands, von dem die Welt kaum etwas weiß.

Viele von ihnen sind heute tot. Ich aber möchte, daß sie weiterleben; ihr Beispiel läßt mich hoffen, daß eines Tages die Mauern, die uns trennen, fallen werden, und daß die Menschen, statt einander weiter zu zerstören, im Dienst am Leben zueinanderfinden werden.

Für mich bedeutete das Dritte Reich mit Hakenkreuzen verklebte Fenster; Holzstöße, auf denen Bücher öffentlich verbrannt wurden und die »Ehrfurcht vor dem Leben« in Flammen aufging; leere Häuserfassaden: alles, was noch übrigblieb von Menschen, die aus Furcht vor Hitler schwiegen und denen der Rauch der brennenden Städte den Atem verschlug.

Doch für mich ist das Dritte Reich zugleich auch die Erinnerung an eine Familie, die in ihrer bedingungslosen Ablehnung Hitlers zusammenstand, an einen Vater, der seine Kinder lehrte, ihrer Überzeugung treu zu bleiben, und an eine Mutter, die sagte: »Nur was du gibst, wird dir bleiben.«

Hitlers Deutschland – jetzt schon fast Geschichte geworden – könnte sich wiederholen. Abermals leben wir in einer Welt, erschüttert in ihren Grundfesten durch dieselben Kräfte und Strömungen, die damals das deutsche Volk zum Handeln antrieben oder vom Handeln abhielten. Obwohl es einen Ausweg nicht zu geben scheint, müssen wir uns mit ihnen identifizieren. Zwar ist Hitler tot, aber er wird in uns weiterleben, solange die Mauern stehen.

ERSTER TEIL

1

Dieses Buch ist ein Bericht über mich selbst; aber nur im Buch gibt es einen Anfang und ein Ende. Wenn man erst siebzehn Jahre alt ist, erkennt man den Anfang nicht und ist fest davon überzeugt, daß es ein Ende nicht gibt.

Eines Morgens – es war Winter – wachte ich auf und konnte den Himmel vor meinem Fenster nicht sehen. Mein Zimmer war in ein gelbgraues, trübes, fast schwefliges Licht getaucht.

Das Fenster war mit dickem, braunem, mit Hakenkreuzen bedrucktem Papier verklebt. Über Nacht war unser Haus von unbekannten Nazihänden verdunkelt worden.

Das geschah in Hamburg, am 30. Januar des Jahres 1933. Hitler war an die Macht gekommen.

Am selben Tag erschienen zwei SA-Männer und fragten nach meinem Vater, doch da er damals gerade krank war, ließen sie ihn in Ruhe. Wenige Monate später war er stellungslos. Er war Direktor einer höheren Mädchenschule gewesen. Als Historiker hatte er eine Anthologie über die Geschichte des Christentums herausgegeben und sich dabei besonders dem Werk Albert Schweitzers gewidmet. Im Unterricht versuchte er seinen Schülerinnen Schweitzers Gebot der »Ehrfurcht vor dem Leben« nahezubringen, eine Lebenshaltung, die von den Nazis natürlich abgelehnt wurde. Am Tag der Machtergreifung sagte er zu uns: »Von jetzt an ist unser Haus wie eine Festung, in der wir genauso leben und denken wie zuvor.« Und Mutter fügte hinzu: »Es wird nur einige Monate dauern.«

Es dauerte zwölf Jahre.

2

An diesem 30. Januar 1933 kam ich zu spät zur Schule. Ich hatte versucht, das Papier vom Fenster herunterzubekommen; doch es klebte fest, und so wollte ich wenigstens eins der vielen Hakenkreuze abkratzen. Aber wie sehr ich auch mit dem Messer daran herumschabte, gelang es mir doch nur, zwei Streifen herauszuschneiden – sie sahen aus wie ein Kreuz und ließen ein Stückchen des blauen Himmels ahnen.

Meine Lieblingslehrerin, Fräulein Brockdorf, gab die erste Stunde. Sie unterrichtete in Deutsch und Geschichte, und gerade am Tage zuvor waren wir über einen Vergleich zwischen liberaler Demokratie und totalitären Systemen in eine heftige Diskussion geraten.

Nicht nur das. Vor etwa vier Wochen hatte Fräulein Brockdorf mich zu einer Kundgebung geschickt, auf der Hitler gesprochen hatte. Ich hatte ihn zum ersten Mal reden gehört und sollte nun meine Eindrücke in einem Aufsatz festhalten. »Seine Stimme ist so laut, daß sie uns zum Schweigen bringen kann«, schrieb ich, »aber sie vermag uns nicht zu überzeugen.« Und in den frühen Morgenstunden hatte ich mit dem ganzen Elan meiner siebzehn Jahre meinen Aufsatz mit den Worten abgeschlossen: »Hitler ist ein Psychopath!« Fräulein Brockdorf hatte mir für diesen Aufsatz eine Eins gegeben und mich aufgefordert, ihn der Klasse vorzulesen.

Doch als ich diesen Morgen das Klassenzimmer betrat, fiel mir auf, wie blaß sie war. Sie fragte mich, warum ich zu spät käme, und als ich es zu erklären versuchte, schnitt sie mir mit einem hastigen »Schon gut, setzen Sie sich« das Wort ab. In ihrem Gesicht war etwas, das ich später auch bei meinen Mitschülerinnen beobachtete. Als ich ihnen von unseren überklebten Fenstern erzählte, vereisten ihre Mienen, und es war, als fiele ein Vorhang zwischen uns. Sie taten, als verständen sie mich nicht, sie verstummten und wandten sich rasch ab. Nur meine beste Freundin Inge blieb bei mir und flüsterte mir zu: »Vorsicht!«

Ich war verblüfft. Vorsicht war ein Begriff, den ich bisher nur in Verbindung mit dem Straßenverkehr kannte. Ich wünschte nichts sehnlicher, als nach Hause gehen zu können; als die Schule endlich aus war, sprang ich in aller Eile die Treppe hinunter. Doch am Fußende stand Fräulein Brockdorf und hielt mich zurück. Sie winkte mich in ihr Sprechzimmer und schloß hinter uns sorgsam die Tür. Mein Aufsatz lag auf ihrem Schreibtisch. »Nehmen Sie ihn mit nach Hause und verbrennen Sie ihn«, sagte sie. Stockend fügte sie noch hinzu: »Das, woran wir bisher geglaubt haben – alles das müssen wir vergessen.«

Ich hatte Fräulein Brockdorf besser gekannt als die meisten anderen Lehrer. Nicht nur, daß sie mich in der Schule unterrichtete; schon seit über zwei Jahren hatte sie eine kleine Gruppe literarisch besonders interessierter Schülerinnen jede Woche einmal in ihrem Hause zu Diskussionen versammelt. Wir nannten es unseren »Privaten Buchklub«.

Sie wohnte mit einer anderen Lehrerin zusammen, die mich in der Unterstufe unterrichtet hatte. Gemeinsam hatten wir die großen Werke der Weltliteratur gelesen – von Stevenson über Goethe bis zu Thomas Mann. Sie hatte uns das Schicksal Dr. Jekylls nahegebracht, der sich, indem er seine geheimsten Gedanken in die Tat umsetzte, in Mr. Hyde verwandelte. Sie hatte uns verstehen gelehrt, warum Goethes Faust am Rand des Selbstmordes stand, als er den Pakt mit dem Teufel schloß. Gemeinsam hatten wir Thomas Manns »Zauberberg« gelesen – ein Buch über einen Menschen, der erst in der Abkehr von seiner bürgerlichen Existenz den Weg zu sich selbst fand.

»Was wird aus unserem Klub?« fragte ich sie ängstlich. Und abermals war ihre Antwort: »Sie müssen diese Bücher vergessen. Alles hat sich geändert.«

Von den überklebten Fenstern abgesehen hatte sich bei uns zu Hause nichts geändert. Mein Vater sagte noch am gleichen Tag zu uns: »Vielleicht ist jetzt die Zeit gekommen, daß wir unsere Überzeugungen erproben müssen.«

Seine Voraussage war nur zu richtig. In der Schule lasen wir Hitlers »Mein Kampf«, und eines Tages fragte mich Fräulein Brockdorf: »Soll man objektiv oder subjektiv denken, wenn es das eigene Volk betrifft?« Sie sah mich dabei so eindringlich an, als wolle sie mich beschwören, die Antwort zu geben, die sie erwartete.

»Objektiv«, antwortete ich ohne Zögern.

»Sie begreifen es nie!« rief sie ungehalten aus.

Bald erging eine neue Anordnung, nach der wir zu Beginn des Unterrichts, wenn der Lehrer eintrat, nicht nur aufstehen, sondern auch den rechten Arm heben und »Heil Hitler!« rufen mußten. Ich beschloß, es nicht zu tun – vielleicht war es nur der erste Schritt zu weiteren Zugeständnissen. Auch konnte ich mir kaum vorstellen, daß ein solches Ansinnen ernst gemeint sein sollte. Erst kürzlich hatten wir »Wilhelm Tell« gelesen, und ich erinnerte meine Freundin Inge daran, wie Schillers Held mit dem Unterdrücker seiner Heimat verfahren war. Als der Tyrann seinen Hut auf einen Pfahl gesetzt und befohlen hatte, daß jeder, der vorüberging, sein Knie zu beugen habe, hatte Tell sich ihm widersetzt. Doch Inge antwortete: »Mach es doch so wie ich. Ich hebe zwar den Arm, aber ich murmele nur etwas vor mich hin.«

Doch selbst dazu konnte ich mich nicht entschließen. Wir waren dreißig in der Klasse, und als Fräulein Brockdorf das Klassenzimmer betrat, klang es laut und vernehmlich von allen Bänken: »Heil Hitler!« Ich stand am Fenster, und sie sah lange zu mir herüber. Nach der Stunde rief sie mich zu sich. »Sie kennen die neue Anordnung, und ich muß darauf bestehen, daß Sie ihr nachkommen.« Leise fügte sie noch hinzu: »Bitte, machen Sie es doch sich – und mir – nicht so schwer.«

Zu Hause besprach ich mich mit meinen Eltern. Aber statt mir zu raten, sagten sie nur: »Du mußt selbst entscheiden.«

Beim Deutschen Gruß am nächsten Morgen waren alle Augen auf mich gerichtet. Fräulein Brockdorf war sehr blaß, als sie sagte: »Warum zwingen Sie mich zu weiteren Schritten?«

– Ich wurde zum Direktor gerufen. Er werde mich von der Schule verweisen, wenn ich nicht nachgäbe, sagte er und gab mir einen Tag Bedenkzeit. Dann werde er selbst in den Klassenraum kommen und sich davon überzeugen, daß ich der Anordnung Folge leistete.

Ich verbrachte eine schlaflose Nacht. Mein Vater fragte mich: »Sind dir die möglichen Folgen klar – und ist es den Einsatz wert?« Ich begriff: Wenn ich die

Schule verlassen mußte, so konnte es das Ende aller meiner beruflichen Pläne bedeuten.

Am nächsten Morgen in der Schule zitterten mir die Knie; am liebsten wäre ich davongelaufen. Aber ich wußte, daß es ein Morgen und ein Übermorgen geben würde und daß ich die Antwort heute finden mußte.

Fräulein Brockdorf betrat das Klassenzimmer, hinter ihr erschien der Direktor. Es war der erste warme Frühlingstag – die Fenster standen offen, an den Bäumen zeigte sich das erste Grün. Ich war aufgebracht und ängstlich zugleich, aber am meisten fürchtete ich mich vor einem Kompromiß, um dessentwillen ich mich später verachten müßte. Wieder sahen alle zu mir herüber. Als alle anderen Mädchen laut und vernehmlich »Heil Hitler!« riefen, machte ich mit der linken Hand eine verzweifelte Bewegung und schlug dabei gegen das offenstehende Fenster. Es geschah mit solcher Wucht, daß das Glas zerbrach und ein großer Splitter sich in meinen Arm bohrte. Das Blut schoß heraus, die Mädchen schrien auf, und ich wurde in aller Eile ins Krankenhaus gebracht.

Hitler war vergessen, und von nun an blickte jeder Lehrer, der die Klasse betrat, geflissentlich in eine andere Richtung. Ich wurde übersehen.

3

In den Sommerferien des Jahres 1933 beschloß ich, Deutschland zu verlassen – zwar nicht für immer, aber doch wenigstens für einige Wochen, einerlei, wohin. Die Wahl fiel auf Dänemark, das von Hamburg am leichtesten zu erreichen war. Meine Eltern verstanden mich und ließen mich ziehen. Meine Schulfreundin Inge begleitete mich; mit dem Rucksack auf dem Rücken überschritten wir zum ersten Mal in unserem Leben eine Grenze.

Ich holte tief Atem. Außerhalb Nazideutschlands schien die Luft reiner und der Himmel blauer, und plötzlich wußte ich, daß ich verloren hatte, was mir bisher als etwas Selbstverständliches erschienen war – die Freiheit! Schon an der Grenze fiel mir auf, wie unbeschwert und zufrieden die Menschen wirkten. Zwar verstand ich kein Dänisch, aber ich spürte, daß zwischen ihnen kein »Vorhang« fiel, wenn sie miteinander sprachen. Auch den »deutschen Blick« gab es nicht, jene gewisse Kopfbewegung, das Sich-nach-rechts-und-links-Umsehen, ob man auch nicht belauscht werde, jenes fragende, abschätzende Mustern, bevor man etwas sagte, jenes eisige Schweigen, das oft genug die einzige Antwort war.

Inge und ich wanderten auf der Landstraße, an Feldern, Wiesen und strohgedeckten weißen Bauernhöfen vorbei. Mir wurde so leicht und frei zumute, daß ich zu singen begann. Doch bald schoben sich dicke, schwarze Wolken vor die Sonne, und es fing an zu regnen. Blitze zuckten über den Horizont, in der Ferne grollte es. Wir suchten Schutz unter einer mächtigen Eiche am Straßenrand.

Ein Auto näherte sich und hielt vor uns an. Am Steuer saß eine weißhaarige Frau. Sie beugte sich aus dem Fenster und sagte etwas, das wir nicht verstanden. Sie sah uns freundlich an; ihre Augen waren so blau, wie ich es noch nie gesehen hatte. »Wohin wollt ihr denn?« fragte sie auf deutsch.

»Wir suchen ein Land, in dem man sich frei fühlt.«

Sie lächelte und öffnete den Wagenschlag. »Dann steigt ein.«

Während sie fuhr, summte sie leise vor sich hin. Es goß in Strömen; der Regen trommelte gegen die Scheiben; nur nach vorn hielten die Scheibenwischer die Sicht frei. Aber ich blickte sowieso nicht nach draußen – ich ließ unsere neue Freundin nicht aus den Augen. Mit meinen siebzehn Jahren kam sie mir schon recht alt vor – fünfzig zumindest; sie strahlte Güte und Abgeklärtheit aus und zugleich eine so kindhafte Unschuld, als sei ihr noch nie Böses widerfahren. Ein Gefühl glücklicher Geborgenheit kam über mich. Ich wurde schläfrig, und bald fielen mir die Augen zu.

Als ich aufwachte, war es dunkel. Der Wagen rollte langsamer, und ich sah hinaus. Wir waren an der See, der Mond ging auf, groß wie ein Wagenrad.

Die Nacht war mild, und das sanfte Mondlicht lag auf dem Wasser wie eine goldene Brücke. »Hier sind wir zu Hause«, sagte unsere Freundin, »und ich möchte, daß ihr meine Gäste seid.«

Vor einem großen, eisernen Tor hielt der Wagen. Tor und Gitter waren von Heckenrosen überrankt; ihr feiner Duft mischte sich mit dem würzigen Geruch von Seetang und Meer.

Träumte ich, oder war das alles Wirklichkeit? Ich hörte Stimmen; eine davon fiel mir auf. Ein ganz in Weiß gekleideter junger Mann trat auf uns zu. Er öffnete den Wagenschlag und sagte auf deutsch: »Guten Abend, Frau Jeppesen!« – und dann, mit einem raschen Blick auf uns: »Wen haben Sie uns denn diesmal mitgebracht?«

23

»Sorgt dafür, daß sie sich wie zu Hause fühlen«, entgegnete sie.

Es stellte sich heraus, daß wir nicht die einzigen deutschen Gäste waren.

Frau Jeppesen war die Witwe eines wohlhabenden Dänen; sie lebte in einem Haus von der Größe eines Gutshauses, das von mehreren kleinen Villen umgeben war, die sie Künstlern und Intellektuellen zur Verfügung stellte. Ihre Auswahl traf sie mit der Naivität eines Kindes. Gefielen ihr die Arbeiten eines Künstlers, so lud sie ihn ohne langes Überlegen ein. Hörte sie von einem notleidenden Intellektuellen, so bot sie ihm Asyl an. Stieß sie auf jemanden, der ihr Interesse erregte, so lud sie ihn ein – wie sie es mit uns getan hatte.

In diesem Sommer hatte sie hauptsächlich deutsche Emigranten. Auch Eduard Bruns, der junge Mann, der uns zuerst begrüßt hatte, gehörte zu ihnen. Er war etwa dreißig Jahre alt und hatte in Deutschland einer der fortschrittlichsten und liberalsten Künstlergruppen angehört. Andere Mitglieder waren kurz nach seiner Emigration verhaftet worden. Er erzählte es uns gleich am ersten Abend, als wir mit ihm am Strand entlanggingen.

Es war eine warme Sommernacht; wir blieben draußen, bis der Mond verblaßte und ein rosiger Schein am Horizont den Morgen ankündete. Eduard widmete Inge seine ganze Aufmerksamkeit, und ich trabte unbeachtet neben den beiden her. Doch in mir war alles in Aufruhr. Wie viel war in diesen letzten vierundzwanzig Stunden geschehen – länger war es nicht her, daß ich auf meiner Suche nach der Freiheit die Grenze überschritten hatte. Und nun, kaum daß ich sie gefunden hatte, hatte ich sie auch schon wieder verloren! Ich war verwirrt, bestürzt und überwältigt von einem neuen, noch nie erlebten Gefühl: Ich war verliebt.

Mir war, als hätte ich erst heute die Welt entdeckt.

Wir blieben drei Wochen. Tagsüber lagen wir mit den anderen Gästen am Strand. Es waren lange Tage. Während Inge und die anderen endlos über Hitler und die Nazis diskutierten und vergeblich zu erraten suchten, wie lange es wohl noch dauern werde, dachte ich nur an Eduard. Ich lebte nur für ihn. Nicht nur, daß mir alles, was in Nazideutschland geschah, hier in Frau Jeppesens behüteter Umgebung unwirklich vorkam; es hatte plötzlich jeden Sinn für mich verloren. Stundenlang hörte ich den Schrei der Möwen, betrachtete die Hekkenrosenbüsche mit ihren rosa Blüten, die sich wie eine Perlenschnur meilenweit am weißen Sand des Strandes hinzogen. Nachmittags suchten wir Treibholz; die Abende verbrachten wir am Feuer. Erst dann gesellte Eduard sich zu uns. Tagsüber vergrub er sich in einer der Villen in seinem Atelier. Doch ich fand heraus, daß er jeden Morgen zu dem anderthalb Kilometer entfernten Zeitungsstand ging, um sich eine Zeitung zu holen. Bald war auch ich regelmäßig dorthin unterwegs – und wie überrascht ich tat, wenn ich ihn traf! Er setzte sich auf eine Bank in der Nähe des Strandes und vertiefte sich in seine Zeitung. Und je nachdem, was er daraus erfuhr, war er guter oder schlechter Laune. »Jetzt dauert es nur noch ein paar Monate«, sagte er eines Morgens zuversichtlich.

Eines Tages nahm er mich mit in sein Atelier und zeigte mir seine Bilder. Ich fand sie wunderbar und sagte es ihm. Daraufhin wollte er wissen, warum. Ich brachte kein Wort heraus. Alles, was ich ihm zu sagen gewußt hätte, war: »Weil es deine Bilder sind, und weil ich dich liebe.«

Doch kein Zweifel, daß es mir im Gesicht geschrieben stand. Plötzlich verärgert, rief er ungeduldig: »Ach, du bist wirklich nur ein Schulmädchen!«

Damit wandte er sich ab und vertiefte sich in seine Arbeit. Das Bild, an dem er malte, zeigte einen sandigen Weg, zu beiden Seiten Felder und kleine, weiße, strohgedeckte Höfe. Der Weg führte einen Hügel hinan, und der Himmel darüber war durchsichtig, wie man ihn nur in Dänemark findet: ein zartes Blau mit leichten, grauweißen Sommerwolken. Schließlich sah Eduard hoch, warf mir einen Blick zu und malte mit einer raschen Bewegung einige Noten mitten in den Himmel hinein.

»Was liegt hinter dem Hügel?« wagte ich zu fragen.

»Unsere Melodien passen nicht zusammen«, sagte er abweisend. »Für dich ist es dein Zuhause und deine Zukunft, für mich sind es Möwen und Meer.«

»Ich hasse die Nazis ebenso wie du«, beharrte ich.

»Geh wieder nach Haus«, war alles, was er erwiderte. »Dir tun sie nichts. Du bist jung und kannst dich noch anpassen.« Es klang wie eine Zurechtweisung, und ich wußte nichts zu erwidern. Aber schon am nächsten Tag lud er mich zu meiner Überraschung wieder in sein Atelier ein. »Ich möchte dich malen«, sagte er.

Dazu war ich bereit; während der Arbeit sprach er mit mir, und beim Zuhören kam ich ihm näher, als ich mir je erträumt hatte. Hitler erwähnte er mit keinem Wort. Anfangs redete er viel von sich selbst, doch dann begann er mir zu erklären, wie man Bilder betrachten müsse.

»Bilder sind wie Menschen«, sagte er. »Ob man sie mag oder nicht mag, ist nicht das Wichtigste. Man muß versuchen, sie zu verstehen. Beurteile sie nach ihrem Inhalt – und nicht nur nach deinen eigenen Gefühlen.«

Solange unsere Sitzungen dauerten, war ich glücklich. Und dennoch spürte ich eine wachsende Trauer – je weiter das Bild fortschritt, desto mehr begann ich mich so zu sehen, wie er mich sah. Auf der Leinwand entstand ein Schulmädchen von etwa siebzehn Jahren, mit ernster Miene, das kerzengerade und ein wenig linkisch dasaß. Eines Tages deutete er auf das Bild und bemerkte: »Für dein Alter machst du dir über die Nazis viel zuviele Gedanken.«

An unserem letzten Abend lud Frau Jeppesen uns zum Kamin im Wohnzimmer ein.

Ein neuer Gast war eingetroffen – eine junge Schauspielerin mit langem, schwarzem, über die Schultern fallendem Haar und einem wunderschönen Gesicht. Sie sprach mit einer leisen, weichen Stimme, und man konnte sich an ihr nicht sattsehen. Daß sie allen gefiel, machte mir nichts aus – aber die Bewunderung in Eduards Augen zu beobachten, tat weh. An diesem Abend wurde beschlossen, etwas aufzuführen. Ein Schriftsteller schlug eine Szene vor, in der ein junges, verliebtes Mädchen glücklich und heiter nach Hause kommt und dort einen Brief ihres Geliebten vorfindet, in dem er ihr mitteilt, daß er sie für immer verlassen will.

Die junge Schauspielerin erbot sich, den Anfang zu machen, ohne daß es irgendeiner Überredung bedurft hätte. Sie verschwand, und schon nach einigen Minuten kam sie wieder herein. Während sie mit unbeschreiblicher Anmut und Phantasie erst das Glück und dann die Verzweiflung des verlassenen Mädchens spielte, wuchs mein eigener Kummer. Nicht ein einziges Mal hatte

Eduard zu mir herübergeschaut – er sah nur sie, folgte jeder ihrer Bewegungen, ganz im Banne ihres Spiels und – wie ich glaubte – ihrer selbst.

Ich war verzweifelt. Wie konnte ich soviel Anmut und Schönheit überbieten, zumal sie ohnehin älter als ich war – etwas, worauf man nur mit siebzehn Jahren eifersüchtig sein kann.

Ich sah mein Spiegelbild in der Glastür – das kornblumenblaue Leinenkleid, die weißen Socken, die Turnschuhe, mein rotes Kopftuch. So sah Eduard mich – ein Schulmädchen. Schließlich war die Reihe an mir; ich ging hinaus. Als ich wieder eintrat, sah ich, wie Eduard sich eine Zigarette anzündete und sich gelangweilt abwandte. Da geschah etwas in mir, das stärker war als ich selbst. Ich nahm mir kaum die Zeit, die Glückliche zu spielen, »entdeckte« den Brief auch gar nicht erst, sondern lief schnurstracks darauf zu. Und dann riß ich mir den Schuh vom Fuß und warf ihn Eduard an den Kopf. Er traf ihn an der Schläfe, neben dem Auge.

Ich hörte den erschreckten Aufschrei, sah die Zigarette zu Boden fallen, sah, wie Eduard die Hand zum Auge hob und sich an die Wand stützte. Ich stand da wie erstarrt und wünschte mir nur, daß der Boden sich auftäte und mich verschlänge. Dann überkam mich die Reue und eine plötzliche Angst vor mir selbst. Wieder blickte ich zu Eduard hinüber; er stand unbeweglich da, den Kopf in den Händen. Ich sah nur ihn, alle anderen waren vergessen. Noch nie hatte ich ihn so geliebt wie in diesem Augenblick. Nichts wünschte ich mir sehnlicher, als zu ihm hinzustürzen und ihn um Verzeihung zu bitten; doch irgend etwas in mir hielt mich zurück.

Ich öffnete die Glastür und stolperte in den strömenden Regen hinaus. Nur mit einem Schuh hinkte ich durch den schweren, nassen Sand in das Haus, in dem Inge und ich unser Zimmer hatten.

Ich warf mich angekleidet aufs Bett und zog mir die Bettdecke über den Kopf. Die Fenster hatten offengestanden, aber das Kissen wurde jetzt auch da naß, wo es noch nicht vom Regen durchnäßt war.

Ich dachte weniger an Eduard und den ihm zugefügten Schmerz, als an mich selbst. Von Zweifeln hin und her gerissen, wußte ich nicht mehr, was ich glauben sollte. Wie sicher hatte ich bisher in der Liebe und Zustimmung meiner Familie und meiner eigenen kleinen Welt geruht! Da hatte ich gelernt, Menschen aufgrund ihrer Gesinnungen zu beurteilen. Jetzt spürte ich plötzlich, daß es andere, kaum definierbare Wertungen gab – Eigenschaften, die Eduard für mich unerreichbar und dieses Mädchen für ihn so begehrenswert machten. Worin diese Eigenschaften auch immer bestehen mochten – ich hatte sie nicht. Ich war ein Versager. Ich wollte sterben, und schon war ich dabei, meine Beerdigung zu planen. Während draußen Wind, Regen und Meer tobten, malte ich mir aus, wie Eduard einsam an meinem Grabe stand, und ehe ich es mich versah, vergoß ich bittere Tränen des Mitleids.

Ich mußte eingedämmert sein. Träumte ich, oder klopfte es wirklich an meiner Tür? Ich glaubte Inges Stimme zu hören, doch da war auch noch eine andere. Die Tür öffnete sich, jemand kam herein. Dann stand Eduard an meinem Bett.

Mein Herz zog sich schmerzhaft zusammen – der Himmel selbst kam auf mich hernieder. Er beugte sich zu mir, küßte meine Augen, und dann hörte ich ihn sagen: »Leb wohl, Hiltgunt, und – gib acht auf dich!« Dann war er fort.

Als ich aufwachte, war das Meer ruhig. Die Sonne stand wie ein roter Ball am Horizont und warf einen rosigen Schimmer in den Raum.

Auf dem Tisch neben mir lag der fehlende Schuh – also war es doch kein Traum gewesen. Eduard hatte mir verziehen. Ich hätte jubeln können. Mein Glück war so groß, daß mir die ganze Welt – und sogar ich selbst – gut und richtig vorkam. Es war noch sehr früh, als wir aufbrachen. Nur Frau Jeppesen war schon auf. Sie sah uns mit gütigem Lächeln an: »Nun – kommt ihr wieder?«

Ich wußte keine Antwort. Doch sie sagte: »Was auch geschieht – vergiß nie: Solange du lebst, gibt es jedes Jahr einen Sommer für dich.«

4

Meine Zeugnisse wurden immer schlechter. Wenn ich trotzdem das Abitur bestand, so hatte ich es, wie sich herausstellte, nur Fräulein Brockdorf zu verdanken. Nach außen hin hatte sie mich immer wieder zurechtgewiesen und hatte nichts unversucht gelassen, mir die neue Denkweise nahezubringen. Später sollte ich jedoch erfahren, daß sie meinetwegen mit den anderen Lehrern lange Konferenzen geführt hatte.

Als ich ihr bei der Abiturfeier zu danken versuchte, drückte sie mir nur schweigend die Hand. In ihren Augen standen Tränen.

Hatte sie mir aus Sympathie für meinen Vater geholfen? Schon Anfang 1933, kurz nachdem er gezwungen worden war, sein Amt niederzulegen, hatte er die ersten Anzeichen eines sich stetig verschlimmernden Leidens gezeigt, das als Parkinsonsche Krankheit diagnostiziert worden war.

Mein ältester Bruder Hans studierte Mathematik, meine Brüder Günther und Willfried waren Mediziner. Jetzt sollte auch ich die Hamburger Universität beziehen. Seit jenem Sommer in Dänemark stand bei mir fest, daß ich skandinavische Sprachen studieren wollte.

Eine neue Verfügung war herausgekommen: Stipendien gab es nur für Studenten, die aktive Nazis waren. Damit war uns diese Möglichkeit verschlossen, und wir machten uns Gedanken darüber, wie wir die Hörgelder aufbringen sollten.

Wir ließen nichts unversucht. Alle Ausgaben wurden auf ein Minimum beschränkt. Fleisch gab es nur noch einmal in der Woche, und wenn meine Mutter es in sechs gleiche Portionen aufgeteilt hatte, sahen die Teller ziemlich leer aus. Aber weniger kostspielige Lebensmittel taten es auch. Außerdem mieteten wir ein kleineres Haus. Glücklicherweise war für jeden von uns noch ein Zimmer da, selbst wenn nur Bett, Stuhl und Tisch hineinpaßten. Aber mehr brauchten wir nicht – und bald wurde unser Haus zu einem wahren Bienenstock.

Tagaus, tagein kamen in den nächsten Jahren ganze Scharen von Schulkindern in allen Altersstufen zu uns, um Nachhilfeunterricht bei uns zu nehmen. Selbst meine Mutter gab Stunden. Lachend nannten wir die Kinder manchmal »Hörgeld« und »Lebensmittel«. Der Schüler saß am Tisch, und wir, die Lehrer, auf dem Bett.

Während der Sommerferien übernahmen wir alle möglichen Gelegenheitsarbeiten. Es hätten sorglose

Jahre sein können, aber der ständige Druck, der über allem lag, dämpfte auch die glücklichen Augenblicke.

Fünf Jahre Naziherrschaft hatten uns gelehrt, was uns zuvor fremd gewesen war. Wir lernten, in allem, was wir taten, Vorsicht walten zu lassen. Wir hatten die Feuer im Jahr der Machtübernahme, als überall in der Stadt Bücher öffentlich verbrannt worden waren, nicht vergessen – Bücher, wie mein Vater sie geschrieben hatte, Bücher aus jener Ideenwelt, die bisher unser Leben bestimmt hatte. Mehr noch als an die Flammen erinnerte ich mich an den Fanatismus in den Augen der Männer, die die Bücher auf den Holzstoß schleuderten. Auch hatten wir herausgefunden, daß in dem scheinbaren Wahnsinn Hitlers Methode lag. Er griff jeweils nur eine Gruppe an. Zuerst die Mitglieder der Parteien, die sich ihm früher widersetzt hatten. Dann die Intellektuellen in den höheren Lehranstalten. Viel später erst wandte er sich gegen die bedeutenden Kirchenhäupter und schließlich gegen die Juden. Mit der ganzen Findigkeit und Verschlagenheit des Primitiven erriet er alle Reaktionen der menschlichen Psyche und machte sie sich geschickt zunutze. Er verließ sich auf die Trägheit des einzelnen, der nur wach wurde, wenn es um seine eigenen Interessen ging.

Wir hatten gelernt, das Klingeln an der Haustür nach Eintritt der Dunkelheit zu fürchten. Freunde waren mitten in der Nacht von der Gestapo aus ihren Wohnungen geholt worden. Sie waren nie zurückgekommen. Aber wir hatten Briefe von der Gestapo gesehen – Briefvordrucke, mit denen den Angehörigen mitgeteilt wurde, daß der Tod aufgrund einer »plötzlichen Erkrankung« eingetreten sei.

Wir wußten es besser. Viele wußten es – wenn das auch später bestritten wurde. Vor den Toren von Hamburg lag das Konzentrationslager Neuengamme. Es war von Stacheldraht umgeben und so abgeschirmt, daß man nichts sehen konnte. Aber man hörte die Schreie.

Ich fing an, mich in mich selbst zurückzuziehen. Ich hatte unter den Nazis gelernt, mir eine Welt für mich aufzubauen.

Tag für Tag unternahm ich ausgedehnte Spaziergänge. Nachts, in meinen Träumen, suchte ich nach einem sandigen, weißen Strand mit Büschen von Hekkenrosen, die sich wie Perlen aneinanderreihten. Ich sehnte mich nach einem verwaschenen blauen Himmel mit hellgrauen Sommerwolken. Ich träumte von den Noten, die Eduard einst in den Himmel seines Bildes gemalt hatte.

Von Angst gejagt, wachte ich manchmal mitten in der Nacht auf. Der Lichtschein eines anfahrenden Autos, der die Dunkelheit meines Zimmers erhellte, ließ mich zusammenfahren. Und hörte ich näher kommendes Motorengeräusch, so hetzte ich noch einmal durch den vergangenen Tag: Hatte ich etwas gesagt oder getan, das Verdacht hätte erregen können? Lange nachdem das Auto fort war und die Stille der Nacht sich wieder um mich geschlossen hatte, warf ich mich hin und her, und es rauschte und pochte in meinen Ohren. Ich war davon überzeugt, daß eines Nachts auch unsere Haustürglocke klingeln würde, wie es schon bei so vielen anderen gewesen war. Ich verlor alles Vertrauen in die Zukunft und konnte mich kaum noch daran erinnern, wann ich zum letzten Mal gebetet hatte. In meiner Kindheit war Gott für mich etwas Wirkliches gewesen: Ich hatte nicht nur abends, wenn meine Eltern an meinem Bett saßen, zu ihm gebetet, ich hatte auch mit ihm gesprochen, wenn ich allein im dunklen Zimmer war. Ich war davon überzeugt, daß ich die einzige war, die ihm etwas bedeutete; bisweilen hatte ich förmlich mit ihm gefeilscht und ihm alle möglichen törichten Versprechungen gemacht, nur um sie leichtfertig zu vergessen, wenn mein Wunsch in Erfüllung gegangen war. Zwar konnte ich mir sein Gesicht nicht vorstellen, aber ich war mir seiner Gegenwart stets bewußt. Ich schloß die Augen und versuchte, mir seinen mächtigen blauen Mantel vorzustellen, mit dem er die Welt und mich umhüllte, und wenn ich die Augen nur kräftig genug gegen die Arme preßte, sah ich im Blau seines Gewandes Tausende von Sternen funkeln.

Das war nun lange her. Ich unterschied mich kaum noch von all denen, die aus Angst das Nazisystem hinnahmen.

Manchmal dachte ich noch an Eduard. Ich hatte nie wieder von ihm gehört. Nur einmal, um die Weihnachtszeit, kam ein großes Paket, das an meine Eltern gerichtet war. Es lag kein Brief dabei, aber noch bevor wir es auspackten, wußte ich, was darin war. Von da an stellte ich mir immer wieder, wenn ich das Bild an der Wand betrachtete und den ernsthaften Ausdruck des Schulmädchens wahrnahm, die gleiche Frage. Hatte Eduard wirklich aus Überzeugung gesprochen, als er damals sagte: »Du bist jung und kannst dich noch anpassen«? Zu Hause war alles unverändert. Wir lebten für jene Stunden, in denen wir unter uns sein konnten – meine Eltern und wir vier. Mein Vater, dessen Gesicht die Krankheit zu einer Maske hatte erstarren lassen, war im Geist ungebrochen und unterließ es nie, uns Mut zu machen. Und was auch geschah, meine Mutter verstand es immer, Helligkeit in den Alltag zu bringen. Der erste Forsythienzweig auf dem Eßtisch verriet, daß der Frühling im Anzug war; frische Erdbeeren von einem nahe gelegenen Bauernhof bestätigten die Ankunft des Sommers; im Herbst zog der bittersüße Duft von Bratäpfeln durchs Haus. Die Weihnachtszeit, die bereits Anfang Dezember begann, war nie zu Ende, ehe nicht der größte Teil des grauen Januars vorbei war.

5

Im Sommer 1938 erhielt ich mein Diplom. Da ein akademischer Grad auf dem Gebiet der skandinavischen Sprachen eine Seltenheit war, bekam ich, obwohl ich erst zweiundzwanzig war, das »Siegel« der Hansestadt Hamburg. Es bedeutete, daß ich auf Lebenszeit offiziell als Dolmetscherin am Hamburgischen Gericht zugelassen war, und wurde mir nur verliehen, weil der Mann, der es vorher erhalten hatte, seines Alters wegen ausschied. Das »Siegel« selbst war nichts weiter als ein kleiner, recht unscheinbarer Gummistempel. Wie hätte ich damals ahnen können, daß er eines Tages zum Schlüssel werden sollte, der mir sonst verschlossene Zuchthaustore öffnen würde?

Ich mietete kein Büro, sondern arbeitete auch weiterhin in meinem Zimmer zu Hause. Eine Schreibmaschine war alles, was ich brauchte, um offizielle Schriftstücke zu übersetzen. Daneben begann ich, Privatstunden in dänischer Sprache zu geben.

6

Elisabeth Levy war meine erste Schülerin. Sie war Pianistin. Obwohl sie kaum älter sein konnte als ich, wies ihr dunkles Haar bereits einige graue Strähnen auf. Ihre Augen blickten traurig, und ihr verhärmtes, schmales Gesicht verriet schlaflose Nächte.

Sie schien es sehr eilig zu haben, Dänisch zu lernen. »Ich habe eine längere Reise vor«, sagte sie ziemlich unbestimmt. Aber ich erriet, was sie verschwieg. Sie war Jüdin.

Die erste Stunde hatten wir im Wohnzimmer unseres Hauses. Elisabeth war sehr zurückhaltend; so oft ich etwas berührte, was nicht in direkter Beziehung zum Unterricht stand, ging zwischen uns ein Vorhang nieder.

Es war ein Tag im Juni. Der Rotdorn vor unserem Haus stand in voller Blüte; durch das offene Fenster drangen die ersten Laute des Sommers.

Sie gefiel mir sofort, und ich suchte nach einer Möglichkeit, ihr das zu verstehen zu geben. Meine Augen fielen auf das Klavier, das am Fenster stand. Als sie schon gehen wollte, bat ich sie: »Würden Sie etwas für mich spielen?«

Sie schien überrascht, zögerte einen Augenblick und sagte dann: »Was möchten Sie hören?«

»Mozart«, entgegnete ich und erzählte ihr eine Geschichte aus meiner Kindheit.

Als ich neun wurde, bekam ich einen Strohhut mit Gänseblümchen rundherum, meinen allerersten Hut. Es war Sommer, aber es regnete in Strömen, und so konnte ich nicht nach draußen, um mich stolz damit zu zeigen. Schließlich fand ich einen Ausweg. Unser Klavier hatte im Wohnzimmer immer an dem Fenster gestanden, durch das man auf die Straße sah. Mein Bruder Hans war schon als Kind ein ausgezeichneter Klavierspieler gewesen. Wenn er Mozart spielte, blieben die Vorübergehenden oft stehen, um zuzuhören. Ich war fest davon überzeugt, es mit ihm aufnehmen zu können. Ich setzte den neuen Hut auf, schlich mich ins Wohnzimmer und schloß vorsichtig die Tür. Dann öffnete ich das Fenster, damit alle mich sehen könnten, und fing an, auf dem Klavier herumzuhämmern. Unterricht hatte ich noch nicht gehabt, und was unter den Händen meines Bruders harmonisch geklungen hatte, erfüllte nun Haus und Straße mit abscheulichem Lärm. Tatsächlich blieben einige Passanten stehen – aber nur, um ihrer Mißbilligung Ausdruck zu verleihen.

Elisabeth lachte. Wie jung sie plötzlich aussah! Das Eis war gebrochen; sie setzte sich ans Klavier und spielte. Nach wenigen Augenblicken wußte ich, daß sie eine große Pianistin war. Sie spielte so schön, daß ich alles andere vergaß.

Doch unversehens brach sie ab. »Ziehen Sie den Vorhang zu!« flüsterte sie angstvoll.

Erst jetzt bemerkte ich, daß Leute auf der Straße stehengeblieben waren und aufmerksam zuhörten. Als das Konzert so plötzlich abbrach, begannen sie zu klatschen und warteten in der Hoffnung, daß es weitergehen würde.

Doch hinter dem Vorhang blieb es still. Wir warteten, bis die Leute sich zerstreut hatten. Erst dann ging Elisabeth.

Am Nachmittag sah ich im Garten unsere Nachbarn am Zaun stehen, ein älteres Ehepaar. Sie tuschelten miteinander, blickten zu mir herüber und flüsterten dann wieder. Schließlich schienen sie zu einem Entschluß gekommen zu sein und winkten mich heran. Obgleich wir ganz allein waren, sprachen sie kaum hörbar und versicherten immer wieder, daß sie nichts »damit« zu tun haben wollten. Ihnen ginge es nur darum, mit ihren Nachbarn in Frieden zu leben. Sie wollten ihre Ruhe haben.

»Sie sollten vorsichtiger sein«, sagten sie schließlich.

Es dauerte eine ganze Weile, bis sie damit herausrückten, daß tags zuvor zwei Männer an ihrer Tür geklingelt hätten.

»Sie waren von der Geheimen Staatspolizei und wollten wissen, ob Sie mit Juden verkehren.«

Gestapo.

Wir hatten jüdische Freunde. Wer von ihnen stand unter Beobachtung? Oder hatten sie etwa angefangen, uns unter die Lupe zu nehmen? Noch bestanden keinerlei Vorschriften über den Verkehr mit Juden, aber es gab ungeschriebene Gesetze – Gesetze, die viel unnachsichtiger und bedrohlicher sein konnten als alles, was schwarz auf weiß zu lesen war. Mit Elisabeth konnte es nicht zusammenhängen, schließlich hatte sie erst heute bei mir angefangen. Dennoch beschlossen wir, unsere jüdischen Freunde nur noch bei sich zu Hause zu besuchen, nach Einbruch der Dunkelheit.

Elisabeth wohnte in einem anderen Stadtteil. Am folgenden Abend ging ich zu ihr. Die Treppe führte zu einer bescheidenen Wohnung im zweiten Stock. Sie wartete schon auf mich. Der Flur war eng und schmal und nur von einer von der Decke herunterhängenden Birne spärlich erleuchtet.

An der Wand standen zwei Koffer, reisefertig gepackt. Elisabeth folgte meinem Blick. »Ich warte auf meinen Paß«, sagte sie.

Ich verstand. Ich wußte, was das bedeutete: Warten – vielleicht nur einige Tage, vielleicht aber auch monatelang. Noch war es den Juden erlaubt, Deutschland zu verlassen; aber niemand wußte, wer einen Paß bekam und wer nicht.

Elisabeths Eltern lebten nicht mehr. Sie wohnte bei ihren Großeltern. Ihr ausgesprochen musikalisches Talent hatte sich früh gezeigt, und schon als Kind hatte man mit ihrer Ausbildung zur Konzertpianistin begonnen. Doch bald nach der »Machtergreifung« war ihr im Konservatorium nahegelegt worden, abzugehen; ihre weitere Ausbildung durch Privatstunden hatte sämtliche Ersparnisse ihrer Großeltern aufgezehrt.

Das größte Möbelstück in dem kleinen Wohnzimmer war ein offenstehender Flügel; darauf stand das Foto eines jungen Mädchens mit großen, strahlenden Augen.

»Das ist ein altes Bild«, erklärte Elisabeth. Es klang fast, als wollte sie sich entschuldigen.

Neben dem Flügel war nur noch Platz für einen kleinen Tisch und ein paar Stühle. Einen Teppich gab es nicht; meine Schritte klangen hohl. An der Wand hing das Bild eines Mannes in Offiziersuniform, daneben in einem Rahmen das Eiserne Kreuz.

»Ihr Vater?«

»Er ist im Weltkrieg gefallen.«

Vom Wohnzimmer ging es ins Schlafzimmer, in dem gerade drei Betten Platz fanden. An der Wand hingen alte Anzüge, die offenbar geändert worden waren. Elisabeths Großvater war Schneider, seine Werkstatt lag hinter der Küche. Sein Rücken war gebeugt, doch als er kam, um mir die Hand zu schütteln, war kein »Vorhang« zwischen uns.

Ich kam jeden Abend. Elisabeth lernte sehr rasch Dänisch, aber ihr Gesichtsausdruck wurde immer verhärmter.

Eines Abends wartete sie schon im Hauseingang auf mich. Sie lachte und weinte zugleich und hielt ihren Paß in der Hand. Frau Levy stand im Wohnzimmer und wischte sich die Augen. Sie hatte ein weißes Tischtuch aufgelegt, und es gab Kaffee und Kuchen. Herr Levy unterbrach seine Arbeit und gesellte sich zu uns.

An diesem Abend saßen wir zusammen wie alte Freunde. Erst jetzt entdeckte ich das Radio in der Ecke. Es war fast neu und stand im krassen Gegensatz zu der ärmlichen Umgebung.

»Wir haben es für Elisabeth gekauft«, erklärte Frau Levy, »damit sie sich die Symphoniekonzerte wenigstens im Radio anhören kann.«

Mehr brauchte nicht gesagt zu werden; ich begriff sofort. Obgleich es Juden immer noch erlaubt war, Konzerte zu besuchen, war Elisabeth ihnen ferngeblieben – ihr jüdisches Aussehen machte sie zur Zielscheibe kalter, abweisender Blicke.

»Eines Tages werden wir Elisabeth selbst im Radio hören«, sagte ich, um das Schweigen zu überbrücken.

Die Antwort blieb aus. Vielleicht dachten wir alle dasselbe. Würden Elisabeths Großeltern diesen Tag noch erleben?

Ob ich je in Dänemark gewesen sei, erkundigte sich Frau Levy schließlich. Ich sagte, ja, und es sei ein gutes Land. Dort hätte ich Freiheit gefunden, fügte ich hinzu und wagte dann die Frage: »Warum gehen Sie nicht alle?«

Sie blickte ihren Mann an, nahm seine Hand, nickte traurig und sagte: »Für uns ist es zu spät. Wir sind hier zu Hause, was auch geschehen mag.«

Elisabeth brachte mich zur Tür. Morgen würde sie fort sein, sie und die beiden Koffer im Flur. Sie durfte soviel mitnehmen, wie sie selbst tragen konnte.

Sie schüttelte mir die Hand, und ihre Stimme klang bedrückt, als sie mich fragte: »Wirst du dich ein wenig um meine Großeltern kümmern können?«

Ich versprach ihr, mein Bestes zu tun.

»Tak!« sagte sie und benutzte das dänische Wort für »danke«.

Doch dann erhellte sich ihr Gesicht, als sei ihr plötzlich etwas eingefallen.

»Warte!« sagte sie und ging noch einmal ins Wohnzimmer. Sie kam mit dem Radio zurück.

»Wir möchten, daß du es bekommst«, sagte sie. »Vielleicht hörst du mich eines Tages darin spielen . . .«

7

Ich war zweiundzwanzig und fühlte mich vom Leben ausgeschlossen. Das, wonach ich mich zurücksehnte, schien für immer dahin: ein Mond über dem Meer, groß wie ein Wagenrad, und der Duft von Heckenrosen, vermischt mit dem Geruch von Seetang. Doch so sehr ich mich auch mühte, mir Eduards Gesichtszüge wieder ins Gedächtnis zu rufen, sie waren wie im Nebel – und eines Tages ging mir auf, daß ich nur noch eine Erinnerung liebte.

Ich wurde immer rastloser. Warum konnte ich nicht so sein wie andere? Warum nicht so wie meine Nachbarn, die, wie es schien, mit dem Hitlerbild über dem Sofa zufrieden dahinlebten?

Warum konnte ich mich nicht mit dem Unabänderlichen abfinden? Was hatte ich außerdem für mich persönlich zu befürchten? Ich war nicht Jüdin; bis jetzt war die Gestapo an unserer Tür vorübergegangen; es schien auch keine Rolle zu spielen, daß keiner von uns der Partei angehörte.

Warum nicht einfach leben und leben lassen? Ich stand am Fenster meines Zimmers und streckte die Arme in die Sommernacht. Es war schwül, und ich fühlte, wie meine Hände naß wurden, doch es war nur ein kurzer Schauer, der keine Abkühlung brachte. Von einem Lokal, in dem Abend für Abend getanzt wurde, klang Musik herüber. Dann durchbrach die Sirene eines Krankenwagens die Stille der Nacht. Ich dachte an meinen Vater und an seine Krankheit. Was würde aus uns werden, wenn er eines Tages . . .? Ich hatte noch nie jemanden sterben sehen und kannte den Tod nur aus Büchern und vom Theater. Wie er in Wirklichkeit sein würde, wußte ich nicht.

Ich begrub mein Gesicht im Kissen und tröstete mich mit dem Gedanken, daß zwischen dem Tod und meinem Vater immerhin noch Dr. von Berg stand.

Dr. von Berg war unser Hausarzt. Seit 1933 war er jeden Dienstagabend um sieben Uhr zu uns gekommen, so pünktlich auf die Minute, daß man die Uhr danach hätte stellen können. Er hatte an der Hamburger Universität Innere Medizin gelehrt, und seine Vorlesungen waren ihrer Klarheit und Präzision wegen bekannt gewesen; doch als er 1937 keinerlei Anstalten machte, in die Partei einzutreten, hatte man ihn seines Lehrstuhls enthoben.

Er wußte alles, was damals über die Parkinsonsche Krankheit bekannt war. Obgleich er uns von Anfang an gesagt hatte, daß es dafür keine Heilung gäbe, war es ihm immer wieder gelungen, uns Hoffnung zu machen. Wo die Medizin als Wissenschaft versagte, half er uns mit der Güte seines Herzens. Mein Vater – wir alle – lebten von einem Dienstag zum nächsten. Wenn Dr. von Berg an seinem Bett saß und meine Mutter ihm gegenüber, standen wir vier in stummer Erwartung am Fußende.

Oft fragte ich mich, warum er meinen Vater jedesmal wieder so sorgfältig untersuchte, obgleich er doch wissen mußte, daß sich, wie immer das Ergebnis auch aussah, am Verlauf der Krankheit nichts ändern würde.

Wir brauchten ihm keine Fragen zu stellen – er nahm sie vorweg.

»Diese Woche geht es ihrem Vater besser«, sagte er wohl – oder, wenn er ein anderes Medikament vorschlug: »Ich bin fest davon überzeugt, das wird ihm Erleichterung verschaffen.« Bei einer anderen Gelegenheit berichtete er von neuen Forschungen und Versuchen, um der Ursache dieser Krankheit auf die Spur zu kommen.

Mir fiel auf, daß er niemals ging, ohne meinem Vater eine Frage aus dessen Fachbereich zu stellen, aus der Literatur, Religion oder Philosophie, und daß mein Vater, wenn er sie beantwortete, sichtlich auflebte.

43

Dr. von Berg war während des Ersten Weltkriegs aktiver Offizier gewesen. Wenn ich ihn auch nur als Zivilisten kannte, so stellte ich ihn mir seines Auftretens und seiner Umgangsformen wegen immer in Uniform vor. Über Politik sprachen wir nie; bisweilen spürte ich, daß er über die Tagesereignisse nur deshalb einfach hinwegging, um eine ihm unerträgliche Wirklichkeit auszulöschen.

Er hatte uns noch nie eine Rechnung geschickt, und ich fragte mich, weshalb er uns so großzügig half. War dies seine Art, schweigend seiner Opposition Ausdruck zu verleihen? Was gab ihm die Geduld und verlieh ihm die Kraft, Hoffnung einzuflößen, wo es doch keine Hoffnung mehr gab? Mit den Jahren wuchs meine Bewunderung für ihn; gleichzeitig gewann ich auch Interesse an der Medizin, zumindest an der Art und Weise, wie er sie ausübte.

Es war Anfang September, als er uns beiseite nahm. »Ihrem Vater geht es heute schlechter«, sagte er. »Die Muskeln erstarren immer mehr. Sie müssen sich bemühen, ihn öfter zum Spazierengehen zu bewegen.«

Von da ab wechselten wir uns ab. Jeden Tag ging einer von uns mit Vater an der Elbe entlang. Es war derselbe Weg, den er früher mit uns Kindern gegangen war; er hatte mit uns über die Geschichte der Menschheit gesprochen und uns in seiner besonderen Weise gelehrt, auf unseren eigenen Füßen zu stehen.

Jetzt war jeder Schritt ein Kampf für ihn. Doch wenn wir ihn nur dazu brachten, lange genug zu gehen, ließen die Muskelspasmen nach, und bisweilen spürte er auf dem Heimweg soviel Erleichterung, daß sogar eine Unterhaltung möglich wurde.

Eines Nachmittags erinnerte er mich an die Geschichte vom Tanz um das Goldene Kalb. »Wie wahr!« sagte er. »Haben wir nicht selbst erlebt, was geschieht, wenn man nicht den Mut zur eigenen Meinung hat?« So lebhaft war er seit langem nicht mehr gewesen. Wie beiläufig erwähnte er dann noch: »Wir müssen Mutter helfen, soviel wir nur können.«

Ich sann darüber nach, was er wohl damit meinte. Als wir nach Hause kamen und ich sah, wie bleich und erschöpft sie aussah, begriff ich, wie sehr ich mit mir selbst beschäftigt gewesen war. Ich fing an, Fragen zu stellen, doch ihr Gesicht verschloß sich, und sie wandte sich ab.

Jetzt erst fiel mir auf, daß sie oft stundenlang fort war, manchmal ganze Tage. Dem Rat meines Vaters folgend begann ich, ihr bei ihren täglichen Pflichten zu helfen, während Günther und Willfried die Pflege meines Vaters übernahmen. Ich hatte meiner Mutter von Elisabeth erzählt, und sie hatte mich gefragt: »Bist du mal wieder dagewesen? Hast du ihre Großeltern besucht?«

Ich war nie wieder hingegangen. Nur einmal hatte ich angerufen, um in Erfahrung zu bringen, wo Elisabeth in Dänemark lebte. Ich hatte ihr einen Brief geschrieben, doch sie hatte mir nicht geantwortet.

Eines Abends im Oktober nahm meine Mutter mich mit, als sie unseren Anwalt besuchte. Herr Cohn war Jude. Er war im Krieg verwundet worden und ging am Stock.

Während ich mich mit seiner Frau unterhielt, bemerkte ich, daß meine Mutter ihn beiseite nahm, ihm ein Papier zusteckte und leise auf ihn einsprach. Sie schien sehr bekümmert, doch ich konnte nur einige

Worte auffangen: »Es ist spät«, sagte sie. »Sie *müssen* fort.«

»Ich kann nirgendwo anders glücklich werden«, war seine Antwort.

Trotzdem muß es ihr gelungen sein, ihn davon zu überzeugen, daß das Leben für Juden in Deutschland bald unerträglich werden würde. Einen Monat später, im November 1938, schickte sie Willfried und mich zum Bahnhof, um den Cohns Lebewohl zu sagen.

Es war ein grauer Tag, und die Luft war frostig. Der Wind trieb im Rinnstein Haufen von Laub vor sich her. Wir eilten den Bahnsteig entlang, blickten in jedes Abteil, bis wir Herrn und Frau Cohn fanden. Sie waren allein und saßen mit geschlossenen Augen wie leblos in einer Ecke.

Wir wagten es nicht, offen mit ihnen zu sprechen, aber wir klopften an die Scheibe und preßten unsere Gesichter dagegen. Aus meiner Handtasche holte ich einen in weißes Seidenpapier gewickelten Veilchenstrauß und hob ihn zum Fenster hinauf. Wir winkten mit den Händen und bewegten die Lippen zu einem stummen Lebewohl.

Ohne ein Lächeln blickten sie zu uns herunter.

Wir blieben regungslos stehen, bis der letzte Wagen des Zuges im grauen Nebel verschwand. Wir waren Zeuge gewesen, wie zwei Menschen zum Weiterleben verurteilt wurden.

Ich blieb in der Stadt und erledigte etwas für das Gericht. Gegen Abend, als es zu dunkeln begann, wurde aus dem Nebel Regen, ein dunstiger, nieseliger Regen.

Auf dem Heimweg fiel mir auf, daß sich an jeder Straßenecke Gruppen von Menschen zusammenfanden – Männer in schwarzen Uniformen mit den SS-Runen auf dem Kragenspiegel. Sie flüsterten miteinander, traten unruhig von einem Fuß auf den anderen und schienen auf etwas zu warten. Im trüben Novemberregen verlieh das weiße Licht der Straßenlaternen den Gesichtern etwas Gespenstisches, und in den Augen entdeckte ich den gleichen fanatischen Blick, den ich schon einmal gesehen hatte.

Wieder befiel mich jene undefinierbare Angst, eine Ahnung kommenden Unheils.

Am nächsten Morgen war es geschehen. Ein Überfall auf allen jüdischen Besitz – eine lang vorher geplante Aktion, ausgeführt, als wäre sie spontan gewesen. Synagogen waren aufgebrochen und in Brand gesteckt worden, Schaufenster und Türen eingetreten, Geschäfte geplündert und die Einrichtungen demoliert. In den Fleeten schwammen Schuhe und Stoffe. Man war in Häuser eingedrungen und hatte die Juden, die darin wohnten, verprügelt und festgenommen.

Die meisten Opfer dieser ersten Verhaftungswelle wurden nach wenigen Tagen wieder entlassen. Dennoch ging ganz klar daraus hervor: Dies war nur der Anfang. Aber das Leben ging weiter wie immer. Trotz allem, was geschehen war, sahen die Leute tatenlos zu oder wandten sich gleichgültig ab. Was sie dachten oder empfanden, wußte ich nicht, aber ich hörte keinerlei offenen Protest.

Die ganze Aktion war sorgfältig geplant worden. Man hatte die Leute, die aktiv an den Übergriffen teilnahmen, aus Nachbarorten herbeigeholt. Ganze Einheiten der SS waren aus anderen Gegenden herankommandiert worden, um sorgfältig zu vermeiden, daß irgendeiner der Beteiligten dabei womöglich auf Bekannte träfe, die ihn zum Nachdenken veranlassen könnten.

»Ihr habt uns viel beigebracht«, sagte Willfried am Abend zu meiner Mutter. »Eins habt ihr uns aber vorenthalten: daß es Menschen gibt, die von Grund auf schlecht sind!«

Einen Augenblick schwieg meine Mutter, dann antwortete sie: »Laß uns nicht daran denken – laß uns das Gute dem Bösen entgegensetzen!«

8

Es war kurz vor Weihnachten; vielleicht würde es das letzte Weihnachtsfest sein, das wir zusammen verbrachten. Wenn ich meinen Vater ansah, wußte ich, daß es mit ihm bergab ging. Und was die Politik betraf, warf der Krieg schon seine Schatten voraus.

Für Willfried und mich begann Weihnachten schon am 23. Dezember, dem Tag, an dem wir auszogen, um unseren Christbaum zu holen. Er wuchs auf dem Bauernhof von Frau Groth; schon im Frühjahr hatte ich ihn ausgesucht und das ganze Jahr über beobachtet, wie er wuchs und gedieh.

Der Hof der alten Frau lag ganz in der Nähe. Es waren nur einige Morgen, die sie selbst bearbeitete. Sie lebte allein, und in mehr als einer Hinsicht war ihr Anwesen wie eine abgelegene Insel, über die Zeit und Ereignisse unbemerkt hinweggegangen waren. Zumindest schien es so.

Erdbeeren, Kohl, Kartoffeln und Äpfel waren ihre

einzigen Gefährten. Sie war von unbestimmbarem Alter, doch unter dem blauen Kopftuch, das sie sommers wie winters trug, gab es schon manches weiße Haar. Sie war fast taub und besaß ein Hörrohr, ein Rinderhorn von Armeslänge, das sie allerdings kaum benutzte. Wenn wir kamen, um Gemüse zu holen, ließ sie es uns selber aussuchen und notierte wortlos, was wir ihr schuldig waren.

Ihr Haus war eine alte Kate und hatte nur einen einzigen Raum. Doch im Lauf der Zeit waren zur Lagerung ihrer Produkte in allen Richtungen kleine Anbauten entstanden, und so glich die ursprüngliche Kate einer von Außenforts umgebenen Festung. An den vier Wänden lagerte im Osten ein Haufen Kohlköpfe, im Westen ein Kartoffelberg; die Nordwand schützte eine kleine Halde schwarzer Kohle; und wenn man die Kate von der Südseite betrat, passierte man einen Berg von Äpfeln.

Frau Groth hatte kein Radio, und Zeitungen benutzte sie nur als Einwickelpapier. Bisweilen dachte ich fast neidisch: Für sie ist Hitler überhaupt nicht da.

Als wir an diesem Winterabend zu ihr kamen, hielt sie bereits nach uns Ausschau. Sie hatte unseren Baum geschlagen, und als sie uns kommen sah, hob sie ihn wie eine Fackel in die Höhe. Dann setzte sie ihn nieder und winkte Willfried und mich in ihr innerstes Heiligtum.

Ein bittersüßer Duft durchzog die Kate, und auf dem glühenden Herd brieten Äpfel. Willfried und ich blickten einander an – der Saft brutzelte vielversprechend.

»Setzen Sie sich«, sagte Frau Groth und führte uns zu dem Tisch, der vor eingebauten Bänken in einer Ecke stand. Die grüne Hängelampe breitete ein sanftes Licht über ihn. Die Wärme des nahen Herdes machte uns ein wenig schläfrig, und da die Außenforts mit ihren Mauern von Kohl, Kartoffeln, Kohle und Äpfeln von der Straße her keinen Laut durchließen, fühlte ich mich geborgen und wohl, als befände ich mich in einer anderen Welt.

Frau Groth kam mit den Bratäpfeln, bedeckte sie mit Zucker und Sahne und sah uns schweigend zu, wie wir sie verzehrten. Endlich hob sie ihr Horn ans Ohr und fragte: »Können sie Englisch?« Aus der Schürzentasche holte sie einen Briefumschlag hervor, der eine Postkarte und einen Brief enthielt. »Das ist von meinem Sohn.«

Die Postkarte zeigte eine Gestalt, die mir wie ein Engel vorkam. In der hocherhobenen Hand hielt er eine Fackel, und darunter war gedruckt: AMERICA – THE LAND OF THE FREE – Amerika, das Land der Freien.

Ich blickte noch einmal hin, denn die Worte gefielen mir.

»Das ist die Freiheitsstatue«, erklärte Willfried.

Es war meine erste Begegnung mit Amerika, das zuvor für mich nichts weiter gewesen war als ein Fleck auf der Landkarte, fern und unbekannt wie der Mond.

»Wie lange lebt Ihr Sohn denn schon dort?« fragte Willfried.

»Seit Dreiunddreißig.« Sie zögerte und fuhr dann fort: »Er ist noch weggekommen, aber seinen Vater haben sie umgebracht.«

»In einem Lager?«

Sie nickte, doch ihre Augen verrieten, daß sie keine weiteren Fragen hören wollte. Sie nahm den Brief und drückte ihn an die Brust, als ob jemand versuchen könnte, ihn ihr zu entreißen. »Als ich so plötzlich allein war, habe ich geglaubt, mein Leben wäre vorbei«, sagte sie. »Und jetzt schreibt mir mein Sohn, daß ich zu ihm nach Amerika kommen soll.«

Solange Hitler an der Macht war, mußte diese Idee ein schöner Traum bleiben. Nicht, daß die Groths Juden gewesen wären, doch die Gestapo hatte sie auf der Liste; Frau Groths Mann war Gegner der Nazis gewesen, und ihr Sohn war emigriert. Als läse sie unsere Gedanken, fügte sie hinzu: »Ich werde warten müssen, aber zumindest will ich jetzt Englisch lernen. Können Sie mir das beibringen?«

Ich versprach es ihr und fragte: »Wie ist es denn in Amerika?«

»Ich weiß es nicht«, antwortete sie. »Aber jedenfalls haben sie dort keinen Hitler.«

Unser Christbaum hatte in meinen Augen nie stolzer und grüner ausgesehen als in diesem Jahr; er duftete nach Tanne und Wald wie nur ein Baum, der gerade aus der Erde gekommen ist. Zum Heiligen Abend schmückten Willfried und ich ihn mit weißen Kerzen und Frau Groths rotbäckigen Äpfeln. Als einziger anderer Schmuck schwebte oben auf der Spitze ein Weihnachtsengel, ganz in Weiß, und ich ertappte mich bei dem Gedanken, daß er fast so aussah wie die Freiheitsstatue. Bei Einbruch der Dunkelheit fing es an zu schneien. Es war, wie es immer gewesen war; während meine Mutter die letzten Vorbereitungen traf, warteten mein Vater und wir in seinem Arbeitszimmer. Und dann erklang endlich das Weihnachtsglöckchen – meine Mutter machte die Tür zum Wohnzimmer weit auf, und da stand unser Christbaum neben dem Klavier am Fenster. Die Kerzen warfen ihren Schimmer auf die Äpfel, und der Engel oben wiegte sich in der Wärme, die von den Lichtern ausging. Wir führten meinen Vater zum Lehnstuhl. Hans setzte sich ans Klavier, wir anderen bildeten einen Kreis um Vater und sangen »Stille Nacht«.

Wir hatten nicht einmal die Vorhänge zugezogen; der Schnee fiel so dicht, daß man weder herein- noch hinaussehen konnte. Der goldene Widerschein der Kerzen zuckte über das glänzend schwarze Holz des Klaviers, gab jedoch nicht genug Licht, daß Vater in der vor ihm aufgeschlagenen Bibel hätte lesen können. Doch das war auch nicht nötig. Solange ich zurückdenken konnte, hatte er uns die Weihnachtsgeschichte vorgelesen – und jetzt las er sie, ohne auf die Zeilen zu schauen.

Die Kerzen waren halb heruntergebrannt, und wir wandten uns den Geschenken zu. Für mich war ein Paket aus Dänemark gekommen, und ich versuchte, meine Aufregung zu verbergen. Es kam von Eduard.

Ich erkannte das Bild sofort: der weiße, strohgedeckte Bauernhof, der Weg, der hügelan ging, und die Noten, die in den Himmel hineingemalt worden waren. Geschrieben hatte Eduard dazu nur die Worte: »Hast du Deine Melodie gefunden?«

Zu Beginn des neuen Jahres fing ich an, Frau Groth Englischunterricht zu geben, und die allwöchentlichen Abende in ihrer einsamen Kate waren glückliche Stunden. Ihre Schwerhörigkeit machte die Verständigung nicht leicht, doch sie wurde es nie müde, ihr Hörrohr ans Ohr zu halten. Als das Eis auf dem Weg zu ihrem Hof schmolz und das erste Grün zum Vorschein kam, sprach sie schon ein paar Worte Englisch. Ja, mehr als das – ihre sonst fest geschlossenen Lippen umspielte bisweilen ein Lächeln.

Eines Tages brachte ich Frau Groth eine Landkarte von Amerika mit. Wir suchten nach New Jersey, wo ihr Sohn lebte. Auf meiner Karte war der Staat nicht größer als ein Daumennagel.

»In welcher Stadt wohnt Ihr Sohn denn?« wollte ich wissen.

»Elizabeth«, war die Antwort.

Elisabeth? Unwillkürlich zuckte ich bei dem Namen zusammen.

»Kennen Sie auch jemand da drüben?« fragte Frau Groth erstaunt.

Ich faßte mich wieder. Wie sollte ich ihr etwas erklären, für das es keine logische Erklärung gab. »Ich habe mal ein Mädchen gekannt, das Elisabeth hieß«, sagte ich nur ganz unbestimmt.

Alles Wissenswerte über Amerika erfuhren wir aus einem alten Konversationslexikon, und in meinem Bemühen, Frau Groth ihrem Sohn näherzubringen, erschloß sich auch mir eine neue Welt.

Wir fanden heraus, wie viele Zentimeter Regen im Jahr auf New Jersey fielen, lasen alles über die großen Städte, über New York und Philadelphia; doch was mich am meisten interessierte – wie nämlich die Amerikaner selbst waren –, konnte mir das Lexikon nicht verraten.

Der einzige Mensch in Amerika, von dem ich wußte, war Frau Groths Sohn. Nur noch etwas gab es, das zumindest für mich lebendig geworden war. Ich hatte es mir immer wieder angesehen: die Freiheitsstatue. Die Postkarte hing jetzt bei Frau Groth an der Wand, und ich betrachtete sie oft. Ob die Amerikaner wohl wußten, was hier in Deutschland geschah? Und wenn sie es wußten, wußten sie dann auch, daß wir der Hilfe bedurften?

9

Der Rotdorn vor unserem Haus stand in voller Blüte, und durch die offenen Fenster drangen wieder die ersten Laute des Sommers. Ich stand neben dem Klavier und hörte zu, wie meine Mutter mir einen Brief aus England vorlas.

»Ich würde mich freuen, wenn unsere Töchter sich kennenlernten«, schrieb Mrs. Thompson, eine alte Freundin meiner Eltern. »Es scheint eine Ewigkeit her zu sein, daß wir von Euch gehört haben. Wie ist es Euch ergangen?«

Während ich zuhörte, schweiften meine Gedanken für einen Augenblick ab – Büsche von Heckenrosen an einem weißen Strand tauchten vor mir auf.

»Schickt Eure Tochter herüber«, drängte Mrs. Thompson in dem Brief. »Der Sommer ist bald vorbei.«

Mutter blickte auf. »Hättest du Lust, hinzufahren?«

Ob ich Lust hätte? Ich kannte England zwar nicht – und doch kannte ich es gut. Seit Elisabeth Levy mir ihr Radio geschenkt hatte, waren wir Abend für Abend mit England verbunden gewesen. Die BBC war ein Teil unseres täglichen Lebens geworden, unser Sammelpunkt, eine Quelle der Hoffnung. Es war zwar streng verboten, ausländische Sender abzuhören, aber wir taten es deshalb nur um so lieber. Wir achteten darauf, daß alle Fenster geschlossen und die schweren Vorhänge zu

54

waren. Dann ließen wir das Radio leise spielen und rückten näher zusammen.

Es waren nicht nur die Nachrichten, die uns an das Radio fesselten; die Stimme der BBC zu hören, gab uns das Gefühl, nicht mehr allein zu sein. Was wir hörten, verführte uns zu dem Glauben, daß uns die ganze Welt außerhalb Deutschlands in unserer Opposition gegen das Hitler-Regime unterstützte.

Mir war, als kannte ich durch die Sendungen der BBC sogar die Thompsons. »Ich fahre, sobald ich einen Paß bekomme«, sagte ich voller Vorfreude.

Den Paß hatte ich in knapp einer Woche. Ich war keine Jüdin und stand offenbar auch nicht auf der Liste der Gestapo. Ja, ich kam so rasch in den Besitz eines Passes, daß es fast so aussah, als ermutige man uns, ins Ausland zu reisen. Vielleicht sah man darin eine willkommene Gelegenheit, der Welt den Eindruck zu vermitteln, das Leben innerhalb Deutschlands sei normal wie immer. Obgleich wir ständig in der Spannung lebten, was Hitler in seinem schier unersättlichen Hunger nach »deutschem Lebensraum« plante, konnten selbst wir uns nicht vorstellen, daß er schon in zehn Wochen den Krieg beginnen würde.

Ich hatte meinen Paß, und meine Koffer standen fertig gepackt. Doch noch fehlte eins: eine Fahrkarte. Für eine reguläre Überfahrt hatten wir kein Geld. Mein Vater fand schließlich einen Ausweg.

»Herr Jensen!«

Wäre dieser Brief aus England nicht gewesen, ich hätte Herrn Jensen nie kennengelernt.

Er war Schiffsmakler und betreute die Frachter, die nach England und Skandinavien fuhren. Seine Tochter war eine Schülerin meines Vaters gewesen, als er 1933 seines Postens enthoben worden war. Von dem Augenblick an hatte ihn eine Mauer des Schweigens umgeben. Nur Herr Jensen war eines Tages zu ihm gekommen.

»Er war der einzige von allen Eltern«, erzählte Vater mir, »der kam und fragte, ob ich irgendwelcher Hilfe bedürfe.«

Frühmorgens am nächsten Tag machte ich mich auf, um Herrn Jensen aufzusuchen.

Es gibt Zeiten in unserem Leben, die wie ein Traum keinerlei Spuren hinterlassen; dann wieder gibt es Augenblicke, deren Eindrücke und Bilder wir niemals vergessen. Noch wußte ich nicht, daß dieser Tag einige Eindrücke für mich bereithielt, deren Bedeutung ich erst viel später erfassen würde.

Als ich aus dem Hause ging, hatte ich meinen Paß in der Tasche und einen Zettel mit Herrn Jensens Adresse in der Hand. »Sein Büro ist drunten am Hafen, beim Bismarck«, hatte Vater gesagt. Also suchte ich zunächst einmal nach Bismarck, um das Büro von Herrn Jensen zu finden. Nach Bismarck? Nun, Vater hatte das Bismarckdenkmal gemeint, jene überlebensgroße Statue des Eisernen Kanzlers, die auf einer Anhöhe steht und, weithin sichtbar, den Hamburger Hafen überragt.

Die Hand des ehemaligen Kanzlers ruht auf einem gewaltigen Schwert, das, dessen war ich sicher, größer war als unser Haus. In der Schule hatten wir über den Begründer des Deutschen Reiches im Geschichtsunterricht mehr als genug gehört. Lange vor Hitler hatte Bismarck ein Reich geschaffen, dessen Kaiser gesagt hatte: »Wir Deutsche fürchten Gott, sonst nichts auf der Welt.«

Bismarck war für jedes ein- und auslaufende Schiff der erste und letzte Eindruck, und als ich an dem düsteren Denkmal vorbeikam, sah ich wieder Frau Groths Postkarte vor mir und die soviel freundlichere Dame mit der Fackel in der Hand. Ich griff noch einmal in meine Tasche, um mich zu vergewissern, daß der Paß wirklich da war, und eilte zum Hafen hinunter. Ein Schiff lief gerade aus, und das langgedehnte Röhren seiner Sirene schien mir zu verkünden, daß es noch eine Welt außerhalb Deutschlands gab. Die hohen schmalen Häuser am Kai waren windschief und verwittert vom Alter.

Doch mitten zwischen ihnen stand ein moderner Ziegelbau, der aussah wie ein Schiff mit einem Turm, in dem die Glocke hing, als Mast. Die Tür stand weit offen, und von der Diele führte eine steile, schmale Treppe in das obere Stockwerk. Hinter einem der Fenster stand eine norwegische Flagge, und auf einer Tafel an der Wand las ich: Norwegische Seemannskirche.

Gespannt, wie es wohl drinnen aussehen mochte, wäre ich fast hineingegangen, doch dann fiel mir wieder ein, weshalb ich unterwegs war.

Ich fand Herrn Jensen in einem der alten Häuser. Sein Büro lag im Erdgeschoß. In einem gewaltigen Lehnstuhl saß ein riesiger Mann an einem Schreibtisch, der eigentlich nur ein einfacher, mit Stößen von Papier bedeckter Holztisch war. Er hatte einen Hut auf dem Kopf, die Pfeife im Mund, und stand auch nicht auf, als ich eintrat, sondern schob zur Begrüßung nur den Hut ein wenig aus der Stirn.

»So, Sie sind also seine Tochter?« sagte er, als er meinen Namen hörte, und reichte mir die Hand.

Mein Blick glitt über die Wände, und statt des sonst

üblichen Hitlerbildes entdeckte ich eine Weltkarte, die fast die ganze Wand bedeckte.

Er lächelte, als er mein Ansinnen hörte. »Eine Fahrt nach England?« fragte er. »Oder haben Sie etwa vor, zurückzukehren?«

Seine Frage verblüffte mich. Der Gedanke, in England zu bleiben, war mir noch nicht gekommen. Ich sagte etwas bestürzt: »Hin und zurück«, um dann ein wenig verlegen hinzuzufügen: »Warum fragen Sie?«

»Ach, lassen Sie nur«, sagte Herr Jensen und stocherte in seiner Pfeife.

Er zog einige Fahrpläne aus dem Papierhaufen auf dem Tisch und griff nach dem Telefon. Während ich anscheinend ruhig dasaß und wartete, arbeitete es fieberhaft in mir.

Herr Jensen hatte recht – jetzt hatte ich die Wahl. Wenn ich wollte, konnte ich fortbleiben. Ich dachte an die ewigen Ängste, an die schlaflosen Nächte, in denen ich die Scheinwerfer näher kommender Autos beobachtete, immer gewärtig, daß die Gestapo kam.

Doch dann mußte ich an meinen Vater denken, an unser Haus, an die Familie. Nein, mir blieb keine Wahl.

»Alles klar«, hörte ich Herrn Jensen sagen, als er das Telefon auflegte. »Ich habe einen Frachter gefunden. Halten Sie sich bereit. Ich rufe Sie an, wenn es losgeht.«

»Vielen Dank«, sagte ich und fragte, was ich ihm schuldete.

»Nichts«, antwortete er und schüttelte meine Hand. »Sagen Sie Ihrem Vater, daß ich immer für ihn da bin, falls er mich wieder einmal braucht.«

Ich sagte meinen Eltern nichts von Herrn Jensens Frage. Aber sie schienen auch so zu wissen, was in mir vorging. Ein paar Tage später rief mein Vater mich zu sich.

»Hast du einmal daran gedacht, in England zu bleiben?« fragte er. Ich antwortete nicht, sondern sah ihn in der Hoffnung auf einen Ratschlag an. Doch ich hätte es wissen müssen. Noch nie hatte er mir eine Entscheidung abgenommen.

»Wie könnte ich wegbleiben?« fragte ich zuletzt. »Ich gehöre doch hierher.«

Es war nicht Deutschland, an das ich dachte, sondern meine Eltern und alles, was mich mit ihnen verband.

»Irgendwann einmal wirst du auf eigenen Füßen stehen müssen, wo immer du auch bist«, antwortete mein Vater.

Ich wußte, was er mir zu verstehen geben wollte. Wo ich auch hinging, ich würde nicht mehr Freiheit finden, als ich mich von alten Bindungen zu lösen vermochte. Da brannten Tränen in meinen Augen, und ich wünschte, wir hätten den Brief aus England nie bekommen.

Ein Klopfen an der Tür, und Willfried steckte den Kopf herein. »Beeil dich«, sagte er, »Herr Jensen hat angerufen. Der Frachter legt heute nacht ab.«

Günther und Willfried brachten mich zum Schiff. Nach dem dritten Ertönen der Schiffssirene setzte der Frachter sich in Bewegung.

Ich stand auf der Brücke. Günther und Willfried winkten mir zu. Herr Jensen stand hinter ihnen und verabschiedete sich von mir, indem er den Hut ein wenig aus der Stirn schob. Die Nacht war zu dunkel, als daß man den Bismarck auf seiner Anhöhe hätte sehen können. Während das Schiff langsam vom Pier wegglitt, beobachtete ich Herrn Jensen. Wie er regungslos dastand, meine Brüder überragend, sah er wie ein Denkmal aus. Noch konnte ich nicht ahnen, daß er eines Tages ein Bollwerk der Kraft und Stärke für mich sein würde, einer aus dem »verborgenen« Deutschland, von dem die Welt so gut wie nichts wußte.

10

Das Schiff landete in Liverpool, und ich bestieg einen Zug, der südwärts fuhr. Ich hatte einen Platz am Fenster und begann eifrig nach meinem BBC-England Ausschau zu halten. Welche Enttäuschung! Was ich sah, war nur ein weit ausgedehnter Seehafen, wie ich ihn von Hamburg her kannte. Selbst der Himmel war genauso grau wie daheim.

Am Spätnachmittag traf ich in dem englischen Seebad Brighton ein. Die Sonne schien, und am Bahnsteig war ein fröhliches Hin und Her von Sommer- und Feriengästen. Aber mir war, als gehörte ich nicht dazu, während ich auf die Thompsons wartete.

»Hiltgunt, wie geht's?« sagte jemand hinter mir.

Ich fuhr herum. Vor mir standen ein hochaufgeschossener junger Mann und ein Mädchen. »Unsere Eltern haben uns gebeten, dich abzuholen«, sagte er und streckte mir die Hand entgegen.

Sie sind viel jünger als ich, war mein erster Eindruck, obwohl ich wußte, daß wir gleichaltrig waren. John trug eine Sporthose und ein offenes Hemd und hatte sich ein marineblaues Jackett lässig über die Schultern geworfen. Doris' hellblaues Kleid paßte genau zu dem blauen

60

Band, daß sie um ihr langes Haar geschlungen hatte. In ihrer Haltung lag eine solche Unbekümmertheit und Selbstsicherheit, daß ich mir von Anfang an linkisch und unbeholfen vorkam.

»Wie war die Überfahrt?« fragte John, als er mein Gepäck aufnahm. »Hast du gutes Wetter gehabt?« fügte Doris hinzu. Ihre Stimme war freundlich, doch ihr Blick glitt über mich hinweg, als erwartete sie jemand anderen. Plötzlich faßte sie Johns Arm, und ich hörte sie aufgeregt miteinander tuscheln: »Sieh mal, da ist Allen!«

Der junge Mann, der an uns vorbeikam, wirkte nachdenklich, aber gleichwohl außerordentlich lebendig. Mir gefiel sein Lächeln, als er uns zuwinkte und »Hallo!« rief.

Ich spürte Doris' Enttäuschung darüber, daß er nicht stehengeblieben war. Ich sah, wie sich ihre Augen füllten, doch nur für einen Augenblick. Sie war Engländerin genug, um Selbstbeherrschung zu bewahren. John, vielleicht um das Schweigen zu brechen, fragte leichthin: »Nun, wie steht's denn in Deutschland?«

»Schlecht«, entgegnete ich, weil ich die Frage ernst nahm.

Ein Ausdruck der Verwunderung, ja fast der Verlegenheit glitt über seine Züge. »Ach, wirklich?« murmelte er und ging rasch weiter.

Die Thompsons besaßen ein Hotel und wohnten im obersten Stockwerk. Als sie mir zur Begrüßung entgegenkamen, sah ich, daß Mr. Thompson hinkte – infolge einer Kriegsverletzung aus dem Ersten Weltkrieg, wie ich später erfuhr. Bei unserer dritten Tasse Tee erkundigte auch er sich: »Nun, wie steht's denn in Deutschland?«

Für den Bruchteil einer Sekunde zögerte ich, doch dann ging mir auf, daß die Frage nichts anderes bedeutete als das redensartliche »How do you do?«. Trotzdem wagte ich es noch einmal: »Leider nicht allzu gut.«

Er reagierte darauf mit dem gleichen etwas bestürzten Ausdruck, den ich schon bei seinen Kindern bemerkt hatte – irgendwie erinnerte er mich an den »Vorhang«, wie ich ihn von Deutschland her kannte.

»Noch etwas Tee?« fragte Mrs. Thompson rasch. Dann wandte sie sich mir zu und sagte: »Du mußt jetzt Ferien machen und alles vergessen, was da drüben geschieht.«

Ich merkte mir das und kam auf das, was »da drüben« geschah, nicht wieder zurück. Trotzdem ertappte ich mich oft dabei, daß ich die Thompsons forschend ansah, um für etwas, das mir so unfaßlich erschien, den Schlüssel zu finden. Sie waren freundlich zu mir und erkundigten sich nach dem Ergehen meiner Eltern und Brüder, aber im Grunde interessierten sie sich für nichts, was sich außerhalb ihres eigenen Bereichs ereignete.

Eines Tages berichtete das Radio von deutschen Truppenzusammenziehungem an der polnischen Grenze. Ich blickte zu Mr. Thompson hinüber.

»Verdammt!« sagte er und stellte das Radio ab.

»Die Hauptsache, wir bleiben verschont«, meinte Frau Thompson.

Ich lernte auch ihre Gäste kennen, vorwiegend Witwen und pensionierte Offiziere, die im Hotel wohnten. Sie gingen kaum aus und verbrachten die meiste Zeit zurückgezogen in ihren Zimmern, die im viktorianisch-wilhelminischen Stil eingerichtet waren – hinter geschlossenem Vorhang, um die Sonne herauszuhalten und, wie es mir vorkam, das Leben selbst.

Schon am ersten Abend wurde ich ihnen vorgestellt, und einer von ihnen, ein Oberst, sah auf, als er meinen Akzent hörte. »Woher kommen Sie denn?« erkundigte er sich.

Noch ehe ich antworten konnte, nahm Mrs. Thompson mich beiseite und bat mich, neben ihr am äußersten Ende des Tisches Platz zu nehmen.

Tagsüber waren wir am Strand; in Brighton gab es keinen weißen Sand, sondern nur Steine, und man saß auf Stühlen. Die meiste Zeit hielt ich die Augen geschlossen, ließ die Bruchstücke der Unterhaltung über mich hinweggehen und zählte insgeheim die Stunden.

Das Abendessen war immer *das* Tagesereignis. Man speiste bei Kerzenlicht, und die verschiedenen Gänge wurden mit großer Zeremonie serviert. Man trug Abendkleid und Smoking; aber mein einfaches Sommerkleid war nicht das einzige, was mich von den anderen trennte. Während der Unterhaltung bei Tisch verwunderte ich mich immer wieder, wie man mit so vielen Worten so wenig sagen konnte.

War dies das »normale« Leben, nach dem ich mich so gesehnt hatte? Ich dachte daran, wie wir die Kommentare der BBC mit der Haltung der Engländer, ja der ganzen Welt identifiziert hatten. Wie verblendet wir gewesen waren! Hätte uns nicht die mangelnde Reaktion auf die Ereignisse in Deutschland längst beweisen sollen, daß jede Hoffnung auf Hilfe von außen nur eine Illusion war?

Ich schlief im Zimmer von Doris und staunte immer wieder, wie sehr sie mit ihrer eigenen Person beschäftigt war und welche Sorgfalt sie auf ihr Äußeres verwendete. Während es mich nur ein paar Minuten kostete, mich zum Zubettgehen bereit zu machen, konnte sie Stunden verbringen, um sich auf den nächsten Tag vorzubereiten, sich das Haar zu waschen, zu bürsten und zu legen und dabei immer wieder neue Frisuren auszuprobieren. Sie zog Schubladen auf und zu, öffnete und schloß Schränke, als hinge ihr Leben davon ab, was sie anzog. Was ging in ihr vor? Was dachte, was fühlte sie dabei? Das fragte ich mich oft, doch sie vertraute sich mir nicht an.

Eines Abends, als sie annahm, ich schliefe bereits, beobachtete ich sie durch halbgeschlossene Augen. Sie saß vorm Spiegel und musterte ihr Gesicht von allen Seiten. Ich bemerkte den furchtsamen Ausdruck ihrer Augen – es war, als betrachtete sie eine Fremde.

Dann fiel mir der erste Abend am Bahnhof ein und wie ihr Blick dem jungen Mann gefolgt war, der an uns vorbeiging.

»Doris, wer ist Allen?« fragte ich plötzlich.

Sie fuhr herum. Das Eis war gebrochen. Ihre Worte überstürzten sich. Sie seien zusammen aufgewachsen, so erzählte sie mir, doch er sei jetzt in London als Journalist an einer Zeitung.

»War er in dich verliebt?«

»Früher, ja.«

Schon am nächsten Tag trafen wir ihn am Strand. Er war Doris gegenüber aufmerksam und höflich, fand ich, doch schon nach wenigen Worten wandte er sich mir zu und fragte: »Nun, wie steht's jetzt in Deutschland?«

Ich sah ihn an und spürte sofort, daß es ihm wirklich um eine Antwort ging. Stundenlang sprachen wir miteinander, und bisweilen hörte sogar Doris zu. Und nicht nur, daß Allen begriff, was vorging, es berührte ihn merklich. Alle meine Zweifel legten sich wieder; es bedurfte nur seiner Anteilnahme, um in mir die Hoffnung und den Glauben an das England der BBC wiederherzustellen.

Einige Abende später ereignete sich etwas höchst Beunruhigendes. Gleich nach dem Essen kam der Oberst auf mich zu – derselbe, der mich bei meiner Ankunft gefragt hatte, woher ich käme.

»Sie sind also aus Deutschland?« begann er. »Nun, ich muß schon sagen, Sie haben wirklich einen guten Mann dort drüben.«

»Wen meinen Sie?« fragte ich ungläubig; mir fiel ein, wie Mrs. Thompson uns rasch auseinandergebracht hatte, als er das erstemal an mich herangetreten war.

»Ich bewundere Hitler«, sagte er. »Deutschland braucht eine starke Hand.«

Ich gab keine Antwort.

»Hier haben wir auch eine Menge Juden«, fing er wieder an. »Ich wünschte, Hitler könnte mit denen ebenso kurzen Prozeß machen.«

»Es besteht die Aussicht, daß er auch mit Ihnen bald kurzen Prozeß macht, Sir«, entgegnete ich, ohne länger an mich halten zu können.

Der Oberst blickte auf. Sein Gesicht lief dunkelrot an. Er griff nach seinem Stock und brüllte mich an: »Was wollen Sie damit sagen?«

Es war totenstill im Zimmer; alle Augen waren auf uns gerichtet. Mrs. Thompson kam eilends herüber, hob die Teekanne und fragte: »Noch etwas Tee?«

»Er ist ein altes Ekel, aber seine Generation ist im Aussterben«, sagte Allen, als ich es ihm später erzählte.

65

»Aber daß die Welt voll ist von Thompsons, netten Leuten, deren einziges Interesse darin besteht, sich in nichts hineinziehen zu lassen, das finde ich noch viel schlimmer.«

Eines Abends – Allen war wieder zu Besuch – sagte er: »Ich möchte Sie etwas fragen.«

Ich nickte.

»Haben Sie schon einmal daran gedacht, hier in England zu bleiben?« begann er. »Ich könnte mit der Einwanderungsbehörde sprechen, könnte Ihnen helfen, in London Arbeit zu finden.«

Ich hob die Augen. Aus dem Radio tönte Musik – irgend jemand spielte Klavier, spielte wundervoll Klavier. Während ich Allen nur mit halbem Ohr zuhörte, arbeitete es fieberhaft in mir: Wo hatte ich dies Thema schon einmal gehört? Denn ich *hatte* es gehört, dessen war ich ganz sicher, irgendwo . . .

»Ich würde Ihnen in jeder Beziehung helfen«, drängte Allen. Ich sah zu den Thompsons hinüber. Auch sie waren ganz im Bann der Musik. Es ist Mozart, dachte ich, eins von seinen Klavierkonzerten . . . in d-Moll . . . da . . . diese Passage . . . die hatte ich gehört, als . . .

Wie ein Blitz durchzuckte es mich, und dann war alles wieder da: das Klavier in unserem Wohnzimmer, am Fenster, der Rotdorn vorm Haus, die unbestimmten Laute eines Frühsommertages und die Stimme, die geflüstert hatte: »Ziehen Sie den Vorhang zu!«

Es gab nur eine, die dieses Klavierkonzert so spielen konnte. War es denn möglich? Es mußte so sein – ja, jetzt war ich ganz sicher – es *war* Elisabeth.

Ich faßte Allens Arm.

»Hören Sie zu!«

Ich ging zum Radio hinüber, berührte es, als ob die Berührung mich ihr näherbringen könnte. Ich hielt den Atem an, kaum fähig, bis zum Ende zu warten, ganz Hoffnung, ihren Namen zu hören. Und dann kam der Ansager. Wirklich, ihr Vorname war Elisabeth – doch der Nachname war ein anderer.

»Helfen Sie mir, sie zu finden«, bat ich Allen. »Rufen Sie bei der BBC an.«

Ich mußte lange warten. Schließlich hörte ich ihre Stimme am Telefon. Ich konnte vor Aufregung kaum sprechen.

»Ich habe dir einen Brief geschrieben, Elisabeth.«

»Ja, ich habe ihn bekommen.«

»Warum hast du denn nicht geantwortet?«

»Ich wollte vergessen.«

»Wann können wir uns in London treffen?«

»Ich fahre morgen früh ab.«

»Was du auch tust«, sagte ich, »geh nicht nach Dänemark. Hitler wird einen Krieg anzetteln und Skandinavien besetzen.«

Ich weiß nicht, wie ich dazu kam, das zu sagen. Schließlich hatte ich nicht die geringste Ahnung von Hitlers Plänen.

»Ich bin auf dem Weg nach Südamerika«, antwortete Elisabeth. »Und du? Was wirst du machen?«

»Ich fahre zurück«, sagte ich. »Ich gehöre dort nun einmal hin.«

»Leb wohl, Hiltgunt«, hörte ich Elisabeth, und nach einem Augenblick des Schweigens sagte sie noch: »Und gib acht auf dich selbst, Hiltgunt.«

Das Klavierspiel klang noch in mir nach, als ich zu

Bett ging. Ich verbrachte eine unruhige Nacht. Gewiß, ich war glücklich über das, was Elisabeth erreicht hatte, aber gleichzeitig war ich auch unglücklich, denn ich spürte, daß ich sie für immer verloren hatte. Mir war klar, daß sie ihre Abfahrt hätte noch hinausschieben können. Aber mir war ebenso klar, daß sie mich nie wiedersehen wollte. Ich fühlte mich zurückgestoßen und sehr allein. Daß sie bewußt jeden von sich fernhielt, der zu ihrer Vergangenheit gehörte, dieser Gedanke kam mir nicht.

Sie kannte ihren Weg – ich mußte meinen erst finden. Durch das offene Fenster sah ich den Mond – er stand als schmale Sichel am Himmel. Ich hörte das Murmeln der Wellen wie eine Melodie vergangener Zeiten. Ich dachte an zu Hause, und am nächsten Morgen führte ich ein Ferngespräch mit Liverpool und ließ den Schiffsmakler wissen, daß ich zur Rückkehr bereit war.

11

Es war Spätsommer, als ich wieder in Deutschland war – die Tage waren noch warm, die Nächte schon herbstlich kühl. Dr. von Berg war bei uns, als ich zurückkam, und weil es nicht Dienstag war, der Tag, an dem er sonst zu kommen pflegte, wußte ich, daß es um meinen Vater schlecht stand. Die Erschöpfung meiner Mutter verriet, wie sehr ich zu Hause gebraucht wurde; meine Koffer blieben tagelang unausgepackt stehen.

Der 1. September 1939 begann wie jeder andere Tag. Ich wachte frühmorgens auf und schaute wie immer, noch bevor ich ganz wach war, nach der Sonne. Wenn ihre Strahlen mein Bett erreichten, betrachtete ich meinen Schatten an der Wand. Wenn ich den Kopf nur um ein weniges bewegte und ganz zur Seite blickte, konnte ich mein Profil studieren.

An diesem besonderen Tag gab es keinen Schatten, denn die Sonne schien nicht. Aber es war weniger der bedeckte Himmel, der mich ahnen ließ, daß irgend etwas nicht so war wie sonst, als die Totenstille um mich herum. Ich setzte mich auf und lauschte angestrengt. Wo blieben denn heute all die gewohnten Morgengeräusche? Ich hielt den Atem an.

Plötzlich beschlich mich eine unheimliche Angst, und ich dachte an meinen Vater. Doch das Schweigen kam nicht nur aus dem Innern des Hauses. Ich ging ans Fenster und sah die Straße hinunter. So weit man sehen konnte, keine Menschenseele. Selbst die Vögel schienen verstummt.

Ich war die einzige, die schon auf war; als ich die Haustür öffnete, stellte ich zu meiner Überraschung fest, daß Milch und Zeitung ausgeblieben waren.

Ich stellte das Radio an und hörte eine bombastische Stimme . . .

Hitlers Truppen waren in Polen einmarschiert. Der Krieg hatte begonnen.

Obwohl wir ihn seit langem vorausgeahnt hatten, war ich wie vom Donner gerührt. Ich wich vom Radio zurück, suchte irgendwo Halt, als hätte ich das Gleichgewicht verloren, und stützte mich auf die Tasten des Klaviers – ein schriller Mißton.

Als ich aufblickte, stand meine Mutter neben mir. »Deutschland, Deutschland, über alles . . .« ertönte es im Radio; ich sah, wie sie hinübergriff und den Apparat abstellte.

Wir gingen zu meinem Vater hinauf. Meine Brüder waren schon bei ihm. Noch einmal waren wir alle beisammen. Nach dem ersten Schock war es fast eine Erleichterung. Dies mußte der Wendepunkt sein. Nun würde die Welt endlich begreifen, um was es ging. Sie würde uns vom Naziregime befreien. Als der Tag weiter vorrückte, ging das Leben wieder seinen gewohnten Gang. Milch und Zeitung wurden noch nachgeliefert. Doch das Radio vermittelte bereits einen ersten Vorgeschmack des Krieges. Eine Flut von Anordnungen ergoß sich über uns, die unser Leben in jeder Weise beschränkten. Man wollte uns glauben machen, daß der Einmarsch in Polen eine spontane Reaktion sei.

Doch schon bald erwies sich, daß alles seit langem geplant war.

Lebensmittelkarten wurden ausgegeben, der Treibstoff wurde rationiert und die allgemeine Verdunkelung angeordnet. Ich eilte zu einem Geschäft, doch als ich ankam, war bereits alles Material, mit dem man die Fenster hätte abdunkeln können, ausverkauft. Ich überlegte, was nun zu tun sei. Und ich begriff, daß der Krieg nicht erst am 1. September 1939 begonnen hatte. Er hatte schon vor vielen Jahren angefangen – an jenem Tag, an dem unsere Fenster zum erstenmal mit braunem, mit schwarzen Hakenkreuzen bedrucktem Papier verklebt worden waren.

Ich meinte, schwarzes Papier würde fürs erste genügen. Bei unserer Beratung im Familienkreis waren wir alle der Meinung, daß der Krieg unmöglich länger als drei, höchstens vier Monate dauern könne.

Als ich bei unserem Krämer vorbeikam, sah ich, daß dort eine Menge Leute Schlange standen und andere unter schweren Lasten gebeugt davoneilten. Noch war vieles nicht rationiert, und so stellte ich mich sogleich mit an. Was ich eigentlich kaufen wollte, wußte ich nicht; aber das spielte in diesem Augenblick auch gar keine Rolle. Allein die Tatsache, daß hier Leute anstanden, um etwas zu ergattern, das vielleicht bald knapp werden würde, veranlaßte mich, mich ihnen anzuschließen. Wenige Stunden Krieg hatten genügt, eine Habgier in mir zu wecken, die mich nie mehr verlassen sollte. Noch heute fällt es mir schwer, von irgend etwas nur *ein* Stück zu kaufen.

Eine panische Angst befiel mich. Wozu, wußte ich nicht, denn ich kannte weder Krieg noch Zerstörung.

Erst nach stundenlangem Warten kam ich an die Reihe. Es war nur noch Scheuerpulver zu haben, von dem ich zehn Pfund erwarb – ein Kauf, der mich mit solchem Triumph erfüllte, als hätte ich einen großen Sieg errungen. Als ich den Laden verließ, hielt ich mein Paket fest an mich gedrückt und genoß die neidischen Blicke derer, die noch warten mußten.

Günther und Willfried bekamen ihre Gestellungsbefehle. Ihr Zug ging um Mitternacht. Es war die erste Nacht bei voller Verdunkelung. Der Bahnhof wimmelte von Menschen. Ihre Stimmen klangen gedämpft; und inmitten der Dunkelheit durchfuhr mich die Erinnerung an England: das muntere Feriengetriebe auf dem Bahnhof bei meiner Ankunft, Johns beiläufige Frage »Nun, wie steht's denn in Deutschland?« und wie er sich bei meiner Antwort rasch abgewandt hatte.

Ich blickte auf zu meinen Brüdern. Was würde mit ihnen geschehen? Günther und Willfried gingen als Ärzte. Hans, als Professor der Mathematik an der Ham-

71

burger Universität, würde vorläufig wohl kaum eingezogen werden. Und schließlich waren wir fast alle fest
davon überzeugt, daß der Krieg nicht lange dauern
könne.

In unserem Wohnviertel begann der Krieg am folgenden Morgen, als es klingelte und Herr Braun vor unserer Tür stand. Er trug einen Helm und hatte seine Hosen
in ein Paar Langschäfter gezwängt. Er wies auf seine
Armbinde und verkündete: »Ich bin der Luftschutzwart
Ihres Bezirks.«

Mit einer Handbewegung schob er uns beiseite und
trat ein. Persönlich kannten wir Herrn Braun nicht; nur
seine Stimme war uns nicht unbekannt. Er war Lehrer,
stand kurz vor der Pensionierung und lebte für sich
allein. Er war ziemlich kurz geraten, etwas gedrungen,
und sein Gesicht war immer rot angelaufen, als wäre er
ständig im Begriff zu explodieren. Mit allen seinen
Nachbarn stand er auf Kriegsfuß; und zwar ging es dabei um den Apfelbaum in seinem Garten.

Es war ein großer Apfelbaum, dessen Zweige Himmel
und Erde umspannten; einige von ihnen ragten über
den Zaun. Jeden Herbst hingen sie voll von saftigen,
rotbackigen Äpfeln, die Auge und Hand in Versuchung
führten. Bei ihrem Anblick begriff ich, warum ein Apfel
einst über das Geschick der Menschheit entschieden
hatte.

Und so war es auch noch heute. Nur ansehen durfte
man die Äpfel. Eine falsche Handbewegung und schon
ertönte ein Grollen, und wenn man gar einen ergriff, erhob Herr Braun irgendwo in der Tiefe seines Gartens
donnernd seine Stimme. Es hieß, er halte täglich »Ap-

pell« unter seinen kostbaren Äpfeln ab, und so manches »unentschuldigte Fehlen« habe zu seiner unangenehmen Gemütslage beigetragen.

Heute jedoch war er bester Laune, warf einen bewundernden Blick auf seinen Helm, als er am Spiegel in unserem Flur vorbeikam, und ehe wir uns noch versahen, unterzog er unser Wohnzimmer einer eingehenden Besichtigung.

»Sie haben sehr schwere Vorhänge«, stellte er fest, während seine Augen an unserem Radio hängenblieben.

Äußerlich ruhig warteten wir, während er sich bei uns umsah, doch mein Herz schlug bis zum Hals hinauf. Was mochte er nur wollen?

Schließlich wandte er sich an meine Mutter und sagte: »Ich habe Sie zum Luftschutzwart bestimmt.«

Ich stieß einen erleichterten Seufzer aus.

»Die Gegend hier braucht eine starke Hand«, verkündete er, »und die wird sie jetzt bekommen.«

Es klang wie eine zweite Kriegserklärung.

Er strahlte. »Sie sind verantwortlich für die Verdunkelung in Ihrer Straße, und Sie bekommen einen Luftschutzhelm« – für ihn offensichtlich die höchste Belohnung.

Meine Mutter war von diesem Vorschlag wenig begeistert, bis sie hörte, daß ein Luftschutzwart zu allen anderen Häusern Zugang habe – und zwar tags und nachts.

Auf ihrem Gesicht erschien ein Lächeln. »Eine wunderbare Aufgabe«, sagte sie und nahm an.

Nachdem Herr Braun fort war, erklärte sie: »Nun haben wir eine Sorge weniger. Kein Luftschutzwart wird unser Haus betreten.«

Die Luft war ruhig. Es gab keine Angriffe; nicht einmal

Fliegeralarm wurde gegeben. Doch Herr Braun machte seine Drohung wahr. Nacht für Nacht patrouillierte er durch unsere Straßen und schrie seine Befehle in die Dunkelheit, die nun alle Häuser umgab. Bei dem kleinsten Verdacht eines Lichtspalts klopfte er an den Fenstern und klingelte an den Türen. Er hielt sogar Vorübergehende mit brennenden Zigaretten im Mund an und schimpfte: »Machen Sie gefälligst Ihre Zigarette aus! Begreifen Sie denn nicht, daß Sie damit dem Feind in der Luft Signale geben?«

Eines Nachts nahm meine Mutter ihn beiseite. »Halten Sie es nicht für gefährlich, so laut zu sprechen?« fragte sie und deutete zum Himmel. »Wer weiß, ob nicht irgend jemand da oben Sie hört?«

Zuletzt gewöhnten wir uns an seine Stimme. Sie wurde ein vertrautes Geräusch der Nacht – wie die Musik, die aus dem Lokal herüberdrang, wo immer noch getanzt wurde.

Tagsüber vibrierte die Luft von dem Geratter der Preßlufthämmer. An der Grenze von Frau Groths Hof fraßen sich Raupenschlepper in die Erde, schoben einen gewaltigen Sandberg zusammen und hinterließen ein riesiges, tiefes Geviert. Dann rollten andere Maschinen heran und füllten es mit Beton. Massig, bedrohlich und fast schwarz wuchs ein Bau empor – ein öffentlicher Luftschutzbunker, wie wir erfuhren.

Ein paar Wochen darauf weckte meine Mutter mich mitten in der Nacht. »Ich habe Dr. von Berg gerufen«, sagte sie.

Er kam und blieb.

Gegen Morgen war alles vorüber. Als ich das Fenster

öffnete, zeigte sich der erste rosige Schimmer am Horizont. Dann sah ich meinen Vater an. Im ersten Morgenlicht waren die scharfen Züge, die von seinem langen Leiden Zeugnis ablegten, verschwunden. Ich war traurig und gleichzeitig erleichtert. Es war ganz still im Zimmer, und für einen Augenblick begriff ich, daß mein Vater das letzte Ziel im Leben erreicht hatte – den Frieden.

Doch als Dr. von Berg ging, brach ich zusammen – ich wußte plötzlich, was meines Vaters Tod für uns bedeutete, und ich fing an zu weinen. Niemals wieder würde uns die Hoffnung beflügeln, die uns von einem Dienstag zum anderen geführt hatte. Niemals wieder würde ich mit Vater spazierengehen. Er hatte zu uns gehört, und nun war er nicht mehr da. Noch einmal sah ich ihn an. Jeder Gedanke, jedes Wort und jede Handlung hinterläßt ihre Spur, so hatte er uns erklärt. Damals hatten mir die Worte Furcht eingeflößt. Jetzt erfüllten sie mich mit Freude; denn wenn das so war, dann gab es ein ewiges Leben. Dann würde er in uns auch weiterhin da sein. Wir schickten nach meinen Brüdern und unterrichteten unsere Freunde.

Wir wollten meinen Vater auf einem kleinen Friedhof hoch über der Elbe bestatten. Zwar gehörten wir keiner Kirche an, doch ich ging zum Pfarrer, um ihn zu bitten, die Beerdigung vorzunehmen.

Er war ein Mann in den Dreißigern, und ein Teil seines Gesichts verbarg sich hinter einem Schnurrbart. »Ich weiß von ihm«, sagte er unbestimmt, als er den Namen meines Vaters hörte. »Er hat nicht ganz Schritt gehalten mit der Zeit.«

»Er hielt Schritt mit dem, woran er glaubte«, erwiderte ich.

»Wozu die Schärfe?« sagte der Pfarrer. »Ich bin bereit, die Beerdigung zu übernehmen. Aber lassen wir doch die Vergangenheit ruhen. Sie sind jung. Sie können sich noch anpassen. Machen Sie mit – und die Zukunft gehört Ihnen.«

Als ich ging, hob er den Arm zum Deutschen Gruß.

Ich sagte nichts darauf, doch an der Tür drehte ich mich noch einmal zu ihm um, holte tief Atem und sagte dann sehr langsam: »Wir werden Ihre Hilfe doch nicht brauchen.«

Von der Friedhofskapelle aus trugen wir meinen Vater zu Grabe. Die Kapelle war klein, aber für uns und die wenigen Freunde, die gekommen waren, war sie groß genug. Dr. von Berg war da und Herr Jensen. Mein Bruder Hans las den Lieblingspsalm meines Vaters und sprach einige Erinnerungsworte. Die Orgel spielte nicht, doch unsere Stimmen füllten die Kapelle, als wir die Choräle sangen.

ZWEITER TEIL

12

Als der Rotdorn wieder blühte, standen die Truppen der Nazis überall in Europa. Im Frühjahr 1940 marschierten sie in Dänemark und Norwegen ein; Deutschland war im Krieg gegen England und Frankreich.

»Wir werden das schwarze Papier durch etwas Haltbareres ersetzen müssen«, sagte ich mit einem Blick auf die Fenster. Wir waren allein, Mutter und ich. Hans war als Wissenschaftler eingezogen worden und arbeitete bei einer Wetterstation. Günther war in Holland und Willfried in Dänemark.

Eines Nachts weckte mich ein schrilles Aufheulen, und einen Augenblick zog sich in mir alles zusammen. Es war die Sirene, und schon bevor sie zu heulen aufhörte, war ich in Schweiß gebadet. Ich stürzte ans Fenster und suchte den Himmel ab. Wie würde ein Luftangriff sich abspielen? Würde es wirklich brennen? Was war eine Bombe? Für mich war es bislang nur ein Wort.

Wir machten kein Licht an, warfen nur das Notwendigste über und eilten zum öffentlichen Luftschutzbunker. Herr Braun stand bereits im Eingang, und mitten in aller Angst und Aufregung mußte ich plötzlich lachen. Er hatte sich den Helm tief ins Gesicht gezogen und das Koppel festgeschnallt. Sein Gesicht war noch röter als sonst. Er stand einige Schritte entfernt von der Tür; und so, geschützt von dem, was draußen sich ereignen mochte, lenkte er den Strom der Menge. »Ein Festordner, wie er im Buche steht!« flüsterte ich meiner Mutter zu.

Innerhalb einer Stunde war es vorbei. Nichts war geschehen. Herr Braun stand draußen, als wir herauskamen; den Helm hatte er sich unter den Arm geklemmt.

»Ich hab's ja gewußt, daß sie es nicht wagen würden«, sagte er zu meiner Mutter und wischte sich den Schweiß von der Stirn.

In der Nacht darauf blieben wir zu Haus und suchten in unserem eigenen Keller Schutz. Er war aber wie eine Mausefalle, ohne Ausgang ins Freie und mit winzigen Fenstern. Wenn wirklich etwas geschah, würden wir nicht herauskommen. Die ganze Zeit über hörten wir in der Luft ein silbriges Summen: Aufklärungsflugzeuge, wie wir erfuhren, als wir das Radio anstellten. Sie kamen Nacht für Nacht. Nicht eine einzige Bombe fiel. Wir gewöhnten uns an die Sirene, doch das silbrige Summen ging mir nicht mehr aus den Ohren; es kam von irgendwo über uns aus der Dunkelheit, lauernd, hartnäckig, abwartend. Herbst und Winter vergingen. Unser Leben kreiste um die Sirene. Wir bekamen wenig Schlaf, und ich vergaß, morgens nach der Sonne Ausschau zu halten. Nur bedeckte Nächte versprachen noch eine ungestörte Nachtruhe. Wenn der Mond schien, gingen wir früh zu Bett, um etwas Schlaf zu bekommen, bevor die Sirene uns herausriß. Doch ich warf mich unruhig von einer Seite auf die andere, wartete, horchte und beobachtete die riesigen Lichtfinger, die den Himmel abtasteten.

13

Ich war bei der Hamburger Briefprüfstelle angestellt. Seit Kriegsbeginn ging alle Post zwischen Deutschland und dem Ausland durch die Zensur. Die Briefprüfer waren Zivilisten, doch das Ganze unterstand dem Heer – zumindest offiziell.

Meine Aufgabe bestand darin, die ein- und ausgehenden Briefe von Skandinavien zu lesen. Bei meinem Antritt hatte mir ein Offizier ein Handbuch gegeben. Es war dicker als irgendein Buch, das ich je gelesen hatte, und in einem veralteten, bürokratischen Stil abgefaßt, der darauf schließen ließ, daß diese Instruktionen noch aus dem Ersten Weltkrieg stammten.

Aber es gab Zusätze und eingeklebte Seiten, die mit dicken roten Buchstaben als »Sonderverfügung« abgestempelt waren. Diese auf den neuesten Stand gebrachten Anweisungen waren deutlich erkennbar in der Nazisprache abgefaßt, und die weder durch Rang oder Titel näher bestimmte Unterschrift war ohne weitere Rückfrage von einem Offizier unserer Abteilung gegengezeichnet worden.

Ich war noch nie einem Mitglied der Gestapo begegnet, jedenfalls nicht bewußt, doch ihre Gegenwawrt wurde mir klar, als ich bald darauf zu dem diensthabenden Offizier beordert wurde. »Wir haben eine Sonderaufgabe für Sie«, sagte er. Es war ein Oberst vom Heer, ein Mann in den Fünfzigern. Als Zivilist war er Bankbeamter gewesen; das einzige, was ihm wichtig schien, war, einen sicheren Druckposten zu haben und sich den Gefahren des Krieges zu entziehen. Sein »Heil Hitler« kam pflichtschuldig, doch ohne Überzeugung; »Sonderverfügungen« gab er an uns weiter, ohne auch nur eine Miene zu verziehen, einerlei, was sie enthalten mochten.

An diesem Tag war sein gewöhnlich leerer Schreibtisch mit Stapeln von Briefen bedeckt. Er reichte mir die »Sonderverfügung« und schob mir die Briefe mit einer raschen Bewegung zu. Wenn ich sie nicht gerade noch mit meinen Armen aufgefangen hätte, wären sie zu Boden gefallen.

Sie waren gebündelt, und ich warf einen Blick auf die Adressen der obenauf liegenden Briefe. Die Anschriften waren, obwohl nur mit Bleistift, auf das sorgfältigste in großen Blockbuchstaben geschrieben, als hinge für die Absender alles davon ab, daß die Briefe ihr Ziel erreichten.

Ich löste die Schnur von einem der Bündel und sah, daß die meisten Briefe nicht auf Briefpapier geschrieben waren, sondern auf allen möglichen, mühsam zusammengeklebten Papierfetzen, manch einer davon schon eingerissen an den Seiten.

Diese Briefe stammten von Juden aus den Ghettos in Polen. Ich hatte Gerüchte gehört, daß die Gestapo seit der Besetzung Polens die polnischen Juden im Ghetto von Warschau zusammengetrieben hatte; erst jetzt erfuhr ich, daß Warschau nicht das einzige Ghetto in Polen war. Es gab noch andere Ghettos, vollgepfercht mit Juden, die die Gestapo aus anderen besetzten Ländern dorthin deportiert hatte. Die meisten dieser Briefe waren in deutscher Sprache geschrieben und an Verwandte und Freunde in Skandinavien gerichtet.

Die Gestapo beherrschte diese Ghettos, doch war es in einigen von ihnen zu diesem Zeitpunkt noch erlaubt, Briefe zu schicken und Pakete zu empfangen – sofern sie ankamen.

Doch die Gestapo hatte mit einer ihrer »Sonderverfügungen« einen Weg gefunden, diese Hilfe abzuschneiden. Die Anweisung lautete, daß jeder dieser Briefe zu vernichten sei, falls er eine Bitte um Lebensmittel oder Kleidung enthielt. Und dann hieß es noch in einer Nach-

81

schrift: »Vernichten Sie jeden Brief, den Sie persönlich beanstanden.«

Ich unterschrieb und gab damit zu verstehen, daß ich die Verfügung zur Kenntnis genommen hatte; dann holte ich tief Luft.

Endlich war es soweit. Endlich würde ich Gelegenheit haben, zu tun, was ich für richtig hielt. Doch schon als ich den allerersten Brief aufmachte, fuhr mir plötzlich ein Schreck durch die Glieder, und ich ließ das Blatt sinken.

Warum hatte man gerade *mir* diesen »Sonderauftrag« gegeben? War das eine Falle? Würden sie meine Briefe noch einmal lesen, um sicherzugehen, daß ich mich auch wirklich nach ihren Anweisungen richtete? Und was sollte ich mit einem Brief machen, der eine Bitte um Lebensmittel enthielt? Selbst wenn ich ihn nicht vernichtete, wie konnte ich die Post umgehen? Wie sollte ich so einen Brief nach Skandinavien befördern? Ich wußte mir keinen Rat.

Meine Augen schweiften durch den Raum, nahmen ihn zum erstenmal wahr. Es war, als beobachtete man mich von allen Seiten. Fünfzig Zensoren saßen an langen Holztischen mit einem Meter Abstand voneinander; fast sah es aus wie eine Schulklasse.

Unwillkürlich dachte ich an den Augenblick, in dem ich mich als Schülerin geweigert hatte, den Deutschen Gruß auszuführen. Ich dachte daran, wie mein Vater mich gefragt hatte: »Bist du dir über die möglichen Folgen klar und ist es den Einsatz wert?«

Jetzt begriff ich, was er gemeint hatte. Damals war mein Trotz eine kindliche Geste des Aufbegehrens gewesen. Wenn ich heute Widerstand leistete, dann nur für etwas Wesentliches und aus tiefster Überzeugung. Meine Entscheidung stand fest, und ich nahm meine Arbeit wieder auf.

Nachmittägliche Stille legte sich über den Raum. Raucherwolken von selbstgezogenem Tabak hingen wie ein Vorhang über den verschlafenen Gesichtern. Niemand schien mich zu beachten. Vorsichtig zog ich meine Schublade auf, in der meine Handtasche lag – es war eine recht geräumige Handtasche. Dann starrte ich auf den Zensor vor mir. Sein breiter Rücken erinnerte mich an Herrn Jensen, und plötzlich kam mir ein Gedanke. Vielleicht gab es doch einen Ausweg!

Noch am selben Abend schmuggelte ich die ersten Briefe hinaus und eilte, ehe ich nach Hause ging, zum Hafen. Herr Jensen erkannte mich sofort. »Nun, wie geht's?« fragte er und schob seinen Hut aus der Stirn.

»Ich muß Sie unbedingt sprechen«, flüsterte ich außer Atem, »aber allein.«

Er begriff.

»Sie haben mir schon einmal geholfen«, begann ich, sobald wir unter uns waren.

Damit öffnete ich meine Handtasche und reichte ihm die Briefe. »Ob Sie wohl für diese Briefe auch ein Schiff finden könnten?«

Von da an ging ich jede Woche zu Herrn Jensen; einige Monate später las ich in Briefen aus den polnischen Ghettos, daß aus Skandinavien Pakete mit Lebensmitteln und Kleidung angekommen waren.

Tag für Tag nahm ich in meiner Handtasche Briefe nach draußen – nicht viele, höchstens zehn oder zwölf auf einmal, damit es nicht auffiel. Doch bald ging ich einen Schritt weiter. Wenn ich nicht genug Briefe fand, in denen der Absender um Hilfe bat, kritzelte ich selbst an den Rand: »Schicken Sie Lebensmittel.«

Eines Tages stieß ich auf einen Brief, der an Elisabeth Levy gerichtet war. Ich war überrascht; der Brief war nach Dänemark adressiert, doch ich wußte, daß er sie dort nicht erreichen würde. Ich dachte an die Nacht in England, an unser Telefongespräch. Ich warf einen Blick auf den Kalender und stutzte – es war auf den Tag zwei Jahre her; und plötzlich hörte ich wieder, wie aus weiter Ferne, ihre Worte beim Abschied: »Und gib acht auf dich, Hiltgunt!«

Ich sah auf. Es war Zeit zu gehen. Die meisten waren bereits fort. Als eine der letzten verließ ich die Dienststelle. Als ich auf die Straße trat, standen drei Männer vor mir. Drei Marken blinkten auf. »Polizei! Folgen Sie uns.«

Ich war wie erstarrt und fühlte, wie mir alle Farbe aus dem Gesicht wich. Was war geschehen? Hatte man mich angezeigt? Was war mit Herrn Jensen? Hatte man ihn abgeholt? Meine Beine waren wie leblos; es hämmerte mir in den Ohren. Dann durchzuckte es mich! Mein Gott! . . . die Briefe . . . meine Handtasche! Regungslos stand ich da und starrte den drei Männern ins Gesicht. Obwohl ich kaum noch imstande war zu denken, stellte ich erstaunt fest, daß ein Gestapomann aussah wie der andere. Hinter dem Rücken preßte ich die Hände gegeneinander, während ich versuchte, eine gleichmütige Miene zu behalten.

Ich hörte, wie die Handtasche mit einem Klicken aufging; sie durchwühlten sie, hielten sie umgekehrt hoch, und der Inhalt klapperte auf Tisch und Boden. Mir stockte der Atem. Wo waren die Briefe?

Über der Erinnerung an Elisabeth mußte ich vergessen haben, sie einzustecken. Sie wurde meine Rettung – Dank, Elisabeth!

»Stichproben müssen sein«, sagten sie und halfen mir, meine Sachen zusammenzusammeln. »Wir tun nur unsere Pflicht.«

»Ich auch«, erwiderte ich und brachte ein Lächeln zustande.

Ich fuhr nicht sogleich nach Hause, sondern wanderte ziellos durch die Straßen, und obgleich mir die Füße weh taten, machte ich nicht halt.

Ein seltsamer Zufall hatte mich gerettet; aber nach dieser ersten Begegnung mit der Gestapo ging mir auf, wie völlig unvorbereitet ich gewesen war. Wie hätte ich die Briefe erklärt? Ich wußte von den Methoden ihrer Verhöre. Hätte ich standgehalten? Hätte ich geschwiegen? Oder hätte ich Herrn Jensen preisgegeben?

Ich beschloß, diese Warnung zu beachten. Das wenige, was ich tun konnte, wog die Gefahr kaum auf. Schließlich waren es nicht Tonnen von Kleidung und Lebensmitteln, die aufgrund der Briefe die Ghettos erreicht hatten, sondern nur hier und da ein Päckchen. Wie ein Tropfen aus einen heißen Stein. Und noch eins kam hinzu: Ob ich den Juden half oder nicht – ihr Schicksal war besiegelt.

Ich war fast am Hafen angekommen und sah vor mir das Bismarckdenkmal. Die Sonne ging gerade unter, und die Wolken waren tiefrot, lila und gold, doch das Schwert, das Bismarcks Hand umspannte, stand schwarz und hart vor dem Abendhimmel.

Mit einem Ruck wandte ich mich ab und ging weiter

am Elbufer entlang. Ich suchte nach dem Weg, den ich mit meinem Vater zu gehen pflegte, und als ich ihn fand und jeden Baum und Busch wiedererkannte, wichen alle Zweifel.

Mein Entschluß stand fest. Ich würde weitermachen, selbst wenn von nun an die Angst mich immer wie ein Schatten begleiten würde.

Einen Atemzug lang glaubte ich etwas vom Sinn des Lebens zu erfassen. In der Überwindung der Furcht lag die Hoffnung auf eine bessere Zukunft. Nun, da mir mein Weg klar vorgezeichnet schien, war ich seltsam erleichtert, beschwingt von einem Gefühl vollkommener Freiheit.

Meine Mutter wartete bei meiner Rückkehr schon auf mich.

»Du hast Besuch. Jemand möchte dich sprechen.«

Die Wohnzimmerfenster standen offen und ließen den Duft der Rosen vom Garten herein. Es war dunkel im Zimmer, und ich sah nur die Umrisse seiner Gestalt – doch ich hätte ihn überall erkannt.

»Eduard!«

14

»Ich mußte kommen«, sagte er und kam auf mich zu.

»Warum?«

»Deinetwegen . . .«

Er hielt mir die Hand hin, aber ich ergriff sie nicht. Ich war wie benommen. Eduard war zu mir, dem Schulmädchen von einst, gekommen.

Ich versuchte meine Fassung wiederzugewinnen und trat ans Fenster.

Ich war verwirrt und beglückt zugleich. Zuerst der Zusammenstoß mit der Gestapo. Dann der Kampf mit mir selbst um eine Entscheidung, von der ich wußte, daß sie mein Leben bestimmen würde. Und nun stand Eduard vor mir, der all das für mich bedeutetet, was ich damals erhofft und nie erreicht hatte.

Ich wandte mich ihm zu und sah seinen forschenden Blick.

»Ich brauche dich«, sagte er. »Ich brauche jemanden, der mich versteht, und du hast mich von Anfang an akzeptiert. Du weißt, was meine Kunst für mich bedeutet. Eines Tages werde ich ein Bild malen, in dem ich das Leben einfangen will, wie ich es sehe. Ich brauche deine Liebe, damit es mir gelingt.«

Ich erschrak. Der Gedanke, daß Eduard mich brauchen könnte, war mir nie in den Sinn gekommen. Ich hatte ihn aus der Ferne verehrt. Er war mir unerreichbar und stark vorgekommen. Dies hier war ein anderer Eduard – oder war ich eine andere geworden?

Ich dachte an den Sommer in Dänemark. Eduard hatte die Nazis ebenso gehaßt wie ich, doch er hatte sich abgewendet. Er hatte sich geweigert, sich hineinziehen zu lassen. Er hatte beanstandet, daß ich mir darüber Gedanken machte.

»Du hast einmal einem Schulmädchen gesagt, es sei noch jung und könne sich anpassen.« Durch das immer dunkler werdende Zimmer suchten ihn meine Augen. »Eins sollst du wissen – ich habe es nie getan.«

»Ist das alles, was du mir zu sagen hast?« erwiderte er mit ärgerlicher Ungeduld. »Warum kümmerst du dich um Dinge, die du nicht ändern kannst? Komm mit mir und laß uns in unserer eigenen Welt leben.«

Einen Augenblick war ich versucht, Eduard von den Briefen zu erzählen, die ich jeden Tag las – von einer Welt, in der ich zwar selbst nicht lebte, über die ich aber nicht einfach hinweggehen konnte, als wäre sie nicht vorhanden. Statt dessen fragte ich: »Was willst du von mir?«

»Du sollst mir helfen, meinen Weg zu finden.«

Ich stand am Fenster und sah in die Nacht hinaus. Am Horizont blitzte es, und die Scheinwerfer tasteten durch das Dunkel. Mir war, als durchleuchteten sie mein Herz. Was war es denn, das mich immer noch an Eduard band? Er war der erste Mensch, den ich mehr geliebt hatte als mich selbst. Doch jetzt gehörte er nicht mehr in meine Welt. Ich spürte, daß Eduard sich nicht geändert hatte. Ihm ging es nur darum, die Bewunderung eines Schulmädchens zurückzugewinnen.

Wieder hielt er mir die Hand hin, und wieder konnte ich sie nicht ergreifen.

»Willst du mir helfen?« fragte er noch einmal.

»Du kommst zu spät, Eduard«, sagte ich, »allzu spät. Du mußt deinen Weg allein finden. Ich habe meinen gefunden, aber ich kann ihn nur mit jemandem gehen, der meine Überzeugungen teilt.«

Ich brachte ihn zur Bahn, erleichtert, daß er wieder abfuhr, und doch nicht bereit, ihn ganz und gar aufzugeben. Wie ein Kind, das sich an ein altes Spielzeug klammert, wollte ich ihn wieder da haben, wo er vorher gewesen war: fern, unerreichbar und doch gegenwärtig, wenn meine Erinnerung ihn beschwor.

»Du hast gesagt«, begann ich zaghaft, »daß du davon

träumst, ein Bild zu malen, das so schön ist, daß es das Leben widerspiegelt. Ich glaube, daß das Leben selbst ein Bild und jeder Tag wie ein Pinselstrich ist. Was einmal zwischen uns war, läßt sich nicht mehr fortwischen.« Ich berührte seine Hand und fuhr fort:

»Was ich einmal für dich empfunden habe, hat seine Spur in meinem Bild hinterlassen.«

Ich wartete vergebens auf eine Antwort, und als er in den Zug stieg, fragte ich beklommen: »Werde ich dich wiedersehen?«

Er drehte sich um, und seine Worte trafen mich wie eine Ohrfeige. »Du bist immer noch ein Schulmädchen«, sagte er. »Begreifst du denn nicht, daß es für mich keine Halbheiten gibt? Entweder machen wir es so, wie ich will, oder wir machen es überhaupt nicht.«

Eine ohnmächtige Wut ergriff mich. Noch vor wenigen Stunden hatte ich ihn stolz abgewiesen, und jetzt war ich es, die zurückgewiesen und gedemütigt wurde.

»Ich mache es so, wie ich es für richtig halte«, brauste ich auf, »und komm mir ja nicht noch einmal zurück!«

Ein Ruck, und der Zug setzte sich in Bewegung. Ich sah Eduard das Fenster herunterlassen, und während der Zug aus der Halle glitt, hörte ich seine Abschiedsworte: »Vielleicht komme ich in vielen, vielen Jahren einmal zu dir und zeige dir mein Bild.«

Mir blieb noch einige Zeit, bevor meine Arbeit begann, und so setzte ich mich in der Nähe des Bahnhofs in ein Café. Es war leer, und ich war allein mit den Geräuschen der Stadt, die allmählich zum Leben erwachte, mit dem Geratter der Milchwagen und dem Pfeifen der Zeitungsjungen. Ich hörte das Rascheln eines Besens, und als ich durchs Fenster blickte, sah ich eine alte Frau den Bürgersteig fegen.

Es schien wieder ein warmer Tag zu werden; doch zu dieser frühen Stunde war die Luft noch frisch und rein. Auf dem Tisch lag kein Tischtuch, und nach zwei Jahren Krieg bestand der Kaffee vor mir aus Zichorie und Wasser. Ein Mann trat herein, ging rasch von einem Tisch zum anderen und suchte in den Aschenbechern nach Zigarettenkippen.

Einige Soldaten setzten sich an den benachbarten Tisch. Aus ihrer Unterhaltung ging hervor, daß sie auf dem Weg an die Ostfront waren. Einer von ihnen warf einen Blick auf die Uhr. »Noch zwei Stunden, bis der Zug abfährt.« Er gähnte und steckte die Beine aus.

»Noch zwei Stunden zu leben«, sagte ein anderer.

»Scheiße!«

Stille.

Vom Hafen her klang eine Schiffssirene. Da ging ich und kam viel zu früh zur Arbeit.

Ich las weiter die Briefe und schmuggelte sie heraus wie zuvor. Doch eines Tages im Herbst war mein Tisch leer. Ich wandte mich an den diensthabenden Offizier, den Obersten.

»Was ist denn mit meinen Briefen?« fragte ich.

»Was für Briefe?« wollte er wissen, als hätte es sie nie gegeben.

»Die aus den Ghettos.«

»Es gibt keine Briefe mehr. Nehmen Sie Ihre normale Tätigkeit wieder auf.«

»Und was ist mit den Juden geschehen?« Ich ließ nicht locker. Er blickte nicht einmal auf. »Wir sind nicht hier, um Fragen zu stellen«, sagte er, »sondern um Anordnungen Folge zu leisten.«

Als ich an meinen Schreibtisch zurückkehrte, war ich von Trauer erfüllt. Ich spürte das tödliche Schweigen der Ghettos, die ich nie gesehen hatte. Die Wände schienen mich zu erdrücken, und mein Leben wurde grau. Mir war, als hätte mein Dasein jeden Sinn verloren.

Abermals blickte ich mich im Zimmer um – ebenso wachsam wie an dem Tage, an dem ich meine Sonderaufgabe übernommen hatte. Nichts hatte sich geändert. Ich war von denselben Zensoren umgeben, und wie immer breiteten Rauchwolken einen Vorhang über ihre verschlafenen Gesichter. Aber für mich hatte es sich geändert.

Hier gab es nichts mehr, was ich tun könnte, und ich beschloß zu gehen. Aber zu dieser Zeit mußte jeder, der arbeitsfähig war, eine kriegswichtige Tätigkeit verrichten, und so galt es, einen triftigen Grund zu finden, um die Briefprüfstelle verlassen zu können.

Die Monate vergingen, und ich wartete ab – wartete, hoffte und vertraute auf einen Ausweg.

15

Im Juni 1941 begann der Krieg mit Rußland, und im Herbst desselben Jahres holte Hitler zu einem entscheidenden Schlag gegen die noch in Deutschland verbliebenen Juden aus.

Angefangen hatte es mit der Verfügung, daß jeder Jude einen gelben Davidstern tragen mußte: Sie hatten ihn so an ihrer Kleidung anzubringen, daß sie schon von weitem als Jude kenntlich waren.

Eines Tages sah ich vor einem Geschäft eine junge jüdische Frau mit ihrem Kind. Beide trugen den gelben Stern. Was bei der Mutter nur das Revers der Jacke bedeckte, war auf der Brust des Kindes wie ein riesiges Mal.

Dann kam der letzte Schlag.

Es erging der »Gestellungsbefehl« an alle Juden in Hamburg, sich in der Frühe des nächsten Tages am Bahnhof einzufinden. Am Spätnachmittag klingelte unser Telefon. »Ich bin Elisabeths Großmutter«, sagte eine zittrige Stimme. »Könnten Sie wohl zu uns kommen? Es ist dringend.«

Es war dunkel, als ich ankam. Im Hauseinang brannte kein Licht, und als ich mich die beiden Treppen hinauftastete, hörte ich hinter den geschlossenen Türen keinen einzigen Laut. Die Wohnung der Levys war nicht verschlossen. Durch die halb offenstehende Tür sah ich die nackte Glühbirne immer noch von der Decke hängen. Kein Gepäck stand im Flur. Die Levys warteten im Wohnzimmer auf mich, und ich bemerkte, daß etliche geänderte und aufgebügelte Anzüge abholbereit auf einem der Stühle lagen.

Herr Levy deutete auf ein Blatt Papier auf dem Tisch, und ich warf einen Blick darauf. Name und Anschrift waren achtlos mit Bleistift daraufgekritzelt, außerdem Datum und Uhrzeit, wann sie sich am Bahnhof einzufinden hätten. Darunter der Dienststempel, der Reichsadler, der auf dem Hakenkreuz saß. Und noch ein zusätzlicher Vermerk: »Fünf Pfund Gepäck.«

»Danke, daß Sie gekommen sind«, sagten sie. Und

mit einem Blick auf das Papier fügten sie noch hinzu: »Wir wollten Sie an unserem letzten Abend noch einmal sehen.« Ihre Blicke gingen zum Flügel hinüber. Er war jetzt geschlossen, aber das Bild mit dem lächelnden Mädchen stand noch immer darauf. Herr Levy nahm es und legte es nieder.

»Wir werden Elisabeth nicht wiedersehen«, sagte er. »Aber vielleicht Sie.«

Sie warfen einen Blick auf die Uhr an der Wand, entschuldigten sich und gingen in die Küche hinaus, wobei sie die Tür hinter sich schlossen. Es war kaum eine Minute vergangen, da waren sie wieder da. Keiner von beiden sprach ein Wort. Herrn Levys Gesicht war aschgrau, und er beugte sich über den Tisch, als suche er einen Halt.

Dann nahm er meine Hand.

»Grüßen Sie Ihre Mutter von uns«, sagte er.

Er mußte mir meine Überraschung angesehen haben; noch bevor ich etwas sagen konnte, fuhr er ruhig fort: »Sie hat mehreren von unseren jüdischen Freunden aus dem Lande geholfen.«

Ich war wie vom Donner gerührt.

»Soll das heißen, daß sie hier bei Ihnen gewesen ist?« Ich brachte die Worte kaum über die Lippen.

Er nickte. »Ja, das war sie«, sagte er. »Sie hat auch uns ihre Hilfe angeboten.«

»Aber warum sind Sie dann nicht fortgegangen?«

»Wir sind unser Leben lang hiergewesen. Was hätten wir wohl woanders tun sollen?«

»Aber Ihnen blieb doch nichts anderes übrig!« rief ich verzweifelt aus.

Herr Levy wandte sich zu seiner Frau.

»Wir müssen jetzt gehen«, sagte er.

Da begriff ich. Sie hatten einen Ausweg gefunden. Die Minute draußen in der Küche – sie hatten etwas genommen.

Er nahm die Benachrichtigung der Gestapo und zerriß sie. Dann zog er eine Schublade auf und holte einen gelben Umschlag heraus. Er war mit Adresse und Briefmarken versehen und enthielt etliche Papiere.

»Bitte, bringen Sie das zur Post – hinterher«, sagte er und reichte ihn mir.

Ich sah, wie seine Hand zitterte.

»Bleiben Sie doch noch einen Augenblick«, bat er.

Sie umarmten mich, aber ich wußte, daß es Elisabeth war, von der sie Abschied nahmen.

Sie blickten nicht zurück. Nachdem sie das Schlafzimmer Arm in Arm betreten hatten, knieten sie am Bett nieder und fingen an zu beten. Ich hörte sie zwar, konnte sie aber nicht verstehen. Es muß Hebräisch gewesen sein.

Ich war völlig durcheinander. Ein Gedanke jagte den anderen, und eine hilflose Verzweiflung ergriff mich. Ich wußte, was geschah, und konnte es doch nicht ganz fassen, wollte es einfach nicht wahrhaben.

Ich stand beim Flügel. Das Fenster war geschlossen, und vom Flur und Treppenhaus her drang kein Laut. Irgend etwas mußte ich tun, und so lief ich ans Fenster, riß es auf und sah hinunter, als könnte von dort Hilfe kommen. Aber die Straße war menschenleer. Ich trat wieder vom Fenster zurück und dachte plötzlich an die Ghettos – an Briefe, die von einem Tag zum anderen ausgeblieben waren.

Das Schicksal der Levys war besiegelt – so oder so.

Ich hörte die murmelnden Stimmen im Schlafzimmer. Dann fiel mir meine Mutter ein, und ein ohnmächtiger Zorn packte mich. Ich dachte an den Tag, an dem sie mich gefragt hatte, ob ich bei den Levys gewesen sei. Warum hatte sie mir nicht anvertraut, daß sie selbst dort hingegangen war? Mein Vater mußte es gewußt haben, vielleicht sogar auch meine Brüder. Warum hatten sie mich übergangen?

In diesen Augenblicken zwischen Leben und Tod dachte ich nur an mich selbst. Die Todesqual in meiner so unmittelbaren Nähe nahm ich nur ganz am Rande meines Bewußtseins wahr.

Mit angehaltenem Atem horchte ich jetzt zum Schlafzimmer hinüber. Das Murmeln der Stimmen wurde schwächer und schwächer. Da begann ich vor Furcht zu zittern. Ich wollte hinüberlaufen zu den Levys und sie schütteln, aber ich getraute mich nicht. Und was konnte ich auch jetzt noch tun? Warum war ich nicht eher gekommen? Als Elisabeth Deutschland verließ, hatte ich ihr versprochen, mich um ihre Großeltern zu kümmern. Und sobald sie fort war, hatte ich es vergessen. Menschen in weit entfernten Ghettos hatte ich zu helfen versucht, aber zwei Freunde in meiner unmittelbaren Nähe hatte ich im Stich gelassen.

Reue befiel mich. Es gab keine Möglichkeit, es je wiedergutzumachen, und so tat ich in meiner Verzweiflung etwas, was ich nie zuvor getan hatte. Ich kniete nieder und fing an zu beten. Ich begann das Vaterunser. Ich hatte seine Worte zum letzten Mal als Kind gesprochen und hatte sie fast vergessen. ». . . wie wir vergeben unseren . . .«

Ich weiß nicht, wie viele Minuten vergangen waren.

Als ich wieder aufblickte, sah ich Elisabeths Großeltern über dem Bett liegen, die Arme noch ineinander verschlungen.

Es war so still, daß ich meinen eigenen Atem hörte. Ich rührte nichts an, ließ den Umschlag in die Tasche gleiten und ging eilig davon, ohne die Tür hinter mir abzuschließen.

Der gelbe Umschlag enthielt zwei Briefe, einen bezahlten Beerdigungsschein und einen nach Südamerika adressierten Brief an Elisabeth. Bevor ich ihn abschickte, vergewisserte ich mich, daß kein Absender draufstand, an den man ihn hätte zurückschicken können. Ich fügte auch keinerlei Nachricht von mir selbst hinzu.

Ich ließ eine Woche verstreichen, bis ich mich auf den jüdischen Friedhof wagte. Die Grabstelle hatte ich mir vom Begräbnisschein gemerkt. Sie lag weit vom Eingang entfernt, und ich kam an etlichen Gräbern vorüber, auf denen die Erde noch frisch und schwarz und kein Gras nachgewachsen war. Es war ein alter Friedhof, der schon seit Hunderten von Jahren hier gelegen haben mußte. Ich sah große und kleine, alte und neue Grabsteine, die in ihrer eigenen Sprache bezeugten, wer hier wann zu Grabe getragen war.

In der Nähe der Grabstelle der Levys stand eine Eberesche mit braunen, verschrumpelten Beeren. Auf dem Grab selbst keine Blumen, kein Stein; nur die achtlos verstreuten Grassoden bezeichneten den Platz. Vorsichtig sah ich mich nach allen Seiten um, dann nahm ich die weißen Chrysanthemen, die letzten aus unserem Garten, aus meiner Tasche und legte sie aufs Grab.

Es dämmerte schon, als ich wieder am Eingang war und mich einer Frau gegenübersah, die gerade hereinkam. Sie war in Schwarz.

Ich erkannte sie sofort, und ihrem Gesicht nach zu urteilen, erkannte sie mich auch. Es war Fräulein Brockdorf, meine ehemalige Lehrerin von der Oberschule. Als sich unsere Augen trafen, entfuhr mir: »Was machen Sie denn hier?«

Ihr Haar war weiß geworden, und ich bemerkte, daß sie in den Jahren, in denen ich sie nicht mehr gesehen hatte, gealtert war.

»Kommen Sie mit«, antwortete sie und griff nach meinem Arm, als brauchte sie eine Stütze.

An einem anderen Grab mit frisch aufgeworfener Erde erfuhr ich, daß ihre Freundin Jüdin gewesen war. Ihr ganzes Leben hatten sie gemeinsam verbracht, und als die Freundin von der Gestapo zum Abtransport befohlen wurde, hatte sie den gleichen Ausweg gewählt wie die Levys.

»Verstehen Sie jetzt, warum ich nach der Machtergreifung mitmachen mußte?« fragte Fräulein Brockdorf mich. »Um meine Freundin zu schützen, mußte ich so tun, als wäre ich dafür.«

Für einen Augenblick kam die bittere Erinnerung an jene frühen Tage wieder. Auch ihr »Mitmachen« konnte schließlich das Leben, das sie hatte schützen wollen, nicht retten. Und nicht nur das: Ihr Verhalten hatte ein Beispiel gegeben für junge, geistig noch unselbständige Menschen.

Doch dann entdeckte ich im Schein der Straßenlaterne die vielen Falten in ihrem Gesicht und verstummte. Welches Recht hatte ich, mit ihr ins Gericht zu gehen?

Auf dem Nachhauseweg fing es an zu schneien – der erste Schnee in diesem Jahr; er schmolz, sobald er den Boden berührte.

Später in der Nacht wachte ich auf und öffnete das Fenster. Es schneite noch immer, und der Schnee begann sich an unserem Gitter aufzuhäufen. Die Straße dahinter war kaum noch zu erkennen.

Ich dachte an Züge – endlos lange Güterzüge, die alle noch lebenden Juden in den Osten brachten.

Ich dachte zurück an jene Sommernacht, da ich am Fenster stand und die Musik hörte, die von der anderen Straßenseite herüberwehte. Heute nacht gab es keine Musik; vermutlich war das Lokal des Schneesturms wegen geschlossen. Morgen würden sie wieder tanzen – irgend jemand würde immer tanzen. Aber was spielte es für eine Rolle, was andere taten? Was würde ich tun? Diese Entscheidung lag ganz allein bei mir. Wohin führte mein Weg? Ich wußte es nicht.

Es herrschte eine so tiefe Stille, als wäre die ganze Welt zur Ruhe gekommen – als versuchte sie zu vergessen, was geschehen war. Das Weiß des Schnees verbreitete ein sanftes Licht. Ich dachte an die Gräber auf dem Friedhof. Auch sie würde der Schnee bedecken, ob sie von Grabsteinen gekennzeichnet waren oder nicht. Ich schöpfte tief Atem und fühlte mich wie befreit. Mir war, als könnte ich noch einmal von vorn anfangen.

16

Ich arbeitete noch immer bei der Briefprüfstelle, als die erste Weihnachtspost kam. An einem Morgen fiel mir ein Brief an den Nikolaus in die Hand. Er war deutsch geschrieben; die ungelenke Hand verriet frühe Schreibversuche. Ein Kind hatte einen Christbaum gemalt und daruntergeschrieben: »Schick Frieden!«

Wir ließen das Blatt im Büro herumgehen. Für einen Augenblick lichtete sich die dumpfe Stimmung, herrschte etwas wie eine Hoffnung, die man längst begraben hatte; von dem Christbaum in dem Brief, grün mit leuchtendroten Punkten an den Zweigen, ging es wie ein Weihnachtsahnen durch den Raum.

Der Oberst trat ein, und der Brief wurde ihm gezeigt. Doch er sah ihn kaum an, räusperte sich und hob an: »Alle mal herhören! Ich habe Ihnen etwas Wichtiges mitzuteilen.«

Er stand in strammer Haltung da, und seine Miene verriet nicht, was in ihm vorging.

»Deutschland hat Amerika den Krieg erklärt«, verkündete er. Das Lächeln auf den Gesichtern gefror. Keiner sprach. Die einzige Antwort war das Rascheln von Papier, als Köpfe sich wieder über Briefe beugten und Hände Seiten umblätterten. Der Oberst hielt den Brief immer noch in der Hand.

»Und was ist mit dem Nikolaus?« fragte ich schließlich.

»Ach, der«, sagte er. Dann zuckte er die Achseln und reichte ihn dem nächsten Zensor. »Schicken Sie ihn zurück an den Absender und stempeln Sie drauf: Unzustellbar. Unbekannt verzogen.«

Noch am gleichen Abend ging ich zu Frau Groth. Es hatte den ganzen Tag geschneit, und auf dem Weg zur Kate waren keine Fußspuren zu sehen. Gewiß weiß sie es noch nicht, dachte ich und beschleunigte meine Schritte.

Der Wind, der in kurzen Böen die Stille der Kate aufstörte, rüttelte an Regenrohren und Dachrinnen. Die vom Dach herunterhängenden Eiszapfen glichen Gitterstäben vor Gefängniszellen. Der Kohlenberg, der bisher die Nordseite geschützt hatte, war zu einem armseligen Häuflein zusammengeschrumpft, das für den Rest des Winters kaum noch Wärme versprach.

Als ich an die Tür klopfte, kam keine Antwort. Sie war aber nicht abgeschlossen, und ich trat ein. Die Stube war nur schwach von der grünen Hängelampe erleuchtet. Auf dem Tisch lag ein Tannenzweig mit einer Kerze daran. Es war kalt; im Herd war das Feuer fast ausgegangen.

»Ist niemand hier?« rief ich.

An der Wand sah ich die Postkarte – die Dame mit der Fackel in der Hand; und ehe ich mich versah, winkte ich dem Bild zu und hörte mich »Hallo!« rufen.

Aber wo steckte Frau Groth? Ich drehte mich zu der Nische um, in der ihr Bett stand. Das Licht der Lampe in der Ecke reichte nicht hin, doch als ich lauschte, hörte ich ein rasselndes, keuchendes Atmen.

Ich griff nach der Kerze, riß ungeduldig den Tannenzweig ab, zündete sie mit der letzten Glut im Herd an und trug sie in die Nische hinüber, in der Frau Groth vornübergebeugt im Bett saß und die Hand an die Brust preßte. Ihr Gesicht war fiebrig rot, und unter dem blauen Kopftuch schien das Haar noch weißer als sonst. Sie erkannte mich nicht.

100

»Ist Weihnachten?« fragte sie und starrte die brennende Kerze an. Doch sobald sie sprach, ging ihr die Luft aus, und sie fing an zu husten. Der Schweiß brach ihr aus allen Poren, und sie röchelte wie eine Ertrinkende.

Ich wollte davonlaufen, wollte um Hilfe rufen, aber ich wagte nicht, sie allein zu lassen. Ich wußte nichts anders zu tun, als die Arme um sie zu schlingen und sie zu halten. Es war, als bräche sie auseinander, und unter meinen Händen fühlte ich das hämmernde Herz.

»Was ist denn nur passiert, Frau Groth?« fragte ich immer wieder.

Sie hörte mich nicht, und das Hörrohr, nach dem ich mich suchend umblickte, war nirgends zu finden. Frau Groth folgte meinen Augen. »Draußen«, brachte sie mühsam hervor, »draußen – beim Anbau!«

Ich eilte hinaus, tastete mich durch die Dunkelheit, und irgendwo in der Nähe des Kohlhaufens fand ich es schließlich. Als ich wieder an ihrem Bett war, hielt ich es ihr ans Ohr, aber sie stieß es zurück. »Nicht das!« flüsterte sie zwischen zwei Atemzügen. »Im Briefkasten! Sehen Sie im Briefkasten nach . . .«

Endlich begriff ich, was sie meinte. Sie erwartete einen Brief aus Amerika. Ihr Sohn schrieb ihr nur zu Weihnachten, und sie hatte schon seit Tagen auf diesen Brief gewartet.

Wieder eilte ich nach draußen und hoffte inbrünstig, es möchte ein Brief gekommen sein – denn die Kriegserklärung bedeutete, daß von jetzt ab keine Post von Amerika mehr durchgelassen würde.

Der Briefkasten war leer.

Als ich zurückkehrte, hustete sie nicht mehr. Zwar

saß sie noch; doch als sie meine leeren Hände sah, sank sie zurück aufs Bett und kehrte sich zur Wand.

Ich wußte, sie konnte mich nicht hören; dennoch versuchte ich sie zu trösten. »Vielleicht kommt morgen Post oder übermorgen«, sagte ich und beschloß, ihr die Wahrheit zu verschweigen.

Aber sie mußte gespürt haben, daß irgend etwas nicht stimmte, denn plötzlich drehte sie sich zu mir und sah mich forschend an. Dann hob sie ihr Hörrohr ans Ohr und sagte: »Warum sind Sie heute zu mir gekommen?«

Ich antwortete nicht, sondern ging hinaus zum Anbau und holte einen Eimer Kohlen. Dann machte ich mich am Herd zu schaffen, wartete darauf, daß die Platte zu glühen begann, und wärmte ihr die Suppe.

Doch sie rührte nichts an, schaute immer wieder zu mir herüber und fragte zuletzt noch einmal: »Warum sind Sie gekommen?«

»Ich muß jetzt gehen«, erwiderte ich, ohne sie anzusehen.

»Ich werde einen Arzt für Sie holen.«

Es hatte aufgehört zu schneien, doch ein eisiger Wind ließ den Schnee aufstieben und peitschte ihn mir ins Gesicht. Von zu Haus aus rief ich Dr. von Berg an. Als er endlich kam, war der Schneesturm vorüber. Es hatte sich aufgeklärt, und schon suchten die Scheinwerfer wieder den Himmel ab. Die Sirene begann ihr schauriges Heulen und folgte uns bis in die Kate. Sogar Frau Groth mußte sie gehört haben, aber sie lag wie leblos da und schien Dr. von Berg kaum zu bemerken, als er an ihr Bett trat.

»Lungenentzündung«, sagte er, nachdem er sie abgehört hatte. »Ich werde Sie ins Krankenhaus bringen müssen.«

Frau Groth schüttelte den Kopf. »Ich muß hierbleiben«, flüsterte sie.

Dr. von Berg blickte zu mir herüber, und ich nahm ihn beiseite. »Ihr Sohn lebt in Amerika«, erklärte ich ihm. »Er schreibt ihr einmal im Jahr – zu Weihnachten. Sie wartet schon seit Tagen auf den Brief.«

»Aber haben Sie ihr denn nicht gesagt, was geschehen ist?« unterbrach mich Dr. von Berg.

»Nein, dazu war sie zu krank.«

»Zu krank für die Wahrheit?« Seine Stimme klang ungläubig, und er trat wieder an ihr Bett.

Ich blieb, wo ich war.

»Ihr Leben steht auf dem Spiel«, hörte ich ihn sagen.

»Ich kann aber nicht fort«, beharrte sie.

»Ich glaube, ich weiß warum«, erklärte er. »Aber Sie warten vergebens. Wir haben Amerika heute den Krieg erklärt.«

Ich erschrak über seine Offenheit. Ihr Leben hing an einem Faden; wußte er als Arzt denn nicht, daß eine solche Nachricht ihr die letzte Widerstandskraft nehmen konnte? Ich neigte mich vor und lauschte angestrengt, um zu hören, was Frau Groth antwortete.

Erst war sie ganz still, dann fing sie an zu weinen. »Wofür soll ich dann noch leben?« schluchzte sie. »Ich wünschte, ich wäre tot.«

»Sie haben Ihr eigenes Leben zu leben«, sagte Dr. von Berg ohne Umschweife.

Immer noch war Fliegeralarm, ein hartnäckig lauerndes Summen erfüllte den Himmel. Und obwohl der Krieg weit weg war, wurde er in diesem Augenblick für mich zur Wirklichkeit. Er berührte diese Kate und ein Leben, das mir teuer war. Ich stand auf und ging zur Nische hinüber, um mit Frau Groth zu sprechen.

Doch sie beachtete mich nicht, sondern griff nach Dr. von Bergs Hand. »Gut, ich gehe«, sagte sie zu ihm. »Ihnen vertraue ich. Sie haben mir die Wahrheit gesagt.«

Ihre Worte trafen mich wie eine Ohrfeige. Ich kehrte zurück in meine Ecke, und während ich dort auf die Entwarnung wartete, tat ich, als wäre ich eingeschlafen.

Durch die halbgeschlossenen Augen beobachtete ich Dr. von Berg. Er hatte nicht einen Augenblick gezögert, ihr die Wahrheit zu sagen, und mir fiel ein, daß er sich meinem Vater gegenüber nicht anders verhalten hatte. Nie hatte er ihn über seine Krankheit und ihren Verlauf im ungewissen gelassen. Er hatte ihm zu verstehen gegeben, daß es keine Heilung gab, aber gleichzeitig hatte er ihm immer wieder Mut zugesprochen und ihn zu überzeugen versucht, daß das Leben auch innerhalb der von der Krankheit gezogenen Grenzen voll und ganz gelebt werden müsse.

Ich begann zu begreifen, warum Dr. von Berg von den Ereignissen der Zeit so unberührt schien. Er diente dem Leben. Er sah und nahm den Menschen, wie er war, und war ihm deshalb nur um so tiefer verbunden. In dieser Nacht fand ich in ihm ein Beispiel dessen, um das ich selbst mich mein Leben lang bemüht hatte.

Plötzlich wußte ich, was ich tun wollte. Es war offenkundig, lag so auf der Hand, daß es mich wunderte, nicht schon früher draufgekommen zu sein.

Ich wollte Ärztin werden.

Der langgezogene Heulton der Sirene ertönte. Der Alarm war zu Ende. Ich stand auf, um zu telefonieren und einen Krankenwagen herbeizurufen. Der Morgen dämmerte schon am Horizont. Das nächste Telefon war im Luftschutzbunker, den die letzten Schutzsuchenden gerade verließen. Herr Braun befand sich unter ihnen. Er trug Ohrenschützer unter seinem Helm, und in der frostigen Morgenkälte dampften die Worte aus seinem Mund. »Wieder eine lange Nacht«, sagte er, »und wieder nichts passiert.«

Für mich war viel passiert.

Ein paar Tage später wurde ich von der Briefprüfstelle entlassen. Ein Medizinstudium war kriegswichtiger und hatte Vorrang. Dr. von Berg hatte mir ein Empfehlungsschreiben geschrieben, und die Hamburger Universität ließ mich zu für die vorklinische Ausbildung.

Ende Januar schrieb ich mich ein. Als ich von der Universität nach Hause kam, hatte der Postbote zwei Briefe für mich gebracht. Einer kam von der Staatsanwaltschaft in Hamburg, eine Aufforderung, dort vorzusprechen. Vermutlich eine Übersetzung, dachte ich und legte den Brief beiseite.

Der andere Brief hatte keinen Absender; aber ich erkannte die zittrige Handschrift sofort. Der Umschlag enthielt eine Nachricht für mich und noch etwas anderes.

»Ich bin wieder zu Hause«, schrieb Frau Groth. »Hier ist Ihr Weihnachtsgeschenk. Es kommt zwar spät, aber wir haben ja gelernt zu warten.«

Es war die Postkarte mit der Freiheitsstatue und der

Adresse ihres Sohnes. Auf die andere Seite hatte sie ge-
kritzelt: »Vielleicht sehen Sie sie doch noch eines Tages.«

Lange saß ich da, ganz in die Betrachtung der Dame
mit der Fackel versunken, und es schien mir fast, als entdeckte ich in ihren Zügen ein Lächeln.

17

Eine Woche später fingen die Vorlesungen an. Am ersten Tag saß ich mit über hundert Studenten im Hörsaal.
Er befand sich in einer Baracke, die in aller Eile aufgeschlagen und den Bedürfnissen des Krieges entspre-
chend erweitert worden war.

Die Luft schwirrte von erwartungsvollen Stimmen.
Wir saßen enggedrängt auf langen Holzbänken, und ich
drehte mich nach allen Seiten, um die Gesichter der anderen zu studieren. Ich kannte keinen; sie schienen viel
jünger zu sein als ich, und die meisten von ihnen waren
Soldaten. Die Planken des Fußbodens klangen hohl unter dem nervösen Scharren ihrer schweren Stiefel; ihre
Augen blickten entschlossen: entweder diese Bank oder
die Front.

Auch für mich war es die einzige Chance. Ich konnte
den Beginn der Vorlesung kaum abwarten. Als ich
meine Handtasche aufmachte, um mein Kollegheft her-
vorzuholen, fiel der Brief vom Büro des Staatsanwalts
heraus. Ich hatte mich nach der Vorlesung mit ihm verabredet. Ich stopfte den Brief rasch wieder in die Tasche,
schlug mein Heft auf und schrieb oben auf die erste
Seite eifrig das Datum: 30. Januar 1942.

Durch das Fenster der Baracke sah ich ein Stück fahlen Winterhimmels. Doch hinter den grauen Wolken lagen für mich neue Horizonte – in sechs Jahren würde ich Ärztin sein!

Am Ende der ersten Vorlesung war ich mir dessen nicht mehr ganz so sicher. Meine Zuversicht zerbröckelte, als mir klar wurde, daß mir in der Chemie selbst die einfachsten Dinge entfallen waren. War es denn wirklich erst acht Jahre her, seit ich das Abitur gemacht hatte? Kaum, daß ich mich der Formel für Wasser erinnerte. Wie sollte ich das jemals wieder aufholen?

Es gab nur einen Ausweg – ich mußte noch einmal ganz von vorn anfangen. Ich würde mich wieder mit meinem ersten Schulchemiebuch beschäftigen müssen. Aber nach der nächsten Vorlesung sank mein Mut noch tiefer. Ich wußte so gut wie nichts mehr aus der Physik – sogar das Gesetz der Schwerkraft war mir entfallen.

Abermals sah ich mich um und hoffte auch in den Gesichtern der anderen Studenten dieselben Anzeichen wachsender Verzweiflung zu finden. Aber während die Vorlesung über meinen Kopf hinwegging, schienen sie dem Vortrag mühelos zu folgen. Meine Augen wurden schwer, und zuletzt war mir, als triebe ich auf einem weiten Ozean und hätte kein Land mehr in Sicht.

Auf dem Weg zum Staatsanwalt beschloß ich, ihm zu erklären, daß ich meine Arbeit für das Gericht aufgeben müßte. Ich brauchte dringend jeden Augenblick für mein Studium. Der Staatsanwalt war ein älterer Herr mit tiefen Schatten unter den Augen. Er saß in einem Stuhl mit einer hohen Lehne, die jedoch nicht hoch genug war, das Hitlerbild an der Wand hinter ihm zu verdekken. Im ganzen Lande herrschte das ungeschriebene

Gesetz, daß an jeder Behördenwand ein Hitlerbild zu hängen habe. An seiner Größe konnte man fast den Grad seiner Gegenwärtigkeit ermessen. Dies Bild war klein. Der Staatsanwalt begrüßte mich nicht mit dem Deutschen Gruß, sondern nickte mir nur zu und hielt die Hände fest aneinandergelegt.

»Ich habe eine Aufgabe für Sie« sagte er.

»Ich kann sie nicht übernehmen«, beeilte ich mich, ihm zu versichern. »Ich bin nur hergekommen, um Ihnen zu sagen . . .«

Er ließ mich nicht ausreden. »Es handelt sich um eine *Sonderaufgabe*«, sagte er.

Ich erschrak. Diese Worte hatte ich schon einmal gehört. Ich warf einen raschen Blick auf seinen Schreibtisch. Er war leer. »Im Zuchthaus Fuhlsbüttel sind mehrere hundert Gefangene eingeliefert worden«, begann er. »Es handelt sich um politische Gefangene aus Norwegen. Zivilisten, die von der Geheimen Staatspolizei festgenommen wurden, weil sie sich der deutschen Besatzung widersetzten. Wir brauchen Sie, um ihre Post zu zensieren.«

Stapel von Briefen tauchten vor mir auf – Briefen, die ich Monat um Monat gelesen hatte, Briefen, die plötzlich ausgeblieben waren; vielleicht waren die Schreiber dieser Briefe schon nicht mehr am Leben. Hatte ich ihnen wirklich geholfen? Diese Frage quälte mich unablässig. Ihr Schicksal war besiegelt, trotz allem, was ich für sie zu tun versucht hatte.

Wenn ich es jetzt noch einmal versuchte – würde das Ergebnis nicht das gleiche sein? Wenn ich beim ersten Mal nichts hatte ausrichten können, warum sollte meine Hilfe diesmal etwas nützen? Aber wenn ich es gar nicht

erst versuchte, wie sollte ich es dann je erfahren? Und
was würde geschehen, wenn diese Aufgabe einem anderen übertragen würde? Wie würde er sie ausführen?

Unschlüssig sah ich vor mich hin. Wenn ich Ärztin
werden wollte, würde ich jede Minute für mein Studium brauchen.

»Sie besitzen die erforderlichen Qualifikationen«, beharrte der Staatsanwalt. »Außerdem«, fügte er hinzu,
»hat man Sie uns sehr empfohlen. Wir vertrauen Ihnen.«

Überrascht blickte ich auf. Wer hätte mich für diese
Aufgabe empfehlen können? Ich war weder Mitglied
der Partei, noch kannte ich irgend jemand im Bereich
des Strafvollzugs. Wer konnte es nur sein?

Der Staatsanwalt trommelte mit den Fingern auf dem
Schreibtisch und sah mich erwartungsvoll an. Ich wußte
nicht, was ich ihm sagen sollte, und mied seinen Blick.
Und dann sah ich den Kalender an der Wand. Es war der
30. Januar 1942.

Und in diesem Moment fiel mir ein, was ich am Morgen, als ich das Datum in mein Heft eintrug, vergessen
hatte. Es war genau neun Jahre her, daß ich in einem
Zimmer erwachte, dessen Fenster mit hakenkreuzbe-
drucktem Papier überklebt worden waren. Ich hatte sie
abkratzen müssen, damit der Raum wieder hell wurde.

»Ich übernehme die Aufgabe«, sagte ich ruhig.

Ich setzte meine vorklinischen Studien fort, arbeitete
mich noch einmal durch meine alten Schulbücher und
rief mir längst vergessene Tatsachen ins Gedächtnis zurück.

Spät nachts jedoch las ich wieder Briefe – Hunderte
von Briefen.

Sie wurden mir täglich vom Zuchthaus zugeschickt: dicke Briefe aus Norwegen und dünne, nur aus einer Seite bestehende Briefe von Gefangenen. Jedesmal lag eine Liste dabei, aus der das Vergehen und die verhängte Strafzeit des Gefangenen hervorging. Es war immer wieder das gleiche: »Verbrechen gegen Volksschädlingsverordnung«, und für die meisten »Einzelhaft, lebenslänglich«.

Der Gefangene durfte nur alle sechs Wochen einen Brief schreiben oder erhalten; er selbst durfte nur bis zu fünfzehn Zeilen schreiben. Diese Briefe hatten, was ihren Inhalt betraf, etwas eigentümlich Unpersönliches; selbst der strengste Zensor hätte kaum etwas darin zu beanstanden gewußt. Ich las die Briefe aufmerksam und mühte mich, zwischen den Zeilen das zu finden, was ich immer wieder darin suchte. Was für Menschen verbargen sich hinter diesen Briefen? Aber nur selten gelang mir ein Blick in ihr Inneres – sei es in einer Handschrift, einem Satz oder manchmal auch nur in einem Wort. Ein Brief fiel mir auf; sein Schreiber mußte noch sehr jung sein. Er hieß Björn Simoness. Er hatte noch die linkische Ausdrucksweise eines Kindes, doch die Handschrift war von seltener Schönheit; vielleicht wird er einmal ein Künstler, dachte ich – falls er überlebt.

Ein anderer Gefangener schrieb an seine Frau und schloß den Brief mit den Worten: »Dein glücklicher und freier Frederik.« Was für ein Mann mußte das sein, der sich hinter Mauern als glücklich und frei bezeichnete?

Warum waren diese Gefangenen der Justizbehörde unterstellt, wenn andere Mitglieder der norwegischen Untergrundbewegung ohne Gerichtsverfahren in ein deutsches Konzentrationslager geschickt worden waren? Ob diese Gefangenen wohl auch dort enden würden?

Ich erinnerte mich an die Briefe aus den polnischen Ghettos. Namen und Adressen der Absender waren in meiner Erinnerung längst verblaßt, als hätte es sie nie gegeben. Das durfte nicht wieder geschehen. Was sich auch im Laufe der Zeit ereignen würde, ich mußte dafür sorgen, daß die Existenz der norwegischen Gefangenen nicht in Vergessenheit geriet.

Vom ersten Tag an führte ich eine Kartei, trug Namen und Heimatanschrift eines jeden Gefangenen ein und fügte noch jede Information aus der ein- und ausgehenden Post hinzu, die mir von Bedeutung erschien.

Tagsüber saß ich in Seminaren und Vorlesungen; nachts las ich Gefangenenbriefe. Auf der Sirene achtete ich kaum noch. Nur manchmal hörte ich in der Ferne eine Detonation und das Feuer eines Flakgeschützes, aber es war, als ginge mich das alles nichts mehr an. Täglich trafen neue Gefangenentransporte aus Norwegen ein. Nach einem Jahr hatte ich über tausend Namen in meiner Kartei.

Es war wieder Frühling geworden, als ich eines Nachts einen Brief las, der nur aus einem einzigen Satz bestand: »ICH LEBE.«

Die Worte berührten nicht einmal die Linien des Papiers, als bedürfe der Mann, der sie geschrieben hatte, keiner Stütze. Er hieß Gunnar Dal.

18

April 1943. Ostern lag spät in diesem Jahr. Nicht, daß es von irgendeiner Bedeutung gewesen wäre. Ein Tag verlief wie der andere. Wir erwarteten keinen meiner Brüder zum Fest. Hans arbeitete noch bei der Wetterstation, Günther in einem Lazarett in Holland, und Willfried war bei einer Truppeneinheit im Niedersächsischen.

Obwohl meine Familie bisher von Bomben verschont geblieben war, lebte der Krieg doch in und um uns, und ich konnte mich kaum noch an den Frieden erinnern.

Am Ostersonnabend stand ich vor unserem Haus und betrachtete den Rotdorn. Im vergangenen Winter war uns fast das Heizmaterial ausgegangen, und in einer kalten Nacht waren meine Mutter und ich in Versuchung gekommen, ihn zu fällen. Aber der Rotdorn stand noch und war jetzt über und über mit winzigen Knospen bedeckt. In der Abenddämmerung glaubte ich einen ersten rötlichen Schimmer zu entdecken.

Von der Straße her hörte ich es hilflos blöken. Ein Mann in Uniform kam auf mich zu und trug etwas Weißes, Zappelndes; als er nahe herangekommen war, erkannte ich Willfried, der ein Lamm auf dem Arm hielt.

»Ein Bauer hat es mir gegeben«, sagte er.

Es war erst wenige Tage alt, und als ich es streichelte, fühlte ich unter meiner Hand den raschen Herzschlag. Doch dann hörte es auf zu blöken und begann an einem der Rotdornzweige zu schnuppern.

»Ich bin an die Ostfront versetzt worden«, sagte Willfried. »Morgen früh geht es los.«

Es war schon fast dunkel, und wir brachten das Lamm zu Frau Groth. Sie arbeitete noch auf dem Feld und war dabei, Setzlinge zu pflanzen. Ein guter, kräftiger Geruch entstieg der frisch umgegrabenen Erde. Das Lamm hatte sich beruhigt und war auf Willfrieds Arm eingeschlafen.

»Dürfen wir es bei Ihnen in Pflege geben?« fragten wir.

Sie nickte und legte das Lamm schweigend in den Korb, in dem zuvor ihre Stecklinge gewesen waren. Dann wandte sie sich Willfried zu, hob ihr Horn ans Ohr und fragte laut: »Wie lange soll dieser Krieg noch dauern?«

Willfried schüttelte den Kopf und zuckte die Achseln. Wie hätte er das auch wissen sollen?

Den Korb unterm Arm, ging sie hinter uns den Weg entlang. Keiner sprach, doch als wir uns trennten, wachte das Lamm auf und begann wieder jämmerlich zu blöken.

Die Nacht war sternenklar; riesige Scheinwerfer suchten den Himmel ab. Bald würde es Alarm geben. Aber wir wollten ohnehin aufbleiben, um die kurze Zeit, die uns noch blieb, mit Willfried zusammenzusein.

Als wir am nächsten Tag vom Bahnhof zurückkehrten, schien das Haus stiller denn je.

Dann geschah das Unmögliche, das nie Erwartete.

Ich bekam einen Anruf vom Direktor des Zuchthauses Fuhlsbüttel. »Der Staatsanwalt hat noch einen Auftrag für Sie«, sagte er. »Die Justizbehörde hat den politischen Gefangenen dieselben Rechte zugestanden wie den Kriminellen. Sie dürfen von jetzt ab alle vier Monate Besuch empfangen. Wir möchten, daß Sie die Überwachung übernehmen.«

Mir stockte der Atem vor Freude. Der Gedanke daran,

daß ich dann noch weniger Zeit für mein Medizinstudium haben würde, kam mir gar nicht. Endlich würde ich die Gefangenen sehen – meine Freunde, wie ich sie insgeheim nannte. Trotzdem verlieh ich meiner Stimme etwas Mißbilligendes, als ich sagte: »Wer soll hier in Deutschland schon einen norwegischen Gefangenen besuchen?«

»Der norwegische Seemannspfarrer hat Besuchserlaubnis beantragt«, entgegnete der Zuchthausdirektor. »Er vertritt hier in Hamburg die Belange der norwegischen Seemannsmission. Seine Kirche ist irgendwo unten am Hafen.«

Allerdings, beeilte er sich hinzuzufügen, werde man dem Pfarrer nicht erlauben, in seiner Eigenschaft als Geistlicher zu kommen. Er bekomme die Besuchserlaubnis nur als Vertreter der Angehörigen in Norwegen.

»Sie werden für alles verantwortlich sein, was während dieser Besuche gesprochen und getan wird«, sagte der Direktor und fing an, mir die Hausordnung des Fuhlsbütteler Zuchthauses auseinanderzusetzen.

Ich hörte kaum noch hin. Ich dachte an den Tag, an dem ich mich aufgemacht hatte, um Herrn Jensen zu finden ... das Bismarckdenkmal ... die Hunderte von Stufen bis zum Hafen hinunter. Zwischen den alten Häusern am Hafen hatte ich den modernen Backsteinbau gesehen, der wie ein Schiff wirkte, mit dem Turm, der einem Mast glich.

»Suchen Sie den Pastor auf«, beendete der Chef seine Anweisungen, »und machen Sie ihm vor allem klar, daß wir keine Predigten und Gebete dulden.«

Ich ging noch am gleichen Nachmittag. Frühling lag in der Luft, und Hoffnung war in meinem Herzen, als ich bei der norwegischen Seemannskirche ankam. Ich betrat das Haus und stand am Fuß einer steilen Treppe. Als ich hinaufblickte, stand oben regungslos ein hochgewachsener junger Mann, der keinerlei Anstalten machte, mir entgegenzukommen.

Eifrig und mit ausgestreckter Hand eilte ich zu ihm hinauf. Er übersah meine Hand und sprach ohne Wärme. »Sie sind also die Dame, die meine Besuche beaufsichtigen wird.«

»Ja, aber . . .«

»Dazu ist nichts weiter zu sagen«, schnitt er mir das Wort ab. »Ich bin Pastor Svendsen. Ich werde mich strikt an Ihre Vorschriften halten. Lassen Sie mich wissen, wann wir anfangen können.«

Ich mußte warten, bis meine Ernennung offiziell bestätigt wurde. Bei meinem nächsten Besuch beim Staatsanwalt war auch der Zuchthausdirektor anwesend, ein kleiner, glatzköpfiger Herr.

»Heil Hitler!« begrüßte er mich kalt mit seinen schmalen Augen und schien von dem, was er sah, nicht sonderlich erbaut zu sein.

»Heil Hitler!« erwiderte ich und versuchte, meiner Stimme einen heiteren Klang zu verleihen.

»Sie sind jetzt Mitglied der Justizbehörde«, sagte der Staatsanwalt und schüttelte mir die Hand. »Hier ist Ihr Ausweis.«

Er reichte mit eine wachsglatte, grüne Karte, die ich rasch unterschrieb.

»Sie ist viel jünger, als Sie mir gesagt haben«, hörte ich den Chef verärgert bemerken. Ich warf einen Blick auf das Paßfoto in meinem Ausweis. Er hatte recht – das

Mädchen auf dem Bild sah wahrhaftig älter aus, als es in Wirklichkeit war. Ich mußte an Eduard denken. »Du nimmst das Leben viel zu schwer«, hatte er gesagt.

Dann entdeckte ich weiter unten eine Zeile, in fetten Buchstaben gedruckt: »Inhaber dieses Ausweises ist gemäß §18 des Waffengesetzes vom 18. 3. 1938 berechtigt, Waffen zu tragen.«

»Ich bin knapp an Wachpersonal« wandte sich der Zuchthausdirektor an mich. »Ich kann keinen meiner Leute entbehren – nur, damit einer dabeisitzt, wenn Sie Ihre Besuche machen.«

Ich würde allein sein!

»Sie haben nicht nur die Besuche zu beaufsichtigen«, fuhr er fort. »Diese politischen Gefangenen sind die schlimmsten Feinde des Reiches. Sie verstehen ihre Sprache. Melden Sie mir, wenn die Gefangenen irgend etwas äußern sollten, das auf ihre politische Haltung schließen läßt. Überhaupt sollten Sie in dieser Hinsicht auch ein Auge auf den Pfarrer haben. In keinem Fall darf er Seelsorge treiben. Sie sind mir dafür verantwortlich!«

Abends in meinem Zimmer sah ich mir noch einmal meinen Ausweis an. Zu den Konzentrationslagern würde er mir keinen Zugang verschaffen. Die waren durch die SS hermetisch von der Außenwelt abgeriegelt. Aber er war der Schlüssel zu jeder Strafanstalt, die – zumindest offiziell – dem Justizministerium unterstellt war. Ich würde Menschen »überwachen« müssen, die einzig und allein ins Zuchthaus gekommen waren, weil sie einem ihrem Lande aufgezwungenen politischen System Widerstand geleistet hatten – dem gleichen System, das mich in die Knie zwingen wollte.

Ich stand auf ihrer Seite, doch der norwegische Pfarrer hatte mir zu verstehen gegeben, daß für ihn jeder Deutsche ein Nazi war. Wie würde ich sie je dazu bringen können, mir zu vertrauen? Und falls mir das gelang, wie konnte ich ihnen dann helfen? Den ganzen Nachmittag lang hatte man mich mit Regeln, Vorschriften, Verfügungen und »Sonderverordnungen« bombardiert – das waren meine Mauern. Würde ich sie überwinden können?

Wir begannen am nächsten Tag. Es war der erste warme Maitag; unser Rotdorn stand unmittelbar vorm Aufblühen. Als ich mich mit dem norwegischen Pfarrer vor dem eisernen Tor des Zuchthauses traf, war er ebenso kühl wie beim ersten Mal. Wortlos reichte er mir eine Liste jener Gefangenen, die er zu sehen wünschte. Die zwanzig Namen darauf mußte er durch ihre Familien in Norwegen bekommen haben.

Zwei davon waren mir vertraut. Ich erinnerte mich an Björn Simoness und seine Handschrift, so unausgeschrieben noch in ihrer Jugendlichkeit und dabei doch schon so vielversprechend schön. Auch die Worte »Dein glücklicher und freier Frederik« hatten sich mir eingeprägt.

Ich konnte nicht widerstehen, wies auf ihre Namen und fragte Pastor Svendsen: »Kennen Sie sie?«

»Kennen *Sie* sie?« kam es kalt zurück.

Ich verstummte und dachte bei mir, »vielleicht kenne ich sie besser als du«. Während wir darauf warteten, daß uns geöffnet wurde, glitt mein Blick an der Mauer entlang; ich war schon früher an diesem Zuchthaus vorbeigekommen, aber in diesem Augenblick wirkte sie höher denn je.

Ein älterer Wachtmeister ließ uns ein. Er schien nicht recht zu wissen, was er von mir zu halten hatte, studierte meinen grünen Ausweis lange und schüttelte dann den Kopf: »Sie sind die erste Beamtin, die wir hier jemals gehabt haben – und fast noch ein junges Mädchen . . .« Dann fügte er fast väterlich hinzu: »Ja, haben Sie denn keine Angst . . .?«

Ich hatte Angst.

Er führte uns durch drei verschiedene Höfe, durch schmale, hohe Gänge, die am Anfang und am Ende mit Eisengittern gesichert waren. Für jede Tür gab es einen besonderen Schlüssel, und jedesmal, wenn der Schlüssel sich wieder im Schloß drehte, schien die Hoffnung in noch weitere Ferne gerückt. Hinter der dritten Tür lag der Eingang zum »Stern« – einer Wachzentrale mit Scheinwerfern nach allen Seiten. Gänge und Brücken, die sternförmig in alle Richtungen liefen, waren von hier aus mit einem Blick zu übersehen. Schmale, eiserne Treppen verbanden Stockwerk mit Stockwerk, oft vier bis sechs übereinander; in diesem Gewirr von Gittern und Mauern vergaß ich fast, daß es mir noch freistand, zu kommen und zu gehen.

Das kleine Besuchszimmer lag am Ende eines langen Korridors und war nur mit einem Tisch und zwei Bänken ausgestattet. Der Wachtmeister nahm die Liste und zählte die Namen.

»Zwanzig Stück«, sagte er.

Wir warteten. Es herrschte Grabesstille. Kein Laut von außen drang herein, als gäbe es jenseits dieser Mauern kein Leben mehr. Ich fror in meinem Sommerkleid. Wo waren das Licht und die Wärme des Maitages geblieben? Durch das vergitterte Fenster sah ich nur ein winziges Stück blauen Himmels und eine Mauer, unterbrochen von anderen vergitterten Fenstern, kleinen schwarzen Löchern ohne Leben.

Ich stellte mich auf die Zehenspitzen und versuchte hinauszusehen. Unten im Hof war Bewegung: Gefangene in dunklen, gelb gestreiften Anzügen gingen im Kreis, und es dauerte fast eine Ewigkeit, bis sie den Kreis einmal abgeschritten hatten. Ihr Gang hatte etwas seltsam Mechanisches, als wären ihre Schritte von irgendeiner Zentrale aus gelenkt. Die Köpfe waren gesenkt; niemals blickten sie auf, und dennoch hielten alle den gleichen Abstand.

Ein Wachtmeister saß dabei. Das Gewehr hing ihm von der Schulter. Er reckte sich und gähnte.

Aber noch etwas fiel mir auf. In einer Ecke des Hofes stand eine Kastanie. Obwohl ihre Zweige knorrig und durch die Mauer in ihrem Wuchs behindert waren, stand sie in Blüte, und ihre Dolden glichen Kerzen, aufrecht, strahlend wie ein Beweis des Lebens.

Als ich mich wieder dem Raum zuwandte, sah ich die Schilder an der Wand: »Das Zustecken von Lebensmitteln oder Rauchwaren ist strengstens untersagt«. – »Körperliche Berührung mit den Strafgefangenen hat nicht stattzufinden«. – »Jede Übertretung der Vorschriften hat sofortigen Abbruch des Besuches und evtl. Bestrafung zur Folge.« Verfügungen, Verfügungen! Und das übliche Bild des Führers. Mir war, als starrten seine Knopfaugen mich unablässig an.

»Haben Sie Ihre Bibel mitgebracht?« fragte ich Pastor Svendsen.

Noch ehe er antworten konnte, hörten wir draußen

auf dem Korridor Bewegung. Die Tür wurde aufgestoßen.

»Ich habe sie Ihnen auf den Flur gestellt«, rief der Wachtmeister. »Machen Sie mit ihnen, was Sie wollen.«

Damit ging er.

Kaum war der Klang seiner Stiefel verhallt, trat ich hinaus. Da standen sie – zehn Männer auf jeder Seite, zwei Schritt auseinander, mit dem Gesicht zur Wand gerichtet. Durch ihre zerschlissenen Uniformen sah man jeden Knochen. Ihre Beine und Füße waren geschwollen.

Plötzlich sah ich mich wieder als Kind an der Hand meiner Mutter am Bahnhof stehen, damals, am Ende des Ersten Weltkrieges; ich sah mich auf den langen Zug von Soldaten starren – oder waren es Kriegsgefangene gewesen? Ich entsann mich ihrer mit Lappen umwickelten Füße, des langsam schleppenden Gangs und der klappernden Holzpantinen . . .

Wir ließen die Gefangenen jeweils zu zweit hereintreten. Wir waren ohne Wache, und dennoch war eine zuviel da. Pastor Svendsen sprach norwegisch mit ihnen, doch ein Blick zu mir herüber genügte, und ihre Gesichter verschlossen sich. Jedes Wort wurde abgewogen, lange Pausen des Schweigens unterbrachen das Gespräch.

Ich saß Björn Simoness gegenüber und las in seinen Augen, was er dachte: »Wie kann sich eine Frau nur zu solcher Spitzelarbeit hergeben?«

Wie ich erfuhr, war er von der Oberschule weg verhaftet worden.

Er war noch sehr jung, wie ich es beim Lesen seiner Briefe vermutet hatte; doch in seinem Gesicht stand eine fiebrige Röte, und ich bemerkte seinen trockenen Husten.

»Wie geht es dir, Björn?« wollte der Pfarrer wissen.

»Ich bin in Einzelhaft.« Nur stockend kamen die Worte.

»Und zwar schon ziemlich lange.«

Dann sahen wir Frederik Ramm. Sein Alter war schwer zu bestimmen; ich schätzte ihn auf ungefähr sechzig. Er war nicht nur Herausgeber einer Zeitung in Norwegen, er hatte auch an einer Nordpolexpedition teilgenommen und mehrere Bücher geschrieben; er war vor allem wegen seiner Bemühungen bekannt, die Verständigung zwischen den Völkern zu fördern.

Dies alles erfuhr ich viel später, aber schon bei diesem ersten Treffen spürte ich etwas in ihm, das ihn von allen anderen unterschied, etwas, das sich nur schwer in Worte fassen ließ: eine große innere Kraft und Güte, ein weit vorausschauender Geist und dabei eine zeitlose Unschuld, die zu der Trostlosigkeit seiner Umgebung im seltsamen Widerspruch stand.

Er schüttelte dem Pfarrer die Hand. Nach einigen Worten mit ihm wandte er sich mir zu, sah mich an, als wollte er eine Frage stellen; dann aber lächelte er, als wüßte er die Antwort schon, und reichte mir die Hand.

Wir sprachen über den Krieg, über Norwegen und über die langen Jahre seiner Einzelhaft.

»Jeder Tag muß voll und ganz gelebt werden, auch wenn seine Grenzen eng sind«, sagte er.

Ich dachte plötzlich an meinen Vater. Und dann geschah noch etwas.

»Lassen Sie uns beten«, sagte Frederik, bevor er ging, und faltete die Hände.

Es kam so unerwartet, daß ich fast erschrak. Noch nie zuvor hatte ich in Gegenwart anderer gebetet. Doch ich faltete die Hände, noch bevor ein Gefühl der Peinlichkeit in mir aufkommen konnte, und dachte nicht einmal daran, daß ich damit zum ersten Mal eine Zuchthausregel übertreten hatte.

Frederik betete mit seinen eigenen Worten. »Beschütze sie bei ihrer Arbeit«, sagte er. »Sie hat sie für uns auf sich genommen.«

Es war ein unvergeßlicher Augenblick. Die Düsternis in mir und um mich wurde licht. Ein Gefangener hatte mir Vertrauen geschenkt und betete für mich. Warum? Ich wußte es nicht. Das Herz hat seine eigenen Gründe, und es bedurfte nur eines einzigen Menschen, um eine Mauer niederzureißen.

»Ich glaube, ich habe meine Bibel bei mir«, sagte Pastor Svendsen, bevor ich den nächsten Gefangenen hereinrief.

»Das habe ich mir schon die ganze Zeit gedacht«, sagte ich.

Unsere Arbeit hatte begonnen.

19

»Heil Hitler!«

Das schwere, eiserne Tor schloß sich hinter uns.

»Das war ein guter Tag«, sagte der Pfarrer, bevor wir uns trennten.

Doch meine Begeisterung war verflogen. Was nützten alle Worte? Worte sind Steine, wenn man hungert, dachte ich und fühlte mich plötzlich völlig hilflos. Ein schwerer, mit Soldaten besetzter Lastwagen fuhr an mir vorüber. In den kleinen Vorgärten spielten Kinder, und ein Junge lief über die Straße und warf seinen Ball gegen die Zuchthausmauer; warf ihn in seinem Übermut immer höher ...

»Vorsicht!« rief seine Mutter von hinter dem Zaun her.

»Keine Angst, die Mauer ist hoch!« rief der Junge fröhlich zurück.

Ich blickte zum Himmel auf. Wieder ging ein Tag zu Ende. Es war schwül, ganz ungewöhnlich schwül für die Jahreszeit; im Schein der Abendsonne hatten sich die Wolken feuerrot verfärbt. Das bedeutete Regen, wie es hieß, und ich wünschte mir, daß es so wäre; ich war todmüde und wollte Schlaf, nur Schlaf.

Zu Hause angekommen, ging ich sofort in mein Zimmer. Am nächsten Morgen sollte eine Zwischenprüfung stattfinden, und ich hatte noch nichts dafür getan. Ich zog die Verdunklungsrollos herunter und machte die Schreibtischlampe an. Doch statt mich hinter meine Bücher zu setzen, ging ich ruhelos auf und ab.

Schließlich ging ich an die Gefangenenpost. Heute waren diese Briefe für mich lebendig geworden. Ich sah die Fieberröte in Björns Gesicht, hörte seinen trockenen Husten; ich sah vor mir, wie die Gefangenen im Kreis gingen. Jetzt verstand ich, warum ihre Schritte so schleppend waren –, »Ödem« war die wissenschaftliche Bezeichnung für ihre geschwollenen Beine. Ich schob die medizinischen Bücher zur Seite. Wie könnte ich studieren, mich mit leeren Worten herumschlagen, solange Wichtigeres zu tun war? Doch was konnte ich

tun? Ich selbst konnte nichts anderes geben als Worte –
und Worte sind Steine, wenn man hungert.

Ich ging zu meiner Mutter hinunter. Erriet sie meine
Gedanken? Sie stellte keine Fragen, aber sie schien immer die Antwort zu wissen.

»Du mußt an das Leben glauben«, sagte sie eindringlich.

So manches Mal schon hatte sie mir das gesagt, wenn
ich verzweifelt war. Sie nahm mich mit vors Haus. »Sieh
dir den Rotdorn an!«

Die Knospen, die so viele Monate geruht hatten, hatten sich geöffnet, und der Baum war mit Blüten übersät.
Der Mond kam durch die Wolken, und die Finger der
Scheinwerfer fingen an, über den Himmel zu tasten.

»Ich gehe zu Frau Groth«, sagte ich unvermittelt.

Sie war noch draußen und jätete Unkraut. Seit wir ihr
das Lamm gebracht hatten, war ich nicht mehr da gewesen. Ich gab ihr durch ein Zeichen zu verstehen, daß ich
mit ihr sprechen wollte. Sie ging zur Kate hinüber, um
ihr Hörrohr zu holen, und ich setzte mich auf den Boden, um zu warten. Das milde Mondlicht lag auf den
Beeten, und ich fühlte die Erde unter meinen Händen.
Trocken war sie – die Pflanzen brauchten Regen. Sie
blühten spät; Kohl und Kartoffeln waren noch weit zurück.

»Ich bin heute mit Menschen zusammengewesen, die
dem Verhungern nahe sind«, erklärte ich Frau Groth, als
sie wieder da war. »Sie können sich selbst nicht helfen.
Darf ich irgendwann einmal wiederkommen und Sie bitten . . .«

Ich unterbrach mich. War ich denn von Sinnen? Was

redete ich denn da? Selbst wenn ich sämtliche Lebensmittel der ganzen Welt hätte, könnten sie mir nichts nützen – da war die Mauer, da war ein Tor, an dem man kontrolliert wurde.

Ohne zu antworten, ließ Frau Groth ihr Horn in den Korb fallen, kniete sich wieder hin und arbeitete schweigend weiter. Bald war das Hörrohr von Unkraut bedeckt, und erst als der Korb halb voll war, schaute sie auf.

»Ich helfe Ihnen«, sagte sie. »Aber die Saat braucht Zeit, bevor sie aufgeht.«

Sie wischte sich die Hände an der Schürze ab, zog ihr blaues Kopftuch zurecht und wiederholte: »Ja, es braucht Zeit.«

Es war spät geworden. In der Ferne donnerte es.

»Es gibt Regen«, sagte sie und streckte die Hand aus, als wollte sie die allerersten Tropfen auffangen.

Sie ließ den Korb zurück, und wir gingen zur Kate hinüber. Als wir näher kamen, sah ich unser Lamm. Es war an einen der Apfelbäume gebunden; es zerrte am Strick, blökte und trippelte unruhig hin und her.

»Es hat Angst«, sagte Frau Groth. »Es spürt, daß ein Gewitter heraufzieht.«

Sie ließ mich warten; während sie in die Kate ging, kam das Lamm zu mir, schnupperte an meinen Schuhen und rieb den Kopf an meinem Knie. Es fühlte sich gut und warm an.

Frau Groth kam mit einer Tafel Schokolade in der Hand zurück. »Die hat mir jemand für Kartoffeln gegeben«, sagte sie. »Die ist für Sie.«

Es war richtige Schokolade, in Silberpapier eingewickelt. Ich hatte fast schon vergessen, wie sie roch: nach Geburtstag und Weihnachten – nach Frieden ...

125

Ich steckte sie in meine Tasche. »Es war trotz allem ein guter Tag!« rief ich aus, und einer plötzlich Regung nachgebend, schloß ich Frau Groth in die Arme und drückte sie an mich. Dann war ich schon wieder auf dem Heimweg. Ich konnte sie nicht mehr sehen, und ich wußte, daß sie schwerhörig war, doch ich winkte hinein in die Dunkelheit und rief: »Leben Sie wohl, Frau Groth – leben Sie wohl!«

Mitten in der Nacht wachte ich mit einem Ruck auf. Das Gewitter war über uns, und Blitz und Donner folgten einander in so rascher Folge, daß ich mit dem Zählen kaum nachkam. Die Blitze leuchteten grell in meine Augen, selbst wenn ich sie fest schloß.

Plötzlich hörte ich ein Sausen in der Luft, ein scharfes Pfeifen, dann einen Einschlag und gleich darauf eine ungeheure Detonation. Die Wände zitterten, und für einen Augenblick war ich wie gelähmt vor Schreck – es hatte sich fast wie eine Bombe angehört. Da aber die Sirenen nicht geheult hatten und nichts weiter geschah, beruhigte ich mich wieder und war überzeugt, daß Blitz und Donner mich getäuscht hatten.

Ich nickte wieder ein, verfiel aber nur in einen unruhigen Halbschlaf. Gerade tief genug, daß ich jedes Zeitgefühl verlor.

Irgendwann heulte die Sirene; ich wunderte mich, warum sie erst nach dem Einschlag ging, war aber zu zerschlagen, um ganz wach zu werden und aufzustehen. Und kaum war die Sirene verstummt, da rollte der Donner wieder, und dann kamen die ersten Tropfen, anfangs mit sanftem Pochen, dann goß es, als wollte sich der ganze Himmel über die Erde ausschütten. Etwas später kam die Entwarnung, und bald darauf schlief ich fest. Als ich aufwachte, graute bereits der Morgen. Ich hörte ein eigenartiges Geräusch; plötzlich war ich hellwach, setzte mich auf und lauschte. Ganz unverkennbar klangen die jämmerlichen Laute durch die Morgenstille. Ich sprang aus dem Bett, stieß den Tisch beiseite, um aus dem Fenster zu sehen. Doch das Geräusch kam nicht vom Garten her; ich lief nach vorn ...

Da war es – unser Lamm.

Es stand unter dem Rotdorn und blökte wie eine Trompete in den Morgen hinein. Als ich das Fenster öffnete, hörte es mich und sah hinauf. Sein Fell war pitschnaß.

Ich warf rasch etwas über und lief hinunter.

Der Boden war rot von den Blüten des Rotdorns; der Regen hatte einige Zweige heruntergeschlagen. Das Lamm stakste unbeholfen über sie hinweg, um zu mir zu kommen. Ich sah, daß noch ein Rest des Stricks von seinem Hals herabhing.

»Du hast dich also losgerissen«, sagte ich und streichelte ihm den Kopf, um es zu beruhigen.

»Wie um alles in der Welt hast du es denn ganz allein bis hierher geschafft?« fragte ich es. »Nun, immerhin war es dein erstes Gewitter – beim nächsten Mal wirst du dich schon weniger fürchten.«

Doch das Lamm zitterte von Kopf bis Fuß und wollte nicht aufhören zu blöken.

»Komm, wir gehen nach Hause«, versuchte ich es zu trösten und ergriff den Strick.

Die ersten Strahlen der Sonne strichen mir übers Gesicht, als wir uns auf den Weg machten. Auf Bäumen und Rasen glitzerten die Regentropfen wie Diamanten, und die Luft war wunderbar rein. Ich holte tief Atem. Ich hielt das Lamm fest am Strick und sprach ihm gut zu, um es zum Weitergehen zu bewegen, aber es folgte mir nur widerwillig.

Als wir uns Frau Groths Feld näherten, standen dort mehrere Männer und Frauen. Herr Braun war bei ihnen. Er hatte den Helm noch auf dem Kopf, aber sein Hemd stand offen.

»Die sind nur des Gewitters wegen hierhergekommen«, hörte ich ihn sagen. »Aber warten Sie nur – eines Tages zahlen wir es ihnen heim.«

Ich ließ das Lamm fahren und faßte seinen Arm. »Was ist denn geschehen?«

»Geschehen?« wiederholte er. »Ja, wissen Sie das denn nicht?«

Er zog seine Krawatte zurecht und verkündete großspurig:

»Die Amerikaner haben ihre erste Bombe auf *meinen* Bezirk geworfen.«

»Ach, gehen Sie mir mit Ihrem Bezirk!« schrie ich ihn an.

»Was ist los mit Frau Groth?«

»Die ist tot«, sagte er. »Es war ein Volltreffer.«

Ich stieß ihn beiseite und rannte zur Kate hinüber.

Es war nichts weiter davon übriggeblieben als Schutt, verkohltes Holz und Asche.

Unfähig, mich zu rühren, stand ich da, bis ich das Lamm hinter mir blöken hörte. Es stand unter dem Apfelbaum und schnupperte an dem Ende des Strickes, das noch am Stamm hing.

Unser Rotdorn war alt, aber dieser Apfelbaum war jung und hatte den Sturm überstanden, ohne auch nur einen einzigen Zweig einzubüßen. Dem frischen Grün mit dem rosigen Schleier von Blüten hatte der Tod nichts anhaben können.

»Warte hier!« sagte ich zu dem Lamm und knotete die beiden Enden des Stricks zusammen. Es hatte zu blöken aufgehört, aber die Augen schienen ängstlich zu fragen: »Was wird nun aus mir?«

Ich ging rasch fort.

»Kannten Sie Frau Groth?« fragte mich eine junge Frau, als ich wieder zur Straße zurückkam.

»Sie war alt und lebte ganz für sich allein«, erzählte eine andere Herrn Braun. »Sie erwartete nichts mehr vom Leben . . .«

Sie wollten gerade aufbrechen, blieben aber noch beim Erdbeerbeet stehen, wo Frau Groth am Abend zuvor das Unkraut gejätet hatte. Nur ein paar Schritte entfernt entdeckte ich ihren Korb. Ich ging hinüber und hockte mich hin. Er hatte im Regen gestanden, und das Unkraut darin war völlig durchweicht, aber ihr Hörrohr lag noch darunter. Ich nahm es rasch an mich und verbarg es unter dem Mantel.

Ich hätte nun gehen können, doch ich blieb und wartete darauf, daß Herr Braun und seine Leute gingen. Ich wollte nicht, daß sie mich weinen sahen.

Die Postkarte mit der Freiheitsstatue hing noch an der Wand meines Zimmers. Ich sprach sie auf englisch an, um auch ganz sicherzugehen, daß sie mich verstand.

»Es wäre schön gewesen, wenn du sie hättest kennenlernen können«, sagte ich. »Sie war eine prachtvolle Frau, genau wie du, aber sie hat es nicht ganz geschafft . . .«

Vielleicht schaffte es ihr Hörrohr bis nach Amerika. Es war alt und voller Schrammen, aber ich wickelte es sorgfältig ein und schloß es in meinen Schreibtisch.

Etwas später fuhr ich mit einem Bauern zu Frau Groths Hof, um das Lamm abzuholen. Ich ging, noch ehe er es auf seinen Lastwagen geladen hatte.

20

Erschöpft wie ich war, versuchte ich das Geschehene zu vergessen; ich nahm an allen Vorlesungen und Seminaren teil, studierte in meinen Lehrbüchern und las bis in die Nächte hinein Gefangenenbriefe.

Durch das offene Fenster drangen Musikfetzen aus dem Lokal, das Stampfen von Füßen – sie tanzten noch immer, und ich hielt mir die Ohren zu.

Nach Mitternacht heulten die Sirenen auf. Diesmal ängstigte es uns so sehr, daß wir beschlossen, in den öffentlichen Luftschutzbunker zu gehen.

Herr Braun stand am Eingang. »Nur noch Stehplatz«, verkündete er stolz.

»Endlich scheint es den Leuten klar zu werden, daß sie auf uns angewiesen sind«, wendete er sich an meine Mutter und teilte großmütig mit ihr, was er als seinen ureigenen Sieg ansah.

Auf den Bänken war kein Platz mehr frei. Wir standen zusammengepfercht, Schulter an Schulter, und sprachen in unserer Angst laut miteinander, doch als die Zeit verstrich und die Luft stillblieb, senkten sich die Stimmen.

Die Augen fielen uns zu; einer nach dem anderen

sackte zu Boden, hockte sich so hin, daß die Beine irgendwie Platz fanden, und nun unterbrach nur noch ein gelegentlich geflüstertes Wort oder das Weinen eines Kindes das Schweigen.

Nichts geschah, doch nach dem Überraschungsangriff der vorhergehenden Nacht war jedermann vorsichtig geworden. Der Alarm dauerte länger als sonst. Neben mir schlief in einem Kinderwagen ein Baby. Die Mutter war auch eingeschlafen, doch der Fuß stieß immer noch sacht gegen den Wagen. Mir brannten die Augen, und ich verbarg das Gesicht in den Händen. Ich dachte an Frau Groth, versuchte, sie ins Leben zurückzurufen. Ich sah sie vor mir, wie sie in den Beeten kniete und die Erde bearbeitete. Ihr Gesicht war abgewandt, doch ihr blaues Kopftuch, das sie zu jeder Jahreszeit trug, verriet, daß sie es war. Und dann war sie mir wieder entglitten.

Was blieb, war Schutt, verkohltes Holz und Asche.

Ich preßte die Hände ineinander. Sie war nicht gestorben, sie war ermordet worden.

Ich blickte zu meiner Mutter hinüber. Wie konnte ich an das Leben glauben, nachdem ich gesehen hatte, wie sinnlos es ausgelöscht werden konnte?

Nur wenige Tage später besuchten wir einen norwegischen Gefangenen in einem der Außenkommandos des Hamburger Zuchthauses, einem Lager, in dem Torf gestochen wurde. Es lag weit draußen auf dem Lande, und wir fanden es nur mit Hilfe umständlicher Wegbeschreibungen.

An der Stelle, an der wir aus dem Zug stiegen, war kein Bahnhof. Nur ein Schild stand neben den Geleisen, ein Wegweiser mit dem Namen des Lagers. Mir fiel ein, daß ich von diesem Ort schon einmal gehört hatte; aber ich wußte nicht mehr, von wem.

Erst ging es eine holprige Landstraße entlang, dann querfeldein. Die Wolken hingen tief über dem flachen, braunen Land; vor und hinter uns war nichts als der Staub, den unsere Schritte aufwirbelten. Vor einem Gittertor endete der Weg.

Die Baracken hinter dem Stacheldraht wirkten wie zufällige graue Flecken in der Unendlichkeit des Torfmoors, in der nur das Summen der Fliegen Leben verriet. Hier und da zwängte sich eine Glockenblume unter dem Draht hervor.

Als ich klingelte, erhob sich jenseits des Stacheldrahts ein ohrenbetäubendes Gebell. Ein ganzes Rudel Schäferhunde stürzte sich auf das Tor.

»Soll ich sie loslassen?« sagte der Wachtmeister, der uns öffnete, und man wußte kaum, ob es scherzhaft gemeint war. Ich hielt ihm meinen grünen Ausweis entgegen, und er stand stramm.

Er brachte uns zum Kommandanten. Unsere Schritte hallten hohl auf dem rohen Holzboden. Die Baracke war leer; die Gefangenen waren im Moor. Sie stachen Torf – sieben Tage die Woche.

»Besuch?« wiederholte der Kommandant, als habe er nicht recht verstanden. »Hier gibt's kein Besuchszimmer. Solange hier nur Deutsche saßen, ist kein Mensch auf die Idee gekommen, sie zu besuchen.«

Jetzt hatten sie politische Gefangene aus dreizehn verschiedenen Nationen.

»Ich verstehe zwar ihre Sprache nicht, aber alle verstehen mich«, sagte der Kommandant und schwang einen soliden, mit Gummi bezogenen Schlagstock.

Da fiel es mir plötzlich ein.

Der Mann von Frau Groth war hier gewesen. Eines Tages hatte sie mir gesagt: »Es war eins von den Lagern, in denen man entweder überlebt oder umkommt.«

Ihr Mann war umgekommen.

Ein Wachtmeister führte uns zur Torfgrube. Wir warteten, während er an den Rand der Grube trat und in das Schweigen hinein einen Namen brüllte.

Obgleich Hunderte von Männern in der Grube arbeiteten, sahen wir keinen, und als der Aufgerufene endlich zum Vorschein kam, schien es inmitten der unendlichen Weite des Moores, als stiege er aus seinem Grab.

Er schleppte sich auf uns zu, angetrieben von den Kommandos des Wachtmeisters. Wir begrüßten ihn in norwegischer Sprache, aber er antwortete nicht. Ich blickte auf seine Hände. Sie waren eine zerschundene Fleischmasse, blutig und aufgerissen.

»Ich habe einen Brief für Sie – von Ihrer Frau«, sagte Pastor Svendsen und begann ihn vorzulesen.

Es war, als ob der Gefangene die Worte nicht aufnahm. In seinen Zügen regte sich nichts. Mit den Händen fuhr er in die Taschen, als suche er etwas und könnte es doch nicht finden. Dann zog er es hervor – einen Trauring.

»Er paßt nicht mehr«, sagte er.

Die Fliegen summten, und aus der Ferne drang das Heulen der Hunde herüber. Die Zeit verstrich – bald würden wir gehen müssen.

Wie konnten wir diesen Todesbann sprengen, und wäre es auch nur für einen Augenblick?

Ich dachte an Frau Groth und fühlte meine Ohnmacht. Aus dem Moor kamen die Rufe des Wachtmeisters. Er wandte uns den Rücken zu, das Gewehr über der Schulter; ich ließ ihn nicht aus den Augen, während ich meine Handtasche öffnete und mit fliegenden Händen das Silberpapier von der Schokolade riß. Es war die Schokolade, die Frau Groth mir gegeben hatte, und jetzt schob ich sie langsam und vorsichtig dem Gefangenen in die Hand. Ein süßer Geschmack im Mund, ein freundlicher Augenblick – das war schnell vorbei und würde am Ablauf des Geschehens nichts ändern. Vielleicht würde es auch diesem Mann ergehen wie dem Mann von Frau Groth. Was wußten wir von dem, was uns bevorstand? Der Tod stand uns nah in jenen Tagen. Und doch – Frau Groth war tot – in diesem Augenblick aber lebte sie in uns weiter.

Der Pastor schlug seine Bibel auf. »Der Herr ist mein Hirte . . .« las er.

Zwar kannte ich den Psalm von klein auf, doch jetzt verstand ich zum erstenmal seinen Sinn. Ich folgte jedem Wort und bemerkte nicht einmal, daß der Wachtmeister zu uns herübersah.

In der Anatomiebaracke hatte der Professor in seiner histologischen Vorlesung den Bau des Knochengewebes bereits hinter sich gebracht.

»Heute, meine Damen und Herren«, begann er, »komme ich zum Fettgewebe.«

Hunderte von Studenten saßen zusammengepfercht in der Baracke. Feldgraue Uniformen, Achselstücke und Sterne, Soldaten und Kriegsversehrte, Kriegerwitwen und Studentinnen mit vor Eifer geröteten Wangen. Sie zückten den Bleistift und schlugen das Heft auf. Eine neue leere Seite, ein neues Kapitel. Hunderte von Bleistiften kritzelten »Fett«.

»Sie haben im letzten Winter im Präpariersaal an Leichen gearbeitet«, fing der Professor an. »Sie haben die Haut präpariert, die Muskeln, die Nerven und die Organe. Nur eins haben Sie vermißt, und ich möchte mich deshalb bei Ihnen *post festum* entschuldigen . . .«

Über die Gesichter der Studenten ging ein erwartungsvolles Schmunzeln.

»Eins haben Sie, wie gesagt, an den Leichen nicht gefunden«, fuhr der Professor fort. »Und zwar das Fett! Das konnte ich Ihnen leider nicht bieten, weil es sich bei den Leichen um hingerichtete oder verstorbene Gefangene handelte.«

Noch ruhten die Bleistifte. Bis jetzt war nichts Wissenswertes gesagt worden.

»Machen wir uns einmal anhand einer Zeichnung klar, wie eine Fettzelle aussieht!« Der Professor nahm die Kreide und trat an die Tafel.

Da spannten sich die eben noch gleichgültigen, halbverschlafenen Gesichter. Hunderte von Bleistiften kamen in Bewegung. Eifrig beugten sich die Köpfe über die Hefte. Auf dem Papier entstanden große, traubige Gebilde.

Ich saß unbeteiligt daneben, hatte mein Kollegheft zur Seite geschoben und starrte auf meine Tasche. Es war dieselbe große Handtasche, die ich benutzt hatte, um die Briefe aus dem Ghetto aus der Briefprüfstelle herauszuschmuggeln. Ungeduldig folgte ich dem Uhrzeiger; ich konnte das Ende der Vorlesung kaum abwarten. Beim ersten Klingelzeichen verließ ich die Baracke.

Ich ging mit eiligen Schritten zum Hafen hinunter, als

zähle jede Minute, warf kaum einen Blick auf das Bismarckdenkmal und hielt nicht eher inne, als bis ich die windschiefen Häuser erreicht hatte.

Ich war lange nicht hier gewesen, aber nichts hatte sich verändert. Es war ein warmer Tag; die winzigen Fenster im Erdgeschoß standen weit offen. Man hörte die Schiffssirenen, und Herr Jensen saß in seinem riesigen Lehnstuhl vor dem Holztisch, der ihm noch immer als Schreibtisch diente.

»Ich wußte, daß Sie wiederkommen würden«, sagte er, schob seinen Hut ein wenig aus der Stirn und schien nicht im mindesten überrascht, mich zu sehen.

Seine Worte verblüfften mich. Woher wollte er das wissen? Doch er ließ mir keine Zeit zum Überlegen.

»Was haben Sie denn heute in Ihrer Tasche?« fragte er.

»Nichts, Herr Jensen«, entgegnete ich. »Diesmal geht es nicht darum, etwas außer Landes zu bringen. Ich brauche Ihre Hilfe, um etwas hereinzubringen.«

Ich brauchte Vitamintabletten, große Mengen von Vitamintabletten – so viel, wie in meine Tasche hineinging, ohne daß es auffiel, wenn ich das Zuchthaus betrat. Vitamine waren in Deutschland Mangelware und nur noch auf Rezept zu haben. »Ich werde sehen, ob mir eines meiner Schiffe welche mitbringt«, sagte Herr Jensen, ohne auch nur eine einzige Frage zu stellen.

Selbst wenn es ihm gelänge, würde es Wochen dauern; aber es war keine Zeit zu verlieren. Bis dahin würde auch die kleinste Menge helfen. Ich ging zu Dr. von Berg.

»Für Sie selbst?« fragte er und faßte mich scharf ins Auge.

»Nein, nicht für mich«, entgegnete ich ruhig.

Er verlangte keinerlei Erklärung, sondern schüttelte nur den Kopf, während er das Rezept ausstellte.

»Warum konzentrieren Sie sich nicht auf Ihr Medizinstudium?« sagte er ungehalten. »Die Hilfe, die Sie eines Tages als Ärztin geben können, wird weit größer sein als das, was Sie heute tun können – und obendrein noch unter so großer Gefahr.«

Ich dankte ihm, fragte aber: »Spielt es wirklich eine Rolle, wie wichtig eine Arbeit ist? Kommt es nicht im Grunde nur auf die Bemühung an?«

»Der Chef will Sie sprechen«, sagte bei meinem nächsten Besuch in Fuhlsbüttel der Wachtmeister am Tor.

Zum erstenmal hatte ich Vitamintabletten in meiner Handtasche.

»Sie sind angezeigt worden«, erklärte der Chef mit zusammengekniffenen Lippen und eisigem Blick. »Haben Sie zugelassen, daß der Pfarrer aus der Bibel vorlas?«

Es lief mir kalt über den Rücken, und ich dachte fieberhaft nach. Ich wußte sofort, wer mich angezeigt hatte: der Wachtmeister draußen im Torfmoor. Selbst aus der Entfernung mußte er gesehen haben, was vor sich ging. Ich hatte einen Fehler gemacht.

»Habe ich Ihnen nicht gesagt, was mit denen geschieht, die Feindbegünstigung treiben?«

Ich preßte meine Handtasche noch fester an mich. Äußerlich blieb ich völlig gelassen, entschlossen, das Spiel von jetzt an nach ihren Regeln zu spielen. Jahrelang hatte ich zugesehen und beobachtet; die Zeit war gekommen, das, was ich gelernt hatte, anzuwenden.

137

Einer Drohung hatte man mit einer Gegendrohung zu begegnen, Einschüchterung mit Einschüchterung.

Ich würde mich ihrer Methoden bedienen, vielleicht dabei verlieren oder zum Schluß mich selbst verachten; doch wie es auch immer ausging – mir blieb keine Wahl.

»Feindbegünstigung?« wiederholte ich kalt. »Sie täten gut daran, Ihre Worte vorsichtiger zu wählen. Was glauben Sie eigentlich, wen Sie vor sich haben?«

Der Chef schien verdutzt. Ich merkte, wie es in ihm arbeitete.

Er wußte, daß ich für die Justizbehörde arbeitete. Arbeitete ich vielleicht auch für die Gestapo?

Ich wagte mich noch einen Schritt weiter, obgleich das, was ich sagte, jeder Grundlage entbehrte und nur ein Versuch war, ihn endgültig mundtot zu machen. »Und wenn wir schon beim Anzeigen sind«, fügte ich mit unbeweglicher Miene hinzu, »darf ich Sie vielleicht darauf aufmerksam machen, daß auch ich vorhabe, eine Anzeige zu erstatten. Über Ihr Lager. Etwas ist mir da aufgefallen . . .«

Kaum glaubte ich, meine eigene Stimme zu erkennen; es war, als spräche jemand anderes aus mir.

Der Chef ließ mich nicht ausreden. »Aber ich bitte Sie!« rief er und sprang wie von der Tarantel gestochen von Stuhl auf. »So war es doch gar nicht gemeint! Vergessen wir das Ganze! Wenn Sie nur in Zukunft beachten wollen; hier hat nicht Gott das Sagen, sondern der Führer.«

War das wirklich so?

Im Laufe des Sommers 1943 gelangten Tausende

von Vitamintabletten ins Zuchthaus; meine Handtasche war immer zum Bersten voll.

Regelmäßig ging ich zu Herrn Jensen, um die »Lieferungen« abzuholen. Wenn ich die Pakete nach Hause trug, wunderte ich mich oft, wer wohl in Schweden so großzügig spendete, ohne zu wissen, an wen die Hilfe ging. Nicht einmal Herr Jensen wußte es – zumindest nahm ich das an.

Eines Tages machte ich den Versuch, über meine skandinavischen Gefangenen zu sprechen, doch er schnitt mir fast barsch das Wort ab und trat zum Fenster. Lange sah er auf Hafen und Schiffe, als ginge er mit sich zu Rat. Schließlich wandte er sich wieder mir zu. Mit einem freundlichen Lächeln schob er seinen Hut aus der Stirn und fragte: »Hat Ihr Vater Ihnen nicht beigebracht, daß die rechte Hand niemals wissen darf, was die linke tut?«

21

1943 hatten wir einen trockenen Sommer. Der Boden war steinhart, und die Blätter unserer Eberesche färbten sich braun. Seit dem Gewitter im Mai hatte es kaum Regen gegeben. Die Lebensmittelrationen wurden noch mehr beschnitten. Die Kartoffeln fingen an, knapp zu werden, die Rüben waren noch weit zurück, und wir machten uns Sorgen wegen der Ernte.

Nacht für Nacht hörten wir das silbrige Summen am Himmel. Die Alarme dauerten manchmal bis zum Morgen. Doch da nichts geschah, wurden die Leute wieder gleichgültig. Aber ich ging noch in den Bunker. Seit

Frau Groths Tod war ich jedesmal hingegangen: Schon beim Ton der Sirene schreckte ich zusammen.

Da ich keine Zeit zu verlieren hatte, nahm ich die Briefe der Gefangenen mit. Im kahlen, halbleeren Bunker saß ich auf einer Bank und las sie bei dem Schein einer Taschenlampe.

Tagsüber fielen mir vor Müdigkeit fast die Augen zu; oft konnte ich in den Vorlesungen nicht folgen. Ich machte mir Sorgen um mein Vorphysikum. Es sollte im Juli stattfinden, und nun war es Juli.

Nur noch vier Tage. Ich mußte mich voll und ganz auf mein Studium konzentrieren und alle anderen Arbeiten liegen lassen. Der Tag war schwül gewesen, und selbst die Dämmerung brachte keine Kühle. Ich blieb im Garten. Die Bücher auf dem kleinen Tisch vor mir aufgestapelt, murmelte ich chemische Formeln vor mich hin und betrachtete die Rosen am Zaun. Trotz der langen Dürre standen sie in voller Blüte, als käme ihnen Nahrung von einem geheimen unterirdischen Quell.

Ich schlug mein zoologisches Lehrbuch auf und versuchte, mich zu konzentrieren. Doch wie sehr ich mich auch mühte, den Sommer zu vergessen, er war da. Er war in der Luft, in den Bäumen, im Himmel – in meinem Blut.

Vom Lokal her tönte Musik herüber, Füße stampften – sie tanzten noch immer. Ich hörte das laute, unermüdliche Gezirpe der Grashüpfer.

Zuletzt ging ich in mein Zimmer hinauf, zog die Rollos herunter und ließ die Schreibtischlampe aufleuchten. Ich hatte keine Minute mehr zu verlieren. Noch am Morgen hatte mir ein älterer Student gesagt: »In der Zoologie fragt er danach, wieviel Beine die Spinne hat.

Wer es nicht wußte, fiel durch.« Ich wußte es nicht und blätterte aufgeregt im Buch. Doch je mehr ich las, desto weniger glaubte ich zu wissen. In den letzten Jahren hatte ich mich täglich nur zwei bis drei Stunden mit den Vorlesungsfächern beschäftigen können, und jetzt sprangen die Fragen wie feindliche Truppen aus den Gräben und umzingelten mich.

Ich ging auf und ab, setzte mich dann wieder, griff nach dem Physikbuch und schlug es aufs Geratewohl auf.

»Das Spektrum« lautete die Überschrift des Kapitels, und dann las ich: »Licht wird uns sichtbar, weil es aus Strahlen besteht, deren Wellenlänge für das Auge wahrnehmbar ist. Es gibt aber noch andere Strahlen – Röntgenstrahlen, ultraviolette und infrarote Strahlen. Das Auge erkennt sie nicht, und doch üben sie ihre Wirkung . . .«

Ich arbeite die ganze Nacht durch, und als die Sirene heulte, ging ich nicht in den Bunker.

Nur noch drei Tage bis zum Vorphysikum. Der Vorsatz, mich ausschließlich mit meinen Examensvorbereitungen zu beschäftigen, war bereits durchbrochen. Wir waren im Untersuchungsgefängnis, um einen Norweger zu besuchen.

Im Untersuchungsgefängnis saßen Gefangene, die ihr Verfahren noch vor sich hatten. Politische Häftlinge wurden manchmal jahrelang festgehalten und warteten vergeblich auf ein Verfahren. Oder sie wurden schon nach wenigen Tagen ohne Gerichtsverfahren in ein KZ gebracht. Im Untersuchungsgefängnis war Ungewißheit die einzige Gewißheit. Ein Urteil war noch nicht gesprochen, und doch war man verurteilt – ein Sinnbild des Dritten Reiches.

Draußen gehörte Mut dazu, sich dem Nazi-System zu widersetzen. Drinnen war es ausschließlich eine Frage der Standhaftigkeit. Das Warten auf die Aufnahme des Verfahrens wirkte ebenso zermürbend wie ein stundenlanges Kreuzverhör.

Der norwegische Häftling, den wir besuchten, saß schon fast zwei Jahre in Untersuchungshaft. Er war Anwalt. Wir hatten ihn seit einigen Monaten nicht gesehen, und in seinen abgezehrten Zügen las ich, daß es mit ihm bergab ging. Zwar hatte er seinen Fall bereits einmal dargelegt, aber er tat es jetzt wieder, so eindringlich, als hinge der Ausgang des Verfahrens von uns ab. Wir hörten ihm schweigend zu.

Als der Pfarrer zum Schluß die Bibel hervorzog, hob er abwehrend die Hände.

»Nein, nein!«, rief er, »das nicht! Als ich noch draußen war, habe ich nicht auf Gottes Wort gehört. Müßte ich mich nicht schämen, wenn ich jetzt, da es mir schlechtgeht und ich nicht weiß, was aus mir wird, Gottes Hilfe erbitten wollte?«

Seine Stimme klang stolz, doch sein unsteter Blick verriet Zweifel; er ließ mich nicht los auf dem Heimweg. Zweifel befielen mich. Was würde ich tun, wenn ich eines Tages abgeholt würde? Würde ich die Kraft haben, durchzuhalten? Wie war es mit meinem Glauben an Gott bestellt?

Ich entsann mich des Besuches bei einem anderen Gefangenen, Frederik Ramm, der für mich gebetet hatte. Der eine hatte Gottes Wort ebenso entschieden abgelehnt, wie sich der andere dazu bekannte. Zu beidem gehörte Mut, wenn man Gefangener des Dritten Reiches war!

Ich hatte mich mit einer Kommilitonin zu letzten Examensvorbereitungen verabredet, ging aber trotzdem nicht sofort nach Hause. Ich wanderte an der Elbe entlang, den gleichen Weg, den ich so oft mit meinem Vater gegangen war.

Damals hatte er mir eingeprägt: »Irgendwann wirst du auf eigenen Füßen stehen müssen, wo du auch bist.« Ich hatte mich auf gefährliche Dinge eingelassen, und ich war allein.

Meine Freundin wartete schon auf mich, als ich nach Hause kam. »Was hast du so lange gemacht?« fragte sie verärgert.

»Etwas, das mir wichtig war.«

»Was könnte wichtiger sein als das Vorphysikum?«

Wir arbeiteten bis in den Morgen. Ohne recht bei der Sache zu sein, murmelte ich Formeln und Lehrsätze vor mich hin, von denen ich wußte, daß ich sie genauso schnell wieder vergessen würde, wie ich sie mir eingeprägt hatte. Aber da draußen, jenseits meiner Bücher, gab es eine Wirklichkeit, die ich nicht vergessen konnte; und als nachts wieder die Sirene ging, war ihr Klang wie der Aufschrei eines Menschen, der seine Verzweiflung in die Dunkelheit schrie.

Ich schlief spät ein; als ich erwachte, war mein Zimmer voller Sommer und Licht. Meine Bücher lagen überall verstreut auf Schreibtisch und Fußboden, manche noch aufgeschlagen, so wie ich sie vorm Einschlafen zurückgelassen hatte. Mißmutig hob ich das nächstliegende auf und fing wieder an zu lernen, sprach Zeile auf

Zeile vor mich hin und dachte bei mir: »Nur noch zwei Tage!«

Am Nachmittag kam ein Anruf vom Zuchthaus Fuhlsbüttel.

»Wir brauchen Sie sofort«, hieß es.

»Ausgeschlossen.«

»Sie müssen! Sonderaufgabe . . .«

Ich ließ alles stehen und liegen und eilte ins Zuchthaus. »Ein schwedischer Kapitän ist hier und möchte einen der norwegischen Gefangenen besuchen.«

»Ist das etwa die Sonderaufgabe?« fragte ich fast ärgerlich und dachte an die viele Zeit, die mir dieses einen Besuchs wegen für meine Examensvorbereitung verlorenging.

»Ich habe Befehl, diesen Mann vorzulassen.« Die Antwort klang gereizt. »Ihnen ist wohl noch nicht klar, daß Schweden neutral ist; und wie viele Freunde haben wir denn noch?«

»Aber vergessen Sie nicht« – der Chef wies auf die Personalakte, die vor ihm auf dem Schreibtisch lag –, »dieser hier ist ein Volksfeind!« Dann las er laut aus dem Personalbogen des Gefangenen vor: »Gunnar Dal, 30 Jahre alt, Norweger, verheiratet, Schriftsteller und Journalist, zum Tode verurteilt, zu lebenslänglichem Zuchthaus begnadigt . . .«

Gunnar Dal! Ich hatte ihn noch nicht gesehen, doch als ich seinen Namen hörte, tauchte ein Brief vor mir auf, der vor Monaten durch die Zensur gelaufen war. Mit kühner, kräftiger Hand hatte er nur zwei Worte auf das Blatt gesetzt: »ICH LEBE!«

Meine Neugier war geweckt. Was mochte einen schwedischen Kapitän veranlaßt haben, gerade diesen

Mann besuchen zu wollen? Mir ging plötzlich auf, daß dieser Kapitän eine Seltenheit war – für mich jedenfalls. Er kam aus Schweden, und wie lange war es her, daß ich einen Bürger eines freien Landes gesehen hatte? Dennoch, frei oder nicht, für mich war er ein Fremder, und ich durfte ihm nicht trauen. Ich beschloß daher, diesmal meine Handtasche nicht zu öffnen und keine Vitamintabletten auszugeben.

Er war ein vierschrötiger Mann mit rundem Gesicht und Augen, so blau wie das Meer. Beim Anblick seiner Uniform stand der Wachtmeister stramm und grüßte ihn militärisch, während der Gefangene mit einem lauten Fluch ins Besuchszimmer gestoßen wurde.

Als die Tür sich hinter dem Wachtmeister geschlossen hatte, herrschte für einen Augenblick Schweigen. Der Gefangene stand vor mir, ein hochgewachsener Mann, kaum älter als ich, mit strahlend lebensvollen Augen, die in seltsamem Kontrast zu seinen ausgemergelten Zügen standen. Aus dem vorsichtigen Seitenblick auf den Kapitän erriet ich, daß er ihn nicht kannte.

Ich trat vor. »Bitte, nehmen Sie Platz, Gunnar Dal«, sagte ich und wies mit einer Handbewegung auf die hölzerne Bank.

»Nach Ihnen«, erwiderte er und verbeugte sich leicht. »Sie sind der Gast. Ich bin hier zu Hause.«

Wir lachten; das Eis war gebrochen – und mir ging plötzlich auf, daß ich zum erstenmal einen Gefangenen hatte lachen hören.

»Ich glaube, ich bin Ihnen eine Erklärung schuldig«, sagte der Schwede zu mir. »Ich kenne Gunnar Dal nicht persönlich; jemand in Schweden hat mich hergeschickt.«

145

Ich verstand nicht, was er meinte, doch was mich sonst verwundert hätte, war jetzt ohne Bedeutung. Was immer der Anlaß seines Besuches sein mochte, ja, sogar seine eigene Gegenwart war mir sonderbar gleichgültig.

»Wie ich mich freue, Sie endlich kennenzulernen«, wandte sich Gunnar an mich. »Ich habe von meinen Freunden hier schon viel von Ihnen gehört.« Und leise fügte er noch hinzu: »Mir kommt es vor, als kenne ich Sie schon sehr lange.«

»Ich erinnere mich an einen Brief«, entgegnete ich, »der nur eine Zeile enthielt. Warum haben Sie ihn so geschrieben?«

»Ich habe nie intensiver gelebt als an dem Tag, an dem ich zum Tode verurteilt wurde«, sagte er mit einem ernsten Lächeln. »Als mir nichts weiter blieb als die Gegenwart, ging mir endlich auf, wie kostbar jeder Augenblick ist.«

Seine Worte trafen mich tief. Dachte ich nicht ständig an gestern oder morgen, statt im Heute zu leben?

»Glauben Sie nicht, daß ich frei von Furcht wäre«, fuhr Gunnar fort, als könnte er meine Gedanken lesen. »Ich warte ebenso ungeduldig auf die Befreiung wie Sie. Oft bin ich verzweifelt, daß mir nichts von dem, was mir einst etwas bedeutete, geblieben ist. Ich denke an die Musik, die ich nicht mehr höre, und an Bücher, die ich einmal las und nun vergessen habe. Aber ist nicht auch außerhalb der Mauern nur das wirklich, was in uns selbst weiterlebt? Musik, das geschriebene Wort, ja, der Gedanke lebt nur, solange er in uns lebt.«

Die Zeit stand still; ich vergaß mich selbst, und erst als der Kapitän zum Aufbruch mahnte, fiel mir seine Gegenwart wieder ein.

»Wann gehen Sie zurück nach Schweden?«

»Mein Schiff läuft heute abend aus.«

Gunnar sah zu mir herüber. Unsere Augen trafen sich, und wir blickten uns lange an.

Wir gingen zusammen zum Bahnhof. Der Kapitän sprach auf mich ein, aber ich gab kaum Antwort. Am Bahnhof angekommen, machte er plötzlich halt, sah sich rechts und links um, als wolle er sich vergewissern, daß niemand uns beobachtete oder hörte.

Dann fragte er mich: »Haben Sie sich nicht gewundert, warum ich überhaupt gekommen bin?« Er zog einen Ausweis aus der Tasche und hielt ihn mir entgegen.

Überrascht starrte ich auf die Karte. »Schwedisches Rotes Kreuz«, las ich.

Ich fühlte nach meiner Handtasche, vollgestopft mit Vitamintabletten. »Aber warum haben Sie das denn nicht gleich gesagt?« schrie ich ihn fast an. »Zumindest hätten Sie es Gunnar Dal sagen können.«

»Der eigentliche Anlaß meines Besuches waren Sie! Wir mußten herausfinden, wer Sie sind.«

»Und wie lautet das Urteil?« fragte ich nicht ohne Sarkasmus.

»Daß wir Ihnen vertrauen.«

Mir schwamm der Kopf. Die Sendungen aus Schweden, die Vitamine – plötzlich schien sich alles zu klären. Und trotzdem – woher wußte das Schwedische Rote Kreuz, daß ich Gefangene mit Vitaminen versorgte? Bei Herrn Jensen hatte ich meine Arbeit im Zuchthaus nie erwähnt.

Doch wozu Fragen stellen, wenn eine Hand sich mir

im Dunkel entgegenstreckte? Es brannte in meinen Augen, und ich flüsterte: »Ich danke Ihnen für alles, was Sie getan haben.«

»Lassen Sie uns wissen, was Sie sonst noch an Medikamenten brauchen. Wir bleiben über Ihren Verbindungsmann mit Ihnen in Kontakt.«

Dann war er fort, untergetaucht in der Menge, und plötzlich ging mir auf, daß ich noch nicht einmal seinen Namen wußte. Aber ich war nicht mehr allein.

Ich ging wie beschwingt nach Hause. Es war später Nachmittag, doch die Sonne stand noch hoch am Himmel und breitete ihr goldenes Licht über die Erde. In meinen Augen waren die Blätter an den Bäumen nicht mehr ganz so welk, und das Gras schien mir grüner denn je.

Ich kam an Herrn Brauns Garten vorüber. Die Äpfel röteten sich. Einer hing unmittelbar über mir, fast hätte ich nach ihm gegriffen; doch von einem Schatten auf dem Bürgersteig und einer Bewegung hinter dem Zaun gewarnt, hielt ich an mich und ging rasch weiter.

22

Es war Samstag abend; ich verbrachte ihn am Schreibtisch – ein letzter Versuch, mich auf mein Examen vorzubereiten. Vor mir lag das Physikbuch. Die Dämmerung war hereingebrochen, und vor meinen Augen verschwammen die Zeilen. Die Scheinwerfer fingen an, den Himmel abzusuchen. Ich dachte an den Mann im Zuchthaus, der heute in mein Leben getreten war.

Dann ging die Sirene; ihr heulender Ton durchschnitt die Nacht wie ein Messer. Ich zuckte zusammen. Wir gingen zum Bunker, und ich nahm einen Stoß Gefangenenpost mit. Herr Braun stand an der Tür, den Helm unter dem Arm, und zählte die wenigen, die kamen.

»Was bilden die sich ein, daß sie nicht mehr kommen?« sagte er verärgert zu meiner Mutter. Sein Gesicht lief rot an, und er lockerte seine Krawatte.

Ich hatte eine ganze Bank für mich und machte mich an die Arbeit. Einige Schritte von mir entfernt saß die junge Frau an der Wand. Mit dem Fuß stieß sie sacht gegen den Wagen und wiegte ihr Kind in den Schlaf.

»Wirst du es nicht manchmal leid, immer Briefe zu lesen?« fragte meine Mutter.

Ich sah auf. Auf dem obersten Brief war die Tinte ausgelaufen, und im Schein der Taschenlampe erkannte ich Björns ungelenke Handschrift: »Mutter, mach Dir um mich keine Sorgen . . .«

Dann ein plötzliches Aufzucken der Lampen, ein Rauschen, eine Detonation. War es drinnen oder draußen? Das Licht ging aus. Meine Taschenlampe fiel zu Boden. Der Kinderwagen, durch das Schüttern des Bunkers in Bewegung gesetzt, kam ins Rollen. Ich sprang auf. Ein paarmal flackerte das Licht – dann noch eine Detonation –, und alles war dunkel. Ich fiel auf die Knie, den Kopf zwischen den Händen.

Der Bunker schwankte. Der Deckel vom Luftschacht sprang auf, die eisernen Türen ächzten unter dem Luftdruck. Ich war wie gelähmt vor Schreck.

Das Getöse draußen ging weiter. Von irgendwoher in der Dunkelheit hörte ich das Baby, doch das Donnern über uns schien sein Geschrei zu ersticken. Eine Detonation folgte der anderen. Plötzlich von draußen ein verzweifeltes Hämmern an der Bunkertür – wilde Schreie zerrissen die Nacht.

Jemand öffnete die Tür, und wie die Besessenen stürzte sich die Menge herein; sie schrien durcheinander und rangen nach Atem, und die Betonwände hallten wider vom Heulen der Kinder und vom Jammern der Frauen. Über allem dröhnte die Stimme von Herrn Braun: »Immer mit der Ruhe! Wir haben Platz für alle.«

Die Detonationen nahmen kein Ende. Ich dachte an nichts mehr; ich betete nicht – ich war wie betäubt und wußte nicht mehr, wie lange ich auf dem Boden hockte. Waren es Stunden, Minuten oder nur Sekunden? Zusammengepfercht im Dunkeln wurden wir zu einer einzigen Masse von Körpern, und bei jeder Detonation schwankten wir mit dem schütternden Bunker.

Mutter und ich hielten uns fest umklammert. Ich hatte die Augen geschlossen, um nichts zu sehen, aber meine Ohren rauschten von den berstenden Bomben. Wir warteten – warteten auf das Ende.

Dann war es vorüber – Stille. Grabesstille. Kein Pfeifen der niedersausenden Bomben, keine Detonationen. Nur tiefes Schweigen; eine Taschenlampe blinkte auf. Im Bruchteil einer Sekunde nahm ich die junge Mutter wahr, wie sie die auf dem Schoß sitzenden Kinder an sich preßte; und erst jetzt bemerkte ich, daß ich noch den Brief in meiner Hand hielt mit den kindlich klingenden Worten: »Mutter, mach Dir um mich keine Sorgen . . .«

Herr Braun tauchte auf, den Helm tief in die Stirn gezogen. Er hatte eine Karbidlampe angezündet, und in ihrem fahlen Schein sahen alle aus wie Wachsfiguren.

150

»Also seid ihr doch noch gekommen«, wandte er sich an die reglose Menge. »Endlich habt ihr eingesehen, daß ihr uns braucht.« Seine Stimme zitterte vor Triumph, und seine Hand strich über den Beton. »Diese Mauern sind stark«, sagte er. »Genauso stark wie der Führer.«

Mit leeren Gesichtern, widerspruchslos, hörten sie ihn an. Ich sprang auf und öffnete die schwere eiserne Tür. Herr Braun ließ mich gehen, aber wie geblendet fuhr ich zurück. Der Himmel war eine einzige Lohe. Auch in den Fenstern der gegenüberliegenden Häuser flackerte es – nein, es war nur der Widerschein des Flammenmeers am Himmel.

»Die Bomben müssen weiter zur Innenstadt heruntergegangen sein«, sagte ich zu einem Mann, der an der Wand des Bunkers lehnte. Keuchend rang er nach Luft, und die Schatten unter seinen Augen wirkten im roten Licht wie schwarze Ringe.

»Bomben? Das waren keine Bomben.« Er hustete wieder. »Da hat es Feuer vom Himmel geregnet.«

Die Erde unter uns bebte. Dann eine ohrenbetäubende Detonation. Wir warfen uns zu Boden und krochen zur Bunkermauer. Es brach nicht ab. Aus dem Flammenmeer tönte das Knacken und Krachen des zusammenstürzenden Gebälks. Der kurze Weg nach Hause wurde lang. Doch unser Haus war heil; nicht eine einzige Scheibe war zersprungen, denn die Fenster waren offen gewesen.

Ich rannte ins Wohnzimmer, zog die Vorhänge vor und stellte das Radio an. Aber es blieb stumm; der Strom war ausgefallen. In der Dunkelheit des Zimmers stieß ich gegen das Klavier und stützte mich auf die Tasten – ein schriller Mißton. Von der Straße kam das Trappeln von Füßen und Stimmengewirr. Die Prozession hatte begonnen. Stunde um Stunde zogen sie vorbei. Im Nachthemd, im Pyjama, im lose überworfenen Mantel. Sie zogen stadtwärts, begierig, das gewaltige Schauspiel zwischen Himmel und Erde zu sehen. Drückend heiß war die Nacht. In der Ferne ein dumpfes Rollen. Kein Klingeln der Feuerwehr mehr. Nur das Knistern und Krachen der zusammenstürzenden Häuser einer brennenden Stadt.

Die Luft erhitzte sich immer mehr. Ich rang nach Atem. Die ersten Qualmschwaden wälzten sich herüber, machten es im Haus unerträglich. Wir gingen in den Garten. Unter meinem Fenster stolperte ich über etwas Weißes; die Seiten flatterten im Winde – mein Physikbuch! In der vom Feuer erhellten Nacht konnte ich die Überschrift eines Kapitels lesen: »Sichtbare und unsichtbare Strahlen . . .«

Der Wind nahm an Stärke zu, fuhr durch die Blätter des Buches und schüttelte Bäume und Sträucher. Innerhalb weniger Minuten wurde der Wind zum Sturm, und ehe wir uns versahen, war er zum Orkan angeschwollen. Er peitschte die Flammen auf, die wütend in die Höhe schnellten, als wollten sie den rauchgeschwärzten Himmel verschlingen. Er pfiff und heulte; die Eberesche in unserem Garten bebte und beugte sich unter seiner Gewalt. Ihre Blätter wurden von der heißen Luft davongetragen, und die Blütenblätter der Rosen wirbelten zu Boden.

Das Trappeln der Füße ging unter im Sturm, in dumpfen Detonationen, im Knistern des krachenden Gebälks. Ich war wie ausgebrannt, verwirrt und apathisch zugleich. Erst als der Morgen graute, fiel ich in einen kurzen, unruhigen Schlaf.

Als ich erwachte, war mein Zimmer in ein graugelbes, schwefelartiges Licht getaucht. War es Tag oder Nacht? Aus dem tiefblauen Sommerhimmel war ein düsteres Grauschwarz geworden. Die Sonne, die sonst des Morgens einen hellen Streifen über mein Bett legte, stand wie ein schmutziggelber Fleck am rauchverhangenen Himmel.

Das Erlebnis der Nacht brach in den grauen Morgen hinein. Ich war in Schweiß gebadet. Das Zimmer war erfüllt von üblem Geruch, es stank nach verbranntem Fleisch – Menschen, die in Hamburgs brennenden Ruinen verkohlten.

Ich preßte den Kopf ins Kissen. Nichts mehr sehen von der Schwärze des Himmels. Nichts mehr hören von der schaulustigen Menge. Und dennoch lauschte ich mit angehaltenem Atem – irgend etwas war heute anders.

Die Füße tappten noch immer – aber wie es schien, nicht mehr so hastig. Sie schleppten sich über das Pflaster. Keine Stimmen drangen herüber. Ich sprang aus dem Bett und rannte zum Fenster. Ich schreckte zurück. Über Nacht hatte sich die Richtung des Stroms gewendet. Sie wanderten aus der Stadt hinaus. Mit rauchgeschwärzten Gesichtern, gezeichnet vom Entsetzen einer einzigen Nacht. Frauen, die sich mit Wintersachen schleppten, die den Pelzmantel noch übergeworfen hatten. Sie keuchten vor Hitze. Frauen in dünnen Sommerfähnchen mit Strümpfen verschiedener Farbe. Die Bombe hatte sie aus dem Schlaf gerissen. In wahnwitziger Hast hatten sie angezogen, was sie fanden, und waren aus dem brennenden Haus gestürzt.

An der Hand zerrten sie die Kinder mit sich; die klei-

153

nen Füße hielten mit den großen nicht Schritt. Die Männer trugen Koffer und mit Papierbinden verschnürte Kartons. Sie ließen sich am Kantstein nieder. Sie zogen die Schuhe aus. Oder sie legten sich auf das steinige Pflaster und starrten in den verfinsterten Himmel. Kaum daß jemand klagte oder weinte. In den Gesichtern war das Leben erloschen.

Sie strömten weiter – weiter, hinaus aus der Stadt. Die Füße schlurften über das Pflaster. Die Hände schleppten – schleppten die letzte Habe, bis sie erlahmten und zurückließen, was sie nicht länger tragen konnten. Sie eilten weiter, hinaus aus der Stadt, den Tod auf den Fersen.

Dann kam die Nacht – abermals eine Nacht der Bomben und Detonationen, voll sengender Hitze und Sturmwind. Wir machten kein Auge zu, doch im ersten Morgengrauen fiel mir ein: mein Vorphysikum. Es war Montag, der Tag, an dem mein Examen stattfinden sollte. Der Gedanke war fast absurd. Aber Wochen und Monate hatte ich mich auf das Examen vorbereitet, und nun würde es vielleicht nicht einmal stattfinden. Ich wollte nicht aufgeben; vielleicht war der Stadtteil, in dem die Universität stand, noch unversehrt? So unmöglich es auch schien, dorthin zu gelangen, ich war entschlossen, es zu versuchen.

Der gesamte Verkehr war lahmgelegt. Die Schienen der Elektrischen waren von der Glut verkrümmt oder von Bomben zerrissen. Es war frühmorgens, als ich mich zu Fuß in die Stadt aufmachte. Wir waren nur wenige, die in die Innenstadt gingen, immer wieder zur Seite gedrängt von der uns entgegenströmenden Menge.

Die ersten paar hundert Meter waren noch frei von

Trümmern, doch der Rauch biß mir in die Augen und nahm mir die Sicht. Dann kamen die ersten Ruinen, und es ging nur langsam voran. Trümmer blockierten die Straße, doch wir gingen weiter; wir stiegen über zerstörtes Mauerwerk und rußschwarzes Holz hinweg, einer nach dem anderen, wie ein Zug von Ameisen. Wir griffen nach Händen, die sich uns entgegenstreckten. Dann blieben wir stehen und reichten dem nächsten die Hand.

Einige Schritte vor mir stürzte eine Hauswand grollend in sich zusammen. Hinter mir plötzlich eine Explosion – ein Zeitzünder.

»Achtung!« schrie eine Stimme jenseits des Trümmerberges.

»Hier liegen überall Blindgänger!«

Doch in stumpfer Gleichgültigkeit schleppte sich die Menge weiter. Was nützte es, abzusperren? Überall lagen Blindgänger. Jeder Schritt nach vorn konnte ebenso unheilvoll werden wie ein Schritt zurück.

Am Wege stapelten sich die aus brennenden Häusern geborgenen Möbel. Polster und Matratzen waren versengt, Mahagoni verkratzt und verkohlt. Die Besitzer saßen daneben, als warteten sie auf den Möbelwagen. Aber kein Fahrzeug hätte in den aufgerissenen Straßen vorankommen können; und wo die Straßen noch frei waren, jagten Autos und Lastwagen mit höchster Geschwindigkeit hindurch. Denn bei jeder Erschütterung ging ein Zittern durch die brüchig gewordenen Mauern; Fassaden stürzten zusammen und blockierten eine Straße nach der anderen.

Die Telefonleitungen waren zerstört. Die Stromversorgung versagte, die Wasserleitungen waren leer.

Letzte Rinnsale dienten zum Löschen der immer wieder aufflackernden Brände.

Ich sah eine Frau im Schutt wühlen. Sie zerrte an einem Stuhlbein. Die abgebrochene Kante eines Tisches lag neben ihr; aus einem Haufen von Mauertrümmern ragte eine Schranktür. Sie stampfte mit dem Fuß und schrie mit verzerrtem Gesicht: »Verflucht! Verflucht!« Auf den Treppenstufen saß ein älterer Mann. Sie drehte sich zu ihm um und schrie mit geballten Fäusten: »Du dummer Kerl! Warum mußtest du die Möbel auch aus dem Fenster werfen, statt sie die Treppe hinunterzutragen?«

Ich eilte weiter. Auf den Schuhen lag dicker, rotbrauner Staub. Meine Kehle war rauh, das Schlucken fiel schwer. Der Rauch wurde immer dichter, und mir tränten die Augen. Ich versuchte, durch eine Seitenstraße schneller vorwärts zu kommen, da schrie es: »Die Straße brennt!«

Rasch sprang ich in einen Torweg. Einige Meter vor mir hüpften kleine bläuliche Flämmchen über das Pflaster. Sie krochen rasch weiter und zuckten auf. Phosphor!

Eine Frau stürzte sich in die Menge. »Meine Schuhe! Meine Schuhe brennen!« Um ihre Schuhe leckten kleine Flammen. Sie tauchte in der vorwärtsdrängenden Menge unter.

Dann trat ich plötzlich auf etwas Steifes, Glattes. Neugierig geworden, stieß ich Schutt und Mörtel beiseite. Das Bild eines Engels kam zum Vorschein; er hielt den Palmzweig in der Hand und neigte sich über einen Soldaten. Die eine Ecke des Bildes war abgerissen; der rechte Flügel des Engels fehlte, und der Riß ging ihm mitten durchs Gesicht. Darunter stand in dicken schwarzen Lettern: »Niemand kann größeres tun als sterben für sein Vaterland.« – In kleiner, verschnörkelter Handschrift folgte der Name des Gefallenen, eine Stadt und ein Datum. Sand haftete darauf; ich scharrte ihn beiseite und entzifferte: »Gefallen vor Verdun, 1. August 1916.«

Das Papier war vergilbt. Über zwei Jahrzehnte mußte es an einem Ehrenplatz gehangen haben – über dem Sofa in der guten Stube.

Ich ließ den Engel in den Schutt zurückgleiten und ging weiter.

Doch noch einmal stockte mein Schritt. Auf den Stufen einer halb abgebröckelten Treppe saß ein Junge. Er konnte nicht älter sein als vier Jahre. Die Hände waren wie im Gebet gefaltet. Seine Augen standen unwahrscheinlich groß in dem blassen Gesicht. Sie hingen an den hüpfenden blauen Flämmchen; dann starrte er auf die Trümmer und in die leeren, ausgebrannten Fenster, aus denen zerfetzte Gardinen wie verkohlte Strünke baumelten. Die schmächtige, kleine Gestalt war die eines Kindes, doch die stummen, hilflos verwunderten Augen glichen denen eines Greises.

Weiter, weiter! Schon über eine Stunde dauerte der Trümmermarsch. Die mir vertrauten Wahrzeichen waren verschwunden; Straßenschilder fehlten – ich wußte kaum noch, wo ich mich befand.

Doch dann kam die »Grenze«. Schlagartig änderte sich das Bild. Keine Trümmer mehr, keine ausgebrannten Fassaden; nur noch zersprungene Fenster und gelegentlich ein abgedecktes Dach.

Das Physikalische Institut der Universität lag jenseits

der »Grenze«, neben dem Untersuchungsgefängnis. Die große Wanduhr war unbeschädigt, nur ihre Zeiger waren stehengeblieben. Vor dem Eingang stand der Professor und sah sich suchend um. Wir sollten in einer Gruppe zu vieren geprüft werden; doch eine Studentin fehlte – die Kommilitonin, mit der ich zusammengearbeitet hatte. Sie wohnte in dem Stadtteil, der in der vergangenen Nacht mit Phosphor angegriffen worden war.

Der Professor ging die steile Treppe voraus bis in den dritten Stock. »Wir gehen in mein Arbeitszimmer«, sagte er.

Unter unseren Füßen knirschten Scherben. Türen waren aus den Angeln gerissen; überall lagen Apparate und Einrichtungsgegenstände verstreut.

»Der Luftdruck war zu groß«, sagte der Professor und wies auf das Durcheinander. »Alles ist zerstört.« Er war verwirrt und erschüttert.

Wir saßen ihm gegenüber. Mit müder Stimme begann er das mündliche Examen: »Wie lautet die Definition der Wärme?«

Während die beiden anderen gefragt wurden, sah ich mich im Raum um.

Auch dieses Zimmer war nicht verschont geblieben. Pendel waren verbogen, große Mauerstücke waren aus der Wand gebrochen, Bilder von den Wänden gefallen.

Ich erkannte das Porträt des Mannes im braunen Mantel, mit Schnurrbart und fanatischen Knopfaugen. Der Führer lag am Boden.

Der Raum schien plötzlich heller. Doch dann sah ich aus dem Fenster – im Hintergrund das Trümmermeer und davor ein massiver, roter Bau, das Untersuchungsgefängnis. Die Mauern standen unversehrt. Niemand hätte während des Angriffs entfliehen können. In diesem Augenblick, als ich zum Gefängnistor hinüberblickte, wurde ein Lastwagen mit Häftlingen eingeliefert.

Ich fühlte mich ausgebrannt, alle Hoffnung wich von mir, und plötzlich klangen mir wieder die Worte im Ohr: »Nicht Gott – der Führer hat das Sagen.«

Beim Klang der Stimme des Professors schrak ich zusammen. Er hatte eine Frage an mich gerichtet. In seinen Augen lag Wohlwollen. »Auch ausgebombt?« fragte er. Sein Blick glitt über das Gefängnis hinweg zu den rauchenden Trümmern. Ich war an der Reihe, geprüft zu werden. Der Professor sagte: »Sprechen Sie über sichtbare und unsichtbare Strahlen.«

Und während ich antwortete, ging in mir eine Wandlung vor. War es bloßer Zufall, daß ich diese Frage gestellt bekam?

Ich hörte mich selbst mit ruhiger, fester Stimme antworten: »Nur Strahlen, deren Wellenlänge das Auge wahrnimmt, sind sichtbar . . .«

Alle Zweifel waren verflogen. Waren die Ruinen nicht nur sichtbarer Ausdruck der Furcht, des Hasses und des Zweifels, das äußere Anzeichen einer Verwirrung menschlichen Geistes?

Ich sah über den Professor und die Studenten hinweg, über hohe Mauern, über den steinigen Hof zu den vergitterten Gefängnisfenstern. Nichts rührte sich dahinter, aber dort, hinter den Gittern, lag meine Aufgabe, meine Gegenwart.

Kurz nach zehn hörten wir über den Wolken ein fernes Surren; es kam näher, wurde zum Rauschen. Die Sirenen versagten, aber das unheilverkündende Dröhnen am Himmel war Warnung genug.

Wir drängten uns in den Keller des Instituts, Professoren, Studenten, Frauen und Kinder, Männer in blauen Arbeitsanzügen, staubbedeckt von den Aufräumungsarbeiten im Schutt. Der Raum war ohne Fenster. Der Strom war ausgefallen. Wir standen eng aneinandergepreßt im Dunkel und lauschten auf das Getöse von draußen. Es hörte sich an, als lagen die Einschläge in der Hafengegend. Dann krachte es in unserer Nähe. Zusammengepfercht verharrten wir in atemlosem Schweigen. Sogar die Kinder verstummten.

Endlich wurde es draußen ruhiger. Nur noch weit in der Ferne donnerte es. Da sagte jemand neben mir: »Habt ihr schon gehört? – Seit neunzehn Stunden wird London bombardiert.«

»Woher wissen Sie das?«

»Von Lautsprecherwagen, die durch die Straßen gefahren sind.«

»Ja – die Vergeltung!« rief eine begeisterte Stimme. Aber niemand antwortete; alles schwieg.

»Churchill hat Hitler ein Ultimatum gestellt«, meinte jemand. »Hamburg wird so lange gebombt, bis er kapituliert.« Beredtes Schweigen. Das Krachen draußen kam wieder näher, und in der Dunkelheit flüsterte jemand: »Der kapituliert nie – und wenn wir alle draufgehen!«

»Wer hat das gesagt?« Eine Taschenlampe blitzte auf.

Da flog die Tür auf, und ein Mann in grüner Uniform rief herein: »Er hat abgedankt!«

Wie plötzliche Hoffnung ging es durch das Dunkel: »Wer?«

»Mussolini.«

Die Tür schlug wieder zu, und wir drängten uns in der Finsternis schweigend nebeneinander. Das Dröhnen am Himmel hatte sich gelegt; auf der Straße wurde es wieder lebhaft. Wir gingen zum nächsten Examen ins Botanische Institut.

Es war totenstill im Gebäude. Wir wateten in Scherben. Schließlich hörten wir die Schritte auf der Kellertreppe und riefen hinunter: »Ist da jemand?« Keine Antwort. Nur eine Tür fiel ins Schloß. Abermals riefen wir.

Schlurfenden Schrittes kam endlich ein alter Laborgehilfe im weißen Kittel herauf. »Prüfung?« Er starrte uns an. »Sie denken noch an Prüfung? Sehen Sie doch, diese Scherben!«

Ich stieß sie mit dem Fuß beiseite. »Es ist doch nur Glas. Das Gebäude steht . . .«

Da begann der Alte zu lachen. Er schüttelte sich, bis ihm die Tränen übers Gesicht rannen. »Nur Glas?« keuchte er. »Sehen Sie doch nur hin! Es ist Glas – ja! Aber kein gewöhnliches. Es sind Präparate – die Arbeit von dreißig Jahren; die Arbeit eines ganzen Lebens!«

Wir hörten noch jemand aus dem Keller kommen. Es war unser Professor. Er ging so behutsam über die Scherben, als wären sie noch heil. Benommen schaute er uns an.

Wir wurden geprüft und taten es ab wie etwas Selbstverständliches. Frage und Antwort kamen wie automatisch, und wir alle dachten das gleiche: »Morgen – vielleicht ist morgen schon alles vorbei.«

Die Turmuhren der Stadt waren stehengeblieben. Auf meiner Armbanduhr war es zwei.

Wir warteten vor dem Arbeitszimmer des Professors für Zoologie. Wir klopften an die Tür; keine Antwort.

Vorsichtig öffnete ich sie. Der Professor blickte rasch auf und rief, ganz offensichtlich verlegen: »Warten Sie bitte, bis ich Sie rufe.«

Ein Blick hatte genügt. Er stand über ein kleines, batteriebetriebenes Radio gebeugt, und bevor die Tür zuging, vernahm ich das leise Signal: Dreimal kurz – einmal lang. Der Professor hörte die BBC.

Genau fünfzehn Minuten später rief er uns herein.

Als ich am Spätnachmittag nach Hause kam, war unser Haus voll von Fremden – Menschen von der Straße, die vor Erschöpfung zusammengebrochen waren. Meine Mutter schnitt Brot. Im Garten qualmte ein Feuer auf vier übereinandergelegten Ziegelsteinen. Alte Zeitungen brannten unter einem großen Kessel mit Wasser.

Die Luft war schwer von einem Übelkeit erregenden, süßlichen Geruch. Überall stank es nach verkohlten und verwesenden Leichen. Die helle Windjacke, die ich am Morgen getragen hatte, war rauchgeschwärzt. Sie roch nach Brand und Tod.

Ich zog sie aus, doch der Geruch blieb. Ich ging hinauf in mein Zimmer, legte mich hin und versuchte zu schlafen. Aber ich konnte nicht schlafen; und während ich mich von einer Seite zur anderen warf, flossen die Stimmen von unten im Halbtraum zusammen mit meinen eigenen Gedanken.

Das graugelblich schweflige Licht meines Zimmers – so hatte es begonnen, an jenem Morgen des Jahres 1933. Der Brandgeruch – ich erinnerte mich an die Bücherverbrennungen, die Scheiterhaufen in der Stadt, auf denen alles, woran wir geglaubt hatten, in Flammen aufging und zu Asche wurde. Die schlurfenden Schritte am

Morgen, der Strom von Menschen, die ihre letzte Habe mit sich schleppten – so wurden die Juden auf ihrem Todesmarsch gen Osten getrieben. Jetzt waren ihre Henker die Getriebenen.

Meine Mutter weckte mich, als es zu dunkeln begann.

Wir mußten so früh wie möglich zum Bunker gehen, um für die Nacht noch einen Platz zu bekommen. Er war bereits voll, als wir ankamen; wir waren die letzten, die Herr Braun einließ. Dann schob er den Riegel vor.

Wir standen nahe am Eingang, einer gegen den anderen gepreßt, eine einzige Masse von Körpern; wir atmeten schwer im stinkenden Dunkel des Bunkers. Stunden vergingen; dann brach es draußen wieder los. Ein Einschlag nach dem anderen. Der Bunker schwankte, und wir schwankten mit ihm, packten einander bei den Schultern und versuchten, uns aufrechtzuhalten – wer fiel, konnte zu Tode getrampelt werden. Von draußen drangen gellende Schreie herein. Dann wurde gegen die Tür gehämmert; irgendwer schrie in einer fremden Sprache.

In der Nähe stand eine Baracke mit Fremdarbeitern, Männern, die aus den besetzten Ländern zur Zwangsarbeit verschleppt waren. Sie hatten keinen Bunker, und einer von ihnen mußte in panischer Angst herübergekommen sein. Noch einmal schrie er auf, diesmal in gebrochenem Deutsch.

»Um Gottes willen, so lassen Sie ihn doch herein«, sagte jemand aus der Dunkelheit.

Aber Herr Braun blieb ungerührt. »Ich habe meine Befehle«, sagte er. »Die Bunker sind nur für uns Deutsche da.«

Ein Krachen erschütterte den Bunker. Wir klammerten uns aneinander . . .

Die Bombe mußte unmittelbar vor dem Bunker eingeschlagen sein; doch die schweren Betonmauern hatten gehalten. Als wir herauskamen, sahen wir den Bombenkrater. Im Rinnstein lag ein Mann, dem der rechte Arm abgerissen war. Er war tot, und ich sah im Widerschein der Flammen am Himmel, daß der Asphalt um ihn herum dunkelrot war von Blut.

Sieben lange Tage war der Himmel finster. Sieben lange Nächte leuchteten die Rauchwolken in dunkelroter Glut. Hamburg lag darunter wie eine Landkarte. Methodisch, von einem Stadtteil zum anderen, verfolgten die Bomben ihr Ziel, und wo sie in der einen Nacht geendet hatte, da setzten sie ihr Werk in der folgenden fort.

Alle Verbindungen waren abgeschnitten. Kein Telefon, keine Post, keine Zeitung. Die Stromversorgung hatte aufgehört. Die elektrisch betriebenen Backöfen blieben leer, Brot wurde nicht mehr selber gebacken. In den Kühlhäusern faulte das Fleisch, bis es schließlich auf den Markt kam. Lager und Speicher wurden geöffnet. Johlende Plünderer rafften Fleisch, Butter, Eier, Schokolade und Kaffee in solchen Mengen, daß sie den Raub verloren. Gelbe Lachen von Eiern und Butter schwammen im Schmutz.

Der Strom der Ausgebombten, die aus der Stadt flüchteten, riß nicht ab. Eines Nachts hörte ich jenseits unserer Hecke das Geräusch einer marschierenden Kolonne. Die aus der Stadt flüchtende Menge drückte sich beiseite, um Marschblöcke von Männern vorbeizulassen, die Schaufeln wie Gewehre über der Schulter trugen. Im Dunkel konnte ich nicht unterscheiden, ob es Soldaten oder Gefangene waren. Die Schaufeln blinkten im Schein des Feuers, und ihre Gesichter glichen Masken. Die Totengräber marschierten. Die Schaufel war ihr Werkzeug.

Tagelang versuchten sie, sich ihren Weg durch die Trümmer zu bahnen. Immer noch hörte man schwache Rufe aus den verschütteten Kellern, doch zuletzt verstummten sie, und das einzige, was noch blieb, waren gedämpfte Klopfzeichen. Die Totengräber gesellten sich zu den Feuerwehrleuten, die längst ihre fruchtlosen Rettungsversuche eingestellt hatten und müßig am Straßenrand hockten.

Kurz darauf sah ich sie auf dem Friedhof den Boden ausheben. Sie gruben Massengräber. Ein Verwaltungsbeamter und ein Mann in blauer Uniform mit silberner Schnur schritten den Platz für die Gräber ab.

Erdhaufen türmten sich.

»Tiefer graben!« rief der Verwaltungsbeamte.

»Beeilung! Es müssen noch mehr Gruben ausgehoben werden!« schrie die Parteistimme.

Der erste Lastwagen rollte an. Soldaten machten die Heckklappe auf, und ich sah Leichen und Knochen in die schwarze Erde rutschen.

Eines Tages vernahmen wir um die Mittagszeit ein feines, silberhelles Summen in der Luft. Es klang, als hätte ein Flugzeug sich verflogen. Nur eine einzige Bombe fiel.

Sie riß das Pflaster in der Nähe von Herrn Brauns Haus auf und fällte seinen Apfelbaum. Der dicke Stamm spaltete sich und versperrte die Straße; die zerquetschten Äpfel an einem der Zweige waren wie ein blutiger Brei.

Am Abend sahen wir Herrn Braun im Bunker. Seine Augen waren gerötet, sein Gesicht aschfahl.

Ich stand nahe der Tür. Später, als der Bunker von den Einschlägen draußen schwankte, hörte ich eine Stimme flüstern:

»O mein Gott, hilf mir!«

War das Herr Braun? fragte ich mich, vergaß dann aber alles unter dem Krachen der Bomben.

Nach der Entwarnung warteten wir vergebens darauf, hinausgelassen zu werden. Eine Taschenlampe leuchtete auf. An der Tür war ein Mann zu Boden gesunken. Die Hand umklammerte noch den Riegel. Es war Herr Braun.

Sie trugen ihn hinaus und legten ihn auf den Asphalt. Weißer Schaum stand vor dem Mund, und seine Augen starrten unbeweglich gen Himmel.

Ein Arzt beugte sich über ihn und untersuchte ihn kurz.

»Tot«, stellte er fest. »Herzschlag.«

»Ist er wirklich tot?« fragte einer den anderen.

Sie zwängten sich an ihm vorbei, drängten in die Nacht hinaus und gingen, jeder für sich, stumm ihres Weges.

Die Luft blieb erstickend heiß, der Pesthauch des Todes umgab uns, doch am siebten Tag der Bombardierung erinnerte ich mich an einen Mann und seinen Brief. »Ich lebe!« sagte ich zu mir selbst, und inmitten der Trümmer schöpfte ich neue Hoffnung.

23

Es regnete. Keine Wolkenbrüche, kein prasselnder, strömender Regen – nur ein unaufhaltsames, müdes Rinnen aus verhangenem Grau. Es rann über verrußte Häuserfassaden, es rieselte über Möbelaufbauten am Rande der Straße. Das Rot der Plüschpolster rieselte verwässert über die Steine, schleppte sich träge durch die Rillen des Pflasters und gab dem Wasser, das in die Siele strömte, eine schwache Röte.

Tagsüber klopfte und hämmerte es in den Häusern unserer Straße. Die Bombe, die Herrn Brauns Baum gefällt hatte, hatte unsere Scheiben zerschmettert; wir verschlugen die leeren Fenster mit Brettern und Pappe. Nachts herrschte tödliches Schweigen. Das Flüstern des Menschenstroms, das Trappeln hastender Füße, das dumpfe Rollen der Wagen waren verstummt.

Der August war noch nicht zu Ende, doch unsere Eberesche im Garten hatte schon braune Blätter. Über der Stadt lag die lähmende Schwere des Regens, die Erschöpfung nach den Tagen der Spannung. Mit geschultertem Spaten waren die Arbeitskolonnen abgerückt. Sie marschierten weiter – in die nächste Stadt.

Tage wurden zu Wochen; das Leben ging weiter.

Der dünne Strahl aus dem Wasserhahn wurde wieder kräftiger. Das Licht flackerte auf; die nicht unmittelbar betroffenen Bezirke der Stadt wurden wieder mit Strom versorgt. Es gab Gas, und eines Tages ertönte Musik aus der nahe gelegenen Wirtschaft.

Sie tanzten wieder.

Während die Stadt aus ihrer Ohnmacht erwachte, verstärkte das Dritte Reich seinen Würgegriff. Neue Anordnungen und Verfügungen wurden erlassen. Die Lebensmittelrationen wurden beschnitten, Strom und Gas rationiert. Parteileute gingen von einem Haus zum anderen.

Eines Morgens erschien eine Frau an unserer Haustür und trat mit einem kräftigen »Heil Hitler« ein. Sie trug kurzes, glattgestriegeltes Haar und eine dicke Hornbrille und ging, ohne sich mit langen Vorreden aufzuhalten, durch unser Haus, als gehöre es ihr bereits. Mit der Präzision einer Maschine maß sie jedes Zimmer aus, murmelte die Zahlen vor sich hin und trug sie eifrig in ein Heft ein. Von nun an, so verkündete sie, hätten wir nur noch begrenzten Raum für uns zu beanspruchen.

»Über den Rest verfügen wir«, sagte sie mit munterer Stimme. »Von jetzt an heißt es: Einer für alle und alle für einen.«

Sie rollte ihr Maßband auf wie ein Seil und verabschiedete sich mit einem nochmaligen »Heil Hitler«.

Noch am gleichen Tag kam ein älteres Ehepaar. Die Frau trug ein kleines Bündel, und der Mann stützte sich auf eine Schaufel.

»Heil Hitler!« sagten sie und streckten uns ein Stück Papier entgegen, auf dem mit flüchtiger Bleistiftschrift ihr Name – Herr und Frau Decker – und unsere Anschrift stand; darunter der Dienststempel mit dem Hoheitsadler. Man hatte ihnen die Zimmer von Hans und Günther zugewiesen. Küche und Bad würden wir gemeinsam benutzen müssen.

Die Wohnzimmertür stand offen, und sie warfen einen Blick auf unsere Sessel.

»Wir haben alles verloren«, sagten sie, und die Tränen traten ihnen in die Augen.

Ein dumpfes Schuldgefühl stieg in mir auf, als ich ihre stumme Frage spürte: »Warum wir, wenn ihr verschont geblieben seid?«

Aber irgendwie hatten auch wir jetzt unser Zuhause verloren, die sorgsam gehütete Insel, zu der sich Hitler nun doch noch Zugang verschafft hatte. Wir kannten die Deckers nicht; war ihnen zu trauen?

Sie schienen ordentliche Leute zu sein; aber so oft man ihnen auf der Diele begegnete, hoben sie den Arm und begrüßten uns mit »Heil Hitler«. Taten sie es aus Gewohnheit, oder war es Ausdruck einer nicht einmal durch Bomben zu erschütternden Überzeugung? Wir durften nichts aufs Spiel setzen und fingen an, nur hinter verschlossenen Türen miteinander zu sprechen und die Stimme der BBC bis zum Flüstern zu dämpfen.

Noch etwas anderes geschah an dem Tag, an dem die Deckers einzogen.

Spätabends wurde zaghaft geklopft, und als ich die Haustür öffnete, stand ein Mann mit einem Zettel in der Hand vor mir.

Noch ein Untermieter, vermutete ich.

Er fragte nach meinem Namen, reichte mir den Zettel und war wieder in der Dunkelheit verschwunden, bevor ich überhaupt Gelegenheit hatte, ihn mir genauer anzusehen.

Aber die Handschrift auf dem Papier erkannte ich sofort, die kräftigen, vorwärtsfliegenden, freistehenden Buchstaben, die so offenkundig von der geistigen Unabhängigkeit des Schreibers zeugten.

Die Nachricht mußte in der Verwirrung der Bombenangriffe ihren Weg durch die Zuchthausmauern gefunden haben. Sie trug keine Unterschrift.

»Wir werden verlegt«, las ich. »Wohin, wissen wir nicht. Sie müssen uns folgen!«

In aller Herrgottsfrühe ging ich am nächsten Morgen zum Zuchthaus.

»Ach, sie sind's«, sagte der Pförtner am Tor. »Wissen Sie denn nicht, daß die meisten Norweger schon abtransportiert sind?«

»Wohin?«

Sein Gesicht verschloß sich.

Ich eilte ins Amtszimmer des Direktors und fragte ihn: »Wie steht es mit meiner Arbeit?«

»Sie werden noch benötigt«, war die Antwort. »Es sind noch einige norwegische Häftlinge hier.«

»Und was ist mit den anderen?«

Er blickte auf. »Wieso wollen Sie das wissen?« sagte er kalt. »Wir sind sie los, und damit hat sich's – oder?«

Ich suchte den Staatsanwalt auf. »Sie sind fort, und damit sind ihre Akten für uns geschlossen«, sagte er vorsichtig. Doch als er mir beim Abschied die Hand schüttelte, schlug er mit einem müden Lächeln vor: »Warum versuchen Sie es nicht mal im Zuchthaus von Rendsburg?«

Am liebsten wäre ich sofort hingegangen; aber ich mußte mich in Geduld fassen. Rendsburg lag fast hundert Kilometer nördlich von Hamburg, und noch fuhr kein Zug.

Das Vorphysikum hatte ich hinter mir; doch als die Nachricht kam, daß ich bestanden hätte, war ich fast enttäuscht.

Was mir vorher soviel bedeutet hatte, war nun unwesentlich geworden. Das Studium schien Zeitverschwendung, solange ich jede Minute für meine Gefangenenarbeit brauchte. Als die Züge wieder rollten, fuhr ich mit einem der ersten nach Rendsburg. Sobald die Trümmer Hamburgs hinter uns lagen, wurde mir bewußt, daß der Krieg genauso weiterging wie vor den Luftangriffen. In der brennenden Stadt war ich fest davon überzeugt gewesen, daß der Krieg nur noch Tage dauern könne. Jetzt, beim Anblick unberührter Dörfer und Städtchen, klang das Rattern der Wagenräder wie »Monate – Monate . . .«

Der Zug fuhr schneller. Holsteins saftig-grüne Marschlandschaft tauchte auf, nur unterbrochen von getarnten Munitionszügen, die in ununterbrochener Kette auf dem Nebengeleise in entgegengesetzter Richtung rollten.

Wenige Minuten später donnerten die Räder des Zuges über Stahl und Beton. Wir fuhren über eine Hochbrücke. Im trüben Licht lag unter uns der Kaiser-Wilhelm-Kanal. Im Regen kräuselte sich das Wasser in Myriaden kleiner Kreise.

Und da, eingezwängt in die dämmernde Stadt, lag ein massiver, gelber Backsteinbau: das Rendsburger Zuchthaus. Im Innenhof sah ich Gefangene. Sie gingen im Kreis, und die Streifen ihrer Häftlingsanzüge waren gelb wie die Mauern, die sie umgaben.

Es dauerte nur Sekunden, dann war der Zug vorübergerollt und das Zuchthaus unserem Blick entschwunden. Die Eisenbahn-Hochbrücke wand sich wie ein Band durch die Stadt. Am Zuchthaus zog ich den altmodischen Glockenstrang. Die Klappe fiel: »Was wollen Sie?«

»Dolmetscherin der norwegischen Strafgefangenen . . .«

»Hier nicht gemeldet.«

»Ich möchte den Chef sprechen.«

»Nicht da. Auf Dienstreise.«

Die Klappe schloß sich. Doch rasch steckte ich die Hand dazwischen und rief durch den Spalt: »So lassen Sie mich doch hinein! Ich komme von Hamburg.«

»Immer mit der Ruhe. Hier werden nur gemeldete Besucher hereingelassen.«

In ein Zuchthaus hineinzukommen, erwies sich als ebenso schwierig wie wieder herauszukommen.

»Melden Sie mich dem Stellvertreter des Chefs.«

Endlich brachte der Pförtner mich einen langen Gang hinunter; ein Läufer aus Stroh dämpfte unsere Schritte. Für ein Zuchthaus war es ungewöhnlich still. Keine lauten Kommandorufe, kein Klappern von Holzschuhen.

Eine der Türen öffnete sich. Ein großer Hund kam auf uns zu. Er bellte nicht, wedelte nur mit dem Schwanz und trottete um uns herum. Dann erschien die gebeugte Gestalt eines alten Mannes. »Die Dolmetscherin?«

»Ja, hier ist die Dame.«

Ich sah an mir hinunter. Sehr damenhaft sah ich nicht aus. Die letzten Tage in Hamburg hatten ihre Spuren hinterlassen. Ich war aus den Trümmern fortgefahren, wie ich ging und stand.

Aber Rendsburg lag viel, viel weiter als nur hundert Kilometer von Hamburg entfernt. Erst jetzt fiel mir auf, wie rußgeschwärzt meine Windjacke war.

Eine Wolke von Rauch lag über Schreibtisch und Akten – selbstgebauter Tabak.

»Bitte, nehmen Sie Platz!« Der Oberinspektor wies auf ein altes, grünes Plüschsofa.

172

Über dem Sofa hing ein großes Bild: ein gezwirbelter Schnauzbart mit Pickelhaube und offenem Militärmantel – Hindenburg. Erleichtert atmete ich auf. Erst viel später entdeckte ich auch ein Hitlerbild. Es hing, von Aktenstößen halb verborgen, in Postkartengröße über einem Regal in der Ecke.

»Sie sind Beamtin im Zuchthaus Fuhlsbüttel?« leitete der Oberinspektor das Gespräch ein.

»Beamtin?« Erstaunt sah ich auf. »Nein, ich bin nur die Dolmetscherin.«

Aber der alte Mann schien meine Antwort überhört zu haben. »Gut, dann haben Sie ja bereits den Diensteid geleistet und wissen über alles Bescheid. Wenn Sie dazu bereit sind, können Sie die Briefzensur und Besuchsüberwachung hier so durchführen, wie . . .«

»Ja, aber . . .« Der Hund im Korb wurde unruhig und fing an zu bellen.

Der Oberinspektor beugte sich vor: »Ruhig, Greif! – Was wollten Sie sagen?«

Guter Greif! Wenige Sekunden Überlegung, und die Eingebung kam. Ich war weder Beamtin, noch hatte ich je einen Diensteid geleistet. Aber war dieses Mißverständnis nicht eine glückliche Fügung? Der Oberinspektor sah mich fragend an.

»Ich wollte nur sagen, Herr Oberinspektor, daß ich bereit bin, Briefzensur und Besuchsüberwachung in der gleichen Weise durchzuführen wie . . .«

»Wie im Zuchthaus Fuhlsbüttel«, ergänzte der Oberinspektor.

Es wurde ein guter Tag. Zuchthaus Fuhlsbüttel und Zuchthaus Rendsburg lagen nur zwei Bahnstrecken voneinander entfernt. Sie unterstanden demselben Reglement. Aber die Leiter der Anstalten wußten kaum etwas voneinander. Das Mißtrauen war im Dritten Reich der zuverlässigste Wächter.

Keine Dienststelle wünschte aufzufallen.

Und so wurde »Zuchthaus Fuhlsbüttel« das »Sesam öffne dich« für meine Arbeit im Zuchthaus Rendsburg; im Laufe der Zeit wurde es zu einem Schlüssel, der mir viele eiserne Tore öffnete.

»Machen Sie es so, wie Sie es in Fuhlsbüttel gehalten haben«, hieß es immer wieder.

Eine Stunde später stand fest, daß die Gefangenen nicht mehr von einem bis zum nächsten Brief sechs Wochen zu warten brauchten. Sie würden jeden Brief, der eintraf, ausgehändigt bekommen. Auch Fotografien würden ausgeliefert werden.

Ferner würden die Gefangenen einen Antrag stellen können, wenn sie Extrabriefe schreiben wollten, und ich würde darüber zu entscheiden haben.

»Und wie steht es mit den Besuchen?«

»In Hamburg pflegten der Pfarrer und ich so oft zu kommen, wie es unsere Zeit erlaubte.«

Bei unserem dritten Besuch in Rendsburg wurde ich endlich zum Chef der Anstalt bestellt.

Sein Arbeitszimmer unterschied sich in vielem von dem des Oberinspektors. Keine Aktenstöße, sondern eine spiegelglatt polierte, braune Schreibtischplatte. Über dem mit hellgrünem Rips bezogenen Sofa ein Bild: fanatische Augen, deren Blick starr auf den leeren Schreibtisch gerichtet war, der braune Mantelkragen hochgeschlagen, die Arme verschränkt. Es war das gleiche Führerbild, das ich noch vor wenigen Wochen im

Physikalischen Institut am Boden liegen gesehen hatte. Hier hing der Führer noch an seinem Platz.

»Heil Hitler, Herr Oberregierungsrat!«

»Nicht ›Ober‹, verbesserte er, ›nur Regierungsrat‹. Aber der ›Ober‹ kann nicht mehr lange auf sich warten lassen, wenn der Krieg noch ein wenig andauert.«

Er saß, die zu kurzen Beine übereinandergeschlagen, in einem ledernen Clubsessel. Ich warf einen Blick auf das Revers seines dunklen Anzuges. Das Knopfloch war leer; allerdings waren leere Revers manchmal gefährlicher als mit einem Parteiabzeichen geschmückte.

»Wie Sie gesehen haben, bin ich meist auf Dienstreise«, begann er und rieb sich behaglich die Hände. »Eigentlich bin ich mehr Rüstungsunternehmer als Strafvollzugsbeamter.«

Er lachte kurz auf, offenbar höchst zufrieden mit sich und der Welt. »Ich hole aus den Gefangenen mehr heraus als irgendein anderer Zuchthauschef. In dieser Hinsicht erwarte ich Zusammenarbeit. Machen Sie den Leuten klar, daß Drückebergerei keinen Zweck hat. Mein Zuchthaus ist bis zur letzten Einzelzelle Rüstungsbetrieb. Lassen Sie immer durchblicken, daß wir bei Nichteinhalten des Pensums Mittel und Wege kennen ... Nun, ja«, unterbrach er sich, »Sie sind den Betrieb ja schon von Fuhlsbüttel her gewöhnt. Und vereidigt sind Sie ja auch.«

Ich sah ihn freundlich lächelnd an. Er faßte es als Zustimmung auf und fuhr fort: »Also – ich brauche Ihnen keine weiteren Anweisungen zu geben. Lassen Sie aber nie außer acht, daß es um die gemeinsame Sache geht.«

Es geht um den ›Ober‹, dachte ich bei mir. »Ich weiß, um was es geht«, antwortete ich.

»Und wie ist der norwegische Pfarrer?« Die Stimme triefte vor Liebenswürdigkeit, aber die Augen waren kalt und forschend auf mich gerichtet.

»In Fuhlsbüttel hatte man keine Bedenken«, antwortete ich vorsichtig.

»Ich halte nichts von Pfaffen!« Die rundliche Hand machte eine Bewegung, als wolle sie eine Fliege fangen. Der Sessel rückte näher, und die Stimme senkte sich: »Mal ganz unter uns – versucht er nicht doch manchmal, Seelsorge zu treiben?«

Ich hielt den kalten Augen stand und gab lächelnd zurück:

»Dafür bin ich ja da – um zu überwachen, daß *keine* Seelsorge getrieben wird.«

Der Angriff war abgeschlagen. Aber der Chef ließ nicht locker. Es klang nach Gestapo.

Endlich stand er auf, ging zum Schreibtisch und reichte mir den grünen Polizeiausweis: »Sie brauchen nur noch zu unterschreiben.«

Ich unterschrieb, und er drückte einen Stempel auf meinen Namenszug. Dabei glitt sein Blick flüchtig darüber. Er stutzte; etwas schien ihm aufzufallen.

»Hiltgunt? Ein merkwürdiger Vorname«, sagte er.

Die Frau mit der Hornbrille schickte uns auch für Willfrieds Zimmer einen Untermieter. Herr Mangold war Anfang Zwanzig; ein so junger Mann, der nicht eingezogen war, war eine Seltenheit. Er hatte so gut wie nichts bei sich, aber sein Hemd, zwar rußgeschwärzt und ungebügelt, war aus Seide, und der Anzug, den er trug, war allerfeinste Qualität.

An seinem ersten Abend bei uns hatten wir einen

Topf Kartoffelsuppe auf dem Herd, während die Dekkers sich etwas Hafergrütze aufwärmten. Herr Mangold jedoch zog ein Päckchen Kaffee aus der Tasche – echten Bohnenkaffee! –, und bald darauf durchzog ein feines Aroma die Küche.

Deckers tuschelten miteinander; schließlich erkundigte sich der alte Mann: »Haben Sie auch alles verloren?«

»Ja und nein«, war Herrn Mangolds unbestimmte Antwort.

»Ich bin zwar ausgebombt, aber was ich verloren habe, bekomme ich bald wieder.«

»Der Anfang ist nicht schlecht«, bemerkte ich, als ich sah, wie er hastig seinen Kaffee trank.

»Alles hat seinen Preis«, lächelte er und ließ das angebrochene Päckchen Kaffee wieder in der Tasche verschwinden. Es fiel mir auf, daß er nur die linke Hand benutzte; die rechte war verkrüppelt – zwei Finger fehlten.

Abends, als wir BBC hörten, vernahmen wir plötzlich ein Geräusch auf der Diele. Ich fuhr hoch, und als ich unsere Wohnzimmertür blitzschnell aufriß, wäre ich fast mit unserem neuen Untermieter zusammengestoßen. Alles Blut wich mir aus dem Gesicht. Hatte er gehorcht und die Stimme des BBC-Sprechers erkannt? Ängstlich forschte ich in seinen Zügen, aber er verzog keine Miene, murmelte eine Entschuldigung und fragte, ob er unser Telefon benutzen dürfe.

Wir trauten ihm nicht und beschlossen, auf die Sendungen der BBC zu verzichten; doch schon am nächsten Abend stellten wir das Radio wieder an, so sehr drängte es uns, eine Stimme von jenseits der Mauern zu hören, die uns jetzt sogar in unserem eigenen Heim umschlossen.

Erst im Lauf der Zeit ging mir auf, daß die drei Parteien, die der Zufall unter ein Dach gedrängt hatte, etwas voreinander zu verbergen hatten – und zwar jeder auf seine eigene Weise.

Herr Mangold blieb oft tagelang fort. Bei seiner Heimkehr schleppte er dann große Pakete, eilte sofort in sein Zimmer und schloß sich ein. Wenn er dann wieder fortging, hatte er eine Einkaufstasche bei sich, deren Inhalt sorgfältig unter Zeitungspapier verborgen war. Er benutze ständig unser Telefon und war darauf bedacht, daß niemand mithörte.

Eines Abends, als ich im Wohnzimmer saß, konnte ich das in der Küche brutzelnde Steak förmlich vor mir sehen. Ich reagierte mit gemischten Gefühlen. Das Wasser lief mir im Mund zusammen, und gleichzeitig stieg ein heftiger Groll gegen Herrn Mangold in mir auf.

Nicht etwa, daß wir selbst darben mußten. Zu diesem Zeitpunkt des Krieges reichten die Rationen noch aus; noch riß uns der nagende Hunger nicht des Nachts aus dem Schlaf.

Nach fast vier Kriegsjahren bekamen wir immer noch eine wenn auch nicht reichliche Fleischzuteilung. Doch vor allem gab es Kohl und Rüben; und um das tägliche Einerlei zu unterbrechen, erfanden wir Rezepte, die es noch nie gegeben hatte und von denen wir nur hofften, sie nie wieder ausprobieren zu müssen.

Eines davon war der Nachtisch, den Frau Decker sonntags zubereitete: eine Torte, deren Kruste aus Haferflocken bestand, mit einer Füllung von Kaffeesatz, den sie in der Woche zuvor gesammelt hatte.

Herr Decker war pensioniert. Beide gingen jeden Morgen fort; und wenn der alte Mann, auf seine Schaufel gestützt, dahinschritt und seine Frau ihm in einigem Abstand folgte, glichen sie Pilgern, deren Ziel man nur ahnen konnte.

Eines Morgens hörte ich, daß Herr Decker zu seiner Frau sagte: »Komm, laß uns nach Hause gehen.«

Unermüdlich suchten sie in den Trümmern ihrer einstigen Behausung nach Gegenständen, die sich vielleicht noch darin verbergen mochten. Eines Tages kehrten sie mit einer Vase zurück. Am Rand war ein Stückchen ausgeschlagen, aber sie trugen sie behutsam wie den kostbarsten Schatz hinauf, und schon am nächsten Tag – vielleicht angespornt durch seinen Fund – baute Herr Decker aus einer alten Holzkiste einen kleinen Ziehwagen.

Von da ab verkündete das Quietschen der Räder schon von weitem jeden Abend ihre Rückkehr, und in ihren Zügen spiegelt sich die müde Resignation von Flüchtlingen, die der Einbruch der Nacht in das Haus fremder Leute zurückzwang.

Die nächtlichen Alarme hatten wieder begonnen. Keine Bombe fiel; nur ein hartnäckiges, durchdringendes Dröhnen am Himmel. Hamburg wurde überflogen, abgetan wie ein leerer Fleck auf der Landkarte. Der September war gekommen. Wir gingen nicht mehr in den Bunker. Dennoch verließ ich jede Nacht das Haus; auch ich hatte eine Schaufel bei mir.

Das Dritte Reich hatte Frau Groths Hof in ein Niemandsland verwandelt. Eines Tages waren große Maschinen gekommen, hatten ihre Zähne in die Trümmer ihrer Kate geschlagen und den Boden ausgeschachtet.

179

Lastwagen wurden entladen, neben riesigen Sand- und Zementhaufen wurde Bauholz gestapelt; es wurde noch ein Bunker gebaut.

Die Felder waren überwuchert von Unkraut. Die Leute hatten, was immer von der Ernte übrigblieb, ausgegraben und mitgenommen.

Aber ich kannte die von Büschen überwachsene Stelle, an der sie die Kartoffeln für ihren eigenen Verbrauch angebaut hatte.

Nach dem Regen war der Boden locker und leicht zu bearbeiten, und während ich erntete, was sie gesät hatte, mußte ich an ihre Worte denken: »Die Saat braucht Zeit, ehe sie aufgeht.«

Der Direktor der Rendsburger Anstalt war meist auf Dienstreise. So begann und endete jeder Besuch beim Oberinspektor. Wir kamen oft, so oft, daß Greif uns nur noch aus seinem Korb einen halbverschlafenen Blick zusandte.

»Könnte man erreichen, daß unsere Seemannsmission für die Gefangenen Lebertran liefert?« fragte der Pfarrer eines Tages.

»Lebertran?« Der Oberinspektor sah ratlos aus. »Wir sind doch kein Sanatorium, Herr Pastor.«

»Eben darum!« sagte Pastor Svendsen.

»Im Zuchthaus Fuhlsbüttel . . .«, begann ich zuversichtlich. Der Oberinspektor genehmigte sogar die Einrichtung einer norwegischen Bibliothek. Ich bekam den Auftrag, die eingelieferten Bücher vorher zu zensieren. Von jetzt ab reisten wir mit schweren Koffern. Immer mehr Bücher wanderten in die Bibliothek. Bald waren es nicht nur norwegische. Wir gingen durch alle Buchhandlungen Hamburgs. Wir kauften auf, fuhren in andere Städte. Fachliteratur und Kunstbücher, schöngeistige Romane und Lexika. Bücher waren in Deutschland Mangelware geworden, und doch fanden wir immer wieder etwas. Selbst vor der eigenen Bibliothek wurde nicht haltgemacht. Die Koffer füllten sich mit englischen, deutschen und französischen Büchern. Zuletzt wandte ich mich auch noch an meine Freunde.

Für die im Zuchthaus Fuhlsbüttel zurückgebliebenen Gefangenen dagegen galten noch dieselben strengen Vorschriften wie bisher. Aber sooft wir sie besuchten, war meine Tasche zum Bersten voll mit Vitaminen und Medikamenten. In Rendsburg hatte man sich bald daran gewöhnt, mich mit schweren Koffern beladen zu sehen. Vielleicht nahm der Wachtmeister am Tor an, daß wir immer noch für die norwegische Bibliothek Bücher mitbrachten, oder man glaubte meinen Worten, als ich nebenher erwähnte: »Mein Luftschutzgepäck. Wenn ich in Hamburg ausgebombt werde, habe ich nur noch das, was ich bei mir trage.«

Schon bald begann ich, die Koffer mit allen möglichen anderen Dingen zu füllen.

Medikamente – Vitamintabletten, Salben, Gaze, Watte und Leukoplast. Offene Beine mußten mit Salbe behandelt, Wunden verbunden werden. Gefangene, die an Herzschwäche litten, brauchten herzstärkende Mittel. Viele verlangten nach schmerzstillenden Tabletten. Im Arzneischrank des Zuchthauslazaretts fehlte es an nichts; in der Gefangenenzelle fehlte es an allem.

Ich wandte mich an Dr. von Berg. Er machte mir keine Vorhaltungen mehr. »Tun Sie, was Sie nicht lassen können«, sagte er und half mir mit allem, was in seiner Macht stand.

Auch meine Besuche bei Herrn Jensen hatte ich wiederaufgenommen. Das alte Haus unten am Hafen war während der letzten Bombenangriffe stark beschädigt worden, aber er saß wie immer wortkarg und hilfsbereit in seinem Lehnstuhl, umgeben von einem Wust von Papieren. Alle Fenster waren vernagelt; das einzige Licht kam von der Lampe auf seinem Schreibtisch, und in ihrem Schein kam mir der gewaltige Mann vor wie ein Leuchtturm in dunkler Nacht.

Ich hatte ihm nie von meiner Begegnung mit dem schwedischen Kapitän erzählt, denn endlich begriff ich: Im Schweigen lag unsere einzige Hoffnung, nicht von der Gestapo entdeckt zu werden.

Außer den Medikamenten schmuggelte ich noch etwas anderes ins Zuchthaus: Brot, trockenes Brot, das wir uns von den Rationen abgespart hatten. Natürlich reichte das für Hunderte von Gefangenen bei weitem nicht aus. Wir brauchten mehr Brot – und ich fand einen Weg.

Abend für Abend war ich auf Frau Groths Feld gewesen, und der Berg von Kartoffen, der sich früher neben ihrer Kate aufgetürmt hatte, lag nun wohlverstaut in unserem Keller.

Der Kaffeeduft, der unser Haus durchzog, wenn Herr Mangold sich etwas in der Küche zubereitete, verriet mir, was für ein Gewerbe er betrieb. Eines Tages bat ich ihn um Mehl, wobei ich ihm im Austausch dafür Kartoffeln anbot.

»Mit solchen Kleinigkeiten gebe ich mich nicht ab«, lautete seine hochmütige Antwort.

Aber am nächsten Abend erschien er in unserem Wohnzimmer. »Vielleicht kommen wir doch noch zusammen«, meinte er und ließ die Augen über unsere Gemälde, das Porzellan und das Radio gleiten.

Wir begannen mit den Kartoffeln.

Wir bekamen Mehl dafür, und später, beim Brotbakken, lächelte ich plötzlich, als mir Herrn Mangolds Worte wieder einfielen: »Mit solchen Kleinigkeiten gebe ich mich nicht ab.«

Worte allein sind Steine, wenn man hungert, dachte ich. Brot ist nicht nur Brot. Es zu geben, ist eine heilige Handlung. Es sagt das Ungesagte, und diese Sprache verstehen alle Völker der Welt.

Der Pfarrer brachte Kautabak ins Zuchthaus, aber keinen Tabak zum Rauchen; denn Rauch hätten die Wachen riechen können, einen Priem dagegen konnte man Tag und Nacht hinter den Zähnen verbergen.

Stumm verrichteten wir unsere Arbeit, ohne miteinander darüber zu sprechen. Wir sahen uns nur auf Reisen oder wenn es etwas Dringendes zu besprechen gab. Über und neben uns stand immer der drohende Schatten der Gestapo. Schweigend trugen wir unsere Koffer. Der eine sah den Inhalt vom Koffer des anderen erst, wenn er in den Taschen der dunklen Gefangenenjacken verschwand.

Auch wußte ich nicht, welche Hilfsorganisation hinter dem Pfarrer stand und ihn stützte. Ihm ging es, was mich betraf, nicht anders. Hinter ihm stand seine Heimat, ein Volk, dessen Vertreter er war. Hinter mir? Meine Familie und sehr wenige zuverlässige Freunde.

Darüber hinaus gewannen der Pfarrer und ich einige gemeinsame Freunde – deutsche Arbeiter, die in den

Rüstungsfabriken und auf Außenkommandos mit den Gefangenen in Berührung kamen.

Es dauerte nicht lange, bis ich mit ihnen in regelmäßiger brieflicher Vebindung stand. Sie wachten für uns, denn wir konnten nicht überall zugleich sein. Wie schickten ihnen Geld oder Pakete, die sie den Gefangenen zusteckten.

Mir aber gaben sie einen Glauben zurück, der in den vergangenen Jahren ins Wanken geraten war: den Glauben an das verborgene Deutschland. Es lebte nicht nur hinter Mauern und Stacheldraht, auch draußen. Die Menschen, in denen es lebte, hielten keine Propagandareden. Sie hatten keinen Führer und marschierten ohne Gewehre. Sie hatten nur eine Waffe: die gute Tat in der Stille. Es waren nur wenige – aber wie viele melden sich freiwillig, ein Minenfeld zu durchqueren, wenn sie wissen, daß es einen anderen, gefahrlosen Weg gibt?

Ihnen gegenüber standen diejenigen, die aktiv am Bösen mitwirkten. Auch ihre Zahl war gering, verglichen mit der breiten Masse, die vorgab, nichts zu sehen oder zu hören von dem, was sie nicht sehen und hören wollten, solange ihre eigene Sicherheit nicht auf dem Spiel stand.

Während der Besuche hatte ich stets ein Heft vor mir aufgeschlagen; ich nannte es im stillen das »Bestellbuch«, weil ich alles darin aufschrieb, was die Gefangenen benötigten.

Bei einem unserer ersten Besuche in Rendsburg traf ich Gunnar Dal wieder. Der Pfarrer und andere Gefangene waren dabei; ich konnte ihm deshalb nur mit den Augen für die Nachricht danken, die er mir während der

Luftangriffe hatte zukommen lassen. Doch dann fiel mir ein, daß er Schrifsteller war, und ich beugte mich über mein »Bestellbuch« und schrieb rasch nieder: »Schreibpapier, Federhalter, Tinte, Bleistifte.«

Unter den Gefangenen waren noch mehrere Schriftsteller und Journalisten, und bei meinem nächsten Besuch in Rendsburg brachte ich einen ganzen Koffer Schreibmaterial mit. Nachdem es in Schuhen und Jakkenärmeln verschwunden war, bemerkte ich wie beiläufig: »Vielleicht werden Sie das, was Sie hinter diesen Mauern am meisten bewegt, einmal zu Papier bringen.« Ich wagte nicht, Gunnar dabei anzusehen; aber ich war sicher, daß er wußte, wem meine Worte galten.

Aber Koffer und Taschen reichten nicht aus, um Hunderte von Gefangenen zu versorgen. Nur eins brachten wir ihnen allen zugleich: die Wahrheit.

Die Gerüchte zehrten an den Gefangenen wie eine Krankheit. Sie machten sie unsicher, versetzten sie in einen Zustand zwischen Hoffen und Bangen. Sie sehnten sich nach der Wahrheit, und mochte sie auch noch so bitter sein.

Anfangs konnten wir nur bestätigen, was die Siegesfanfaren schon bis in die letzte Zelle verbreitet hatten. Doch als sie verstummten, als die Sondermeldungen ausblieben und statt dessen die Zuchthausluft von geheimnisvollen Andeutungen der Wachthabenden über »Vergeltung«, »Wunderwaffe« oder »in vierzehn Tagen geht es los!« schwirrte – als jeder Tag Hunger und Kälte bedeutete und das Warten kaum noch zu ertragen war, da beruhigten die politischen Berichte der

185

BBC, die wir während der Besuche weitergaben, die Unruhigen und wiesen den Zweifelnden ihren Weg.

Ich wußte, daß ich mich in ständiger Gefahr befand, und ich war nie ganz frei von Angst. Spitzel im Zuchthaus hatten feine Ohren; einige von ihnen steckten in der grünen Wachtmeisteruniform, aber einige trugen auch die gelbgestreifte Kluft der Häftlinge. Jede Nation hatte ihre Verräter. Es gab nur einen Raum in der Anstalt, in dem es sie nicht gab – das Besuchszimmer, in dem wir saßen.

Mit jedem Tag stieg der Postanfall an; auf meinem Schreibtisch häuften sich die Stöße von Briefen, und ich arbeitete bis tief in die Nacht. Dann warf ich mich im Bett unruhig von einer Seite zur anderen. Der Schlaf wollte nicht kommen; aber für mich gab es kein Zurück.

Ich brachte keinen Sprengstoff ins Zuchthaus; ich versuchte nur, menschlich zu sein und zu bleiben. Denn es gab ein höheres Gebot als das des Staates; es ruhte in mir – in meinem Gewissen. Dennoch war das Vertrauen, das mir in immer steigendem Maße von dem Oberinspektor in Rendsburg entgegengebracht wurde, für mich oft bedrückend. Ich mußte auch ihn belügen, um im verborgenen Gutes zu tun.

Aber in Augenblicken des Zweifels wurde mir das Wort, das mein Vater uns einst aus dem Jakobusbrief vorgelesen hatte, zum Wegweiser: »Wer nun weiß, Gutes zu tun, und tut's nicht, dem ist es Sünde.«

Dann wurde mir frei zumute, und je mehr ich mit meiner Arbeit verwuchs, je größere Forderungen sie an mich stellten, desto häufiger ereignete sich, was mir anfangs als Zufall, im Laufe der Zeit aber wie eine Fügung erschien. Es war, als würden wir, hatten wir nur einmal

186

eine bestimmte Richtung gewählt, von unsichtbaren Händen geleitet.

Die Hilfe, die wir anderen bringen wollten, wurde uns selbst zuteil. Es war nur ein Weitergeben.

24

Der rauchgeschwärzte Himmel vom Juli hatte schon im August ein tiefes, wolkenloses Blau gezeigt; der September war wie ein einziger langer, nicht enden wollender Sommertag. Die Luft strahlte in goldenem Sonnenlicht, das die Trümmer Hamburgs nur noch hoffnungsloser erscheinen ließ als die Regentage nach den Luftangriffen.

Die Beeren unserer Eberesche waren verschrumpelt; die Rosen, erstickt im Rauch der brennenden Stadt, lagen welk am Boden. Nur die Astern blühten – blaue Astern, eine Sorte, die auch gelegentliche Nachtfröste gut überstand.

Eine ganze Woche lang kein Sirenengeheul; am Himmel kein Motorengeräusch, nicht einmal das silberne Summen eines vereinzelten Aufklärers. Nachts, wenn die Musik im nahen Wirtshaus verstummte, war es still, unheimlich still – und gerade diese Stille hielt uns wach. Wir hatten so lange mit den Geräuschen des Krieges gelebt, daß wir ängstlich in das nächtliche Schweigen horchten, unterbrochen nur vom Bellen eines Hundes oder von Kindergeschrei.

Wir hatten uns daran gewöhnt, mit Fremden unter einem Dach zu leben; wir hatten gelernt, unsere Türen zu schließen und jedes Wort sorgfältig abzuwägen. Nur eine falsche Bemerkung – und wir konnten angezeigt werden! Doch wenn uns die Vorsicht auch größte Zurückhaltung gebot, spürte ich doch, was uns verband: der Wille, zu überleben.

Eines Nachts waren wir schon im Bett, als wir Schritte auf der Treppe hörten. Ich vermutete, es sei Herr Mangold, doch nachdem die Haustür auf- und zugegangen war, hörten wir das unverkennbare Quietschen des kleinen Wagens: Herr und Frau Decker waren fortgegangen. In der Stille der Nacht quietschten die Räder nur um so durchdringender; es weckte mich abermals, als schon der Morgen graute. Sie waren zurück, und ich hörte, wie sie keuchend die Treppe hinaufstiegen.

Von nun ab verbrachten sie ihre Tage still zu Hause; Nacht für Nacht dagegen waren sie unterwegs. Ich beobachtete sie von meinem Fenster aus: der alte Mann, der auf die Schaufel gestützt voranging, und die Frau, die den Wagen zog, immer drei Schritte hinter ihm.

Wir zerbrachen uns den Kopf, wohin sie wohl gehen mochten, taten aber, als bemerkten wir nichts. Wir gingen ihnen ohnehin aus dem Weg, um nicht ihr ständiges »Heil Hitler« beantworten zu müssen. Doch seit dem Beginn ihrer nächtlichen Ausflüge waren sie wie umgewandelt. Wenn wir uns in der Diele begegneten, verzichteten sie sogar manchmal auf den Hitlergruß und boten uns einen freundlichen »Guten Tag«.

Eines Tages erwähnten sie in der Küche, daß sie einen Sohn hätten. Er sei an der Ostfront, erklärten sie und fügten dann mit geheimnisvollem Lächeln hinzu: »Aber wenn er zurückkommt, wird er ein Zuhause haben.«

Sie verrieten kein Wort mehr und hüteten das, was sie mit keinem anderen zu teilen gedachten, wie ein kostbares Geheimnis. Wir ahnten nicht, um was es sich handelte. Jeder wußte, daß es für den Wiederaufbau von Privathäusern kein Material gab – das gab es nur für Luftschutzbunker und die Laufgräben an der Front.

Jedenfalls schien sich ihre Verzweiflung gelegt zu haben, und in ihren Gesichtern lag gelegentlich ein Schein von Hoffnung.

Nicht so Herr Mangold. Er wirkte manchmal wie ein Gehetzter. Weil während des Krieges jeder in Deutschland arbeiten mußte, hatte auch er eine Stellung, aber sie diente ihm ganz offensichtlich nur als willkommene Tarnung für seine Schwarzmarktgeschäfte. Er war immer auf dem Sprung, kam und ging, mit Paketen beladen, und sein Leben im Hause drehte sich um das Telefon. Mit der Hand über dem Hörer flüsterte er Bestellungen und verschob seine Schwarzmarktware; seine Augen wanderten unruhig durch den Raum, und er fürchtete ständig, belauscht zu werden.

Er trieb einen blühenden Handel. Als er einzog, war der rauchgeschwärzte Anzug, den er auf dem Leibe trug, seine einzige Habe gewesen. Jetzt besaß er zwei elegante Anzüge, war wohlgenährt und ließ sich nichts abgehen.

Eines Abends – ich war gerade beim Brotbacken – kam er zu mir in die Küche; seit meinen Fahrten nach Rendsburg wurde bei uns ständig Brot gebacken.

»Sie müssen großen Hunger haben«, fing er an.

Ich blickte rasch auf. Wollte er herumspitzeln?

»Ja, ich bin immer hungrig«, erwiderte ich vorsichtig.

»Ich auch«, sagte er, »aber nicht auf Brot . . .«

Ich verstand nicht, was er damit sagen wollte, und gab keine Antwort. Doch er blieb in der Küche und sagte dann plötzlich aus tiefem Schweigen: »Ich möchte leben.«

Ich spürte das Seltsame dieses Augenblicks. Es war nicht so sehr das, was er sagte, als vielmehr der Unterton der Verzweiflung in seiner Stimme.

Ich warf einen Blick auf seine verkrüppelte Hand, an der zwei Finger fehlten. Er sei nie eingezogen worden, hatte er einmal erwähnt. War es ein Unfall gewesen – oder hatte er sich die Verletzung womöglich selbst . . .

Ich hielt inne, wollte den Gedanken nicht zu Ende denken, sah ihn an und sagte ruhig;: »Aber Sie leben doch, nicht wahr?«

»Nicht wirklich«, sagte er mit tonloser Stimme.

An der Universität war der Vorlesungsbetrieb wiederaufgenommen worden. Im Hörsaal fiel mir auf, daß einige der vertrauten Gesichter fehlten; während der Vorlesung machte ich mir Gedanken darüber, was aus ihnen geworden sein mochte. Waren sie beim Vorphysikum durchgefallen und an die Ostfront zurückgeschickt worden – oder lagen sie verschüttet in den Ruinen Hamburgs? Niemand schien Bescheid zu wissen; vielleicht war es auch nur gut, nichts darüber zu erfahren – der Tod war in jenen Tagen so unmittelbar nahe, daß man jeden Gedanken an ihn möglichst weit von sich schob.

Aber in den Gesichtern derer, die noch einmal davongekommen waren, lag verbissene Entschlossenheit. Ich mußte an den Morgen denken, an dem ich zum ersten Mal hier gesessen hatte, an das Scharren der Füße auf dem kahlen Holzfußboden, an das erwartungsvolle Stimmengewirr. Nichts von alledem war mehr zu spüren.

Es wurden Bogen verteilt, auf denen der Studiengang für das kommende Semester vorgeschrieben war. Die Köpfe beugten sich darüber und studierten lustlos den Stundenplan.

Auch ich saß darüber, aber meine Gedanken waren ganz woanders. Ich dachte an meine Gefangenen, und der Stundenplan interessierte mich nur insofern, als ich hoffte, daß er mit dem Fahrplan der Züge nach Rendsburg in Einklang zu bringen sei.

Während unserer Fahrten nach Rendsburg las ich Gefangenenpost. Jede Minute war kostbar, und ich sah kaum von meiner Arbeit auf, bis ich den Pfarrer sagen hörte: »Zehn Uhr!«

Das war das Signal für mich, auf dem Gang ans Fenster zu treten. Für Sekunden sahen wir das Rendsburger Zuchthaus und im Innenhof unsere norwegischen Gefangenen im Kreis gehen. Es war nur ein Augenblick, dann war der Zug schon vorbei; aber für uns bedeutete es die Gewißheit, daß unsere Freunde noch lebten.

Wir gingen nie gleich zum Zuchthaus, sondern tranken vorher noch eine Tasse Kaffee; das heißt, der Kaffee blieb vor uns stehen und wurde kalt, während ich den Pfarrer fragte: »Wer steht heute auf Ihrer Liste?«

Dann holte er eine dicke Akte hervor; Biefe an ihn aus Norwegen, Brief von den Angehörigen der Gefangenen, irgendein Anliegen, die Bitte um Übermittlung einer Nachricht an ihre Söhne und Männer, aber auch angstvolle Rückfragen von Frauen und Mütter, die seit langem keinen Brief mehr erhalten hatten. Die Liste wurde lang.

»Und nun Ihre . . .«, sagte der Pfarrer.

Hinter der vorgehaltenen Hand blätterte ich in meiner Kartei. Die neueingelieferten Gefangenen mußten besucht werden. Jeder Name bedeutete eine Familie, die auf ein erstes Lebenszeichen wartete.

». . . und jetzt die Sonderfälle.«

»Sonderfälle« – das waren die Gefangenen, die in ihrem Brief an die Angehörigen um einen Besuch des Pfarrers gebeten hatten. Zwischen den Häftlingen und mir gab es eine stillschweigende Vereinbarung, daß sie dies nur in wirklich dringenden Fällen schrieben.

»Und die Zusammenstellung?« kam es schließlich von Pastor Svendsen.

Es war nicht damit abgetan, eine Liste der zu besuchenden Gefangenen aufzustellen. Da wir immer zwei oder drei Gefangene gleichzeitig besuchten, war auch hier die Möglichkeit zur Hilfe. Im Besuchszimmer konnten sich Vater und Sohn treffen, die sich seit Monaten, manchmal seit Jahren nicht mehr gesehen hatten, oder Freunde, die in Einzelhaft saßen. Woher wir wußten, wer von den Hunderten von Häftlingen mit wem befreundet war? Es genügte, ihre Briefe mit offenen Augen zu lesen.

»Zwanzig nach zehn«, sagte der Pfarrer. Um halb elf wurden wir im Zuchthaus erwartet, und wir versuchten, auf die Minute pünktlich zu sein. Diesmal jedoch öffnete Pastor Svendsen, bevor er aufstand, noch einmal die Mappe und holte eine Akte hervor: »Die Hauptsache hätte ich fast vergessen. Wir müssen Frederik Ramm besuchen.«

Verwundert blickte ich auf. Frederik Ramm brauchte unsere Hilfe – der Mann, der seine Briefe mit »Dein glücklicher und freier Frederik« zu unterzeichnen pflegte?

192

»Ist Frederik krank?« fragte ich besorgt.

»Im Gegenteil! Es ist eine gute Nachricht.« Der Pfarrer reichte mir einen Brief.

». . . und teile ich Ihnen mit«, schrieb der Oberinspektor in umständlichem Amtsdeutsch, »daß hinsichtlich Ihres Antrags, den hier einsitzenden Strafgefangenen Frederik Ramm zum Bibliothekar der von Ihnen eingelieferten norwegischen Bibliothek zu ernennen, keine Bedenken bestehen . . .«

Frederik, dem Schriftsteller und Journalisten, winkte ein neues Leben. Zwar war er nicht frei; aber die Bücher kamen zu ihm; eine Welt, in der es keine Mauern gab.

»Was ist das für ein merkwürdiger Mann, den Sie da als Bibliothekar vorgeschlagen haben?« fragte der Oberinspektor unwillig bei unserer Ankunft im Zuchthaus.

»Ein bekannter norwegischer Journalist. Sie haben mir doch geschrieben, daß Sie mit dem Vorschlag einverstanden sind.«

»Gewiß – aber er hat abgelehnt.«

Dann stand Frederik Ramm vor uns; am ganzen Körper zitternd, dünn und abgezehrt. Ich erkannte ihn kaum wieder. War das derselbe Mann, den wir vor wenigen Monaten in Hamburg besucht hatten?

Vor uns stand die gebeugte Gestalt eines Greises.

Ich trat auf ihn zu, und bevor ich noch recht wußte, was ich sagen wollte, hatte ich seine Hand ergriffen: »Frederik, bist du es?«

Es durchfuhr mich, daß ich zum erstenmal einen der Gefangenen mit Vornamen anredete. Doch es verwirrte mich nicht. Es machte mich nicht verlegen. Das Dunkel dieser Zeit gab uns die Freiheit, über Förmlichkeiten hinwegzugehen und die Sprache des Herzens zu sprechen »Frederik, du bist krank – wir müssen Hilfe schaffen.«

Sein Husten war trocken. Er war so heiser, daß er kaum sprechen konnte. »Ich kann den Posten des Bibliothekars nicht übernehmen«, sagte er. »Das hieße nämlich, daß ich jeden Tag zwei Stockwerke hinauf- und hinuntergehen müßte. Dazu bin ich zu schwach.« Wieder hustete er. Nur mit Anstrengung sprach er weiter. Etwas von der alten Entschiedenheit klang durch seine Worte, als er sagte: »Ich bitte nur um eins. Laßt mich da, wo ich bin.«

Kein Zweifel – er war ernstlich krank, und einer plötzlichen Eingebung folgend, ließ ich den Oberinspektor rufen.

Bei seinem Eintreten sprang Frederik von der Bank auf und stand stramm; auch als der Oberinspektor sich gesetzt hatte, blieb der Kranke regungslos stehen.

Als ich ihn in seiner ganzen Hilflosigkeit sah, vergaß ich jede Vorsicht; und sprang auf und bot Frederik meinen Platz an. Er ging nicht mit der geringsten Bewegung darauf ein, und der Oberinspektor starrte mich fassungslos an.

»Herr Oberinspektor, dieser Mann ist krank«, sagte ich eindringlich. »Er braucht einen Arzt.«

Der Oberinspektor stand langsam auf und starrte mich immer noch an. Dann lächelte er plötzlich, wandte sich zu Frederik und klopfte ihm auf die Schulter.

»Schon gut, schon gut!« sagte er begütigend, als spräche er mit einem Kind. »Ich weiß, was Ihnen fehlt. Sehen Sie sich mal Ihre Jacke an. Die Ärmel sind viel zu kurz, und der Saum ist ausgefranst. Sie kriegen eine andere Jacke.«

Doch bei unserem nächsten Besuch in Rendsburg kam uns der Oberinspektor schon auf dem Gang entgegen: »Sie haben recht gehabt. Wir mußten ihn ins Anstaltslazarett überführen.« Er zuckte die Achseln. »Tuberkulose.«

»Wir werden ihn sofort besuchen«, sagte ich.

Der Oberinspektor schüttelte den Kopf. »Das ist gegen die Vorschrift. Häftlinge im Lazarett sind von der Besuchsvergünstigung ausgeschlossen.«

»Aber in Fuhlsbüttel . . .«

»Ja, ja, schon gut!«

Wir machten uns auf den Weg, doch der alte Mann hielt mich zurück: »Übrigens ist gleichzeitig mit Ramm noch ein anderer norwegischer Strafgefangener ins Lazarett gekommen. Björn Simoness. Kennen Sie ihn?«

Björns Tuberkulose war noch im Anfangsstadium, Frederik dagegen war schwerkrank. Ich wußte von einer Verordnung der Justizbehörde, daß für einen Häftling mit Tuberkulose Strafaussetzung beantragt werden konnte. Wir machten sofort eine Eingabe. Doch als ich Frederik sah und an die träge Langsamkeit dachte, mit der die Behörden arbeiteten, wußte ich, daß es schlecht um ihn stand bei diesem Wettlauf mit der Zeit.

Ich ließ alle Vorsicht beiseite. Bei jedem Besuch zog ich mit Koffern über Treppen und Brücken zum ersten Stock in das Lazarett.

Eines Tages traf mich der Oberinspektor in der Eingangshalle.

»Warum lassen Sie ihr Gepäck nicht im Wartezimmer?« schlug er vor.

Ich faßte den Koffer fester. »Von meinem Luftschutzgepäck trenne ich mich nie«, sagte ich mit Entschiedenheit.

Der alte Mann sah mich befremdet an. »Sie führen ein gefährliches Leben«, meinte er schließlich.

Ich blickte rasch auf. War das ein versteckter Hinweis? Ahnte er, was in meinem Koffer war? Oder war es eine Anspielung auf die ständige Gefahr der Fliegerangriffe? Ich beschloß, seine Worte zu ignorieren. Ich hatte keine Wahl – ich mußte weitermachen.

Aber eine Woche später nahm der Oberinspektor mich mit in sein Zimmer. Er vergewisserte sich, daß die Tür geschlossen war. Dann bat er mich, Platz zu nehmen. Nervös trommelten seine Finger auf die Schreibtischplatte.

»Ich muß immer noch daran denken, wie Sie mich wegen dieses Frederik Ramm haben rufen lassen«, begann er vorsichtig. »Warum sind Sie damals aufgestanden und haben ihm Ihren Stuhl angeboten?«

»Herr Oberinspektor, ich habe meinen Platz einem Sterbenden angeboten.«

»Einem Gefangenen haben Sie ihn angeboten. Das dürfen Sie bei einem Häftling nie machen!«

Ich verstummte und blickte zum Fenster hinüber. Die Mauer draußen schien mir höher denn je.

Ein langes Schweigen folgte. Schließlich räusperte sich der alte Mann und sagte: »Sie sind sehr jung. Ich möchte nicht, daß Ihnen etwas zustößt.«

»Ist das eine Warnung?«

»Vorschriften sind Vorschriften, ob man mit ihnen einverstanden ist oder nicht.«

Und dann geschah etwas Unerwartetes. Er trat zu dem Regal in der Ecke, über dem das Hitlerbild in Postkar-

tenformat an der Wand hing, griff hinter einen Akten-
stoß, holte einen Korb hervor und stellte ihn auf den
Schreibtisch. Der Korb war bedeckt; doch durch einen
Spalt am Rande schimmerte es rot, und ein würziger
Duft von Äpfeln strömte heraus.

»Aus meinem Garten«, sagte er leise, fast, als wollte
er sich entschuldigen; dann fügte er kaum hörbar hinzu:
»Für Sie – und Ihre Freunde.«

Wußte er, daß ich auf dem Weg zum Lazarett war? Ich
stellte keine Fragen, drückte ihm die Hand und ließ die
Äpfel in meinem Koffer verschwinden.

»Wer noch so froh aussieht wie Sie . . .«, sagte der Sa-
nitäter grämlich, als er die Tür der Krankenzelle wieder
hinter uns schloß.

Während Pastor Svendsen mit Björn sprach, saß ich
an Frederiks Bett. Zum erstenmal erlebte ich aus unmit-
telbarer Nähe den Kampf zwischen Leben und Tod.
Schuldgefühle nagten an mir. Auch ich hing in dieser
Zeit, in der das Sterben in der Luft lag, viel bewußter am
Leben.

Frederik schien meine Gedanken zu lesen, denn aus
tiefem Schweigen heraus sagte er: »Du glaubst also
nicht, daß ich nach Hause komme?«

Ich zögerte mit der Antwort. Ich dachte an Dr. von
Berg, und ich durfte nicht lügen. »Ich hoffe es, Frederik«, sagte ich. »Es warten noch viele Aufgaben auf
dich.« Und in plötzlichem Vertrauen fuhr ich fort.
»Manchmal fürchte ich mich vor dem Tag, an dem der
Bann, der über diesem Land liegt, gebrochen ist. Was
wird uns bleiben? Nur Haß?«

Ich wußte nicht, ob er mich verstanden hatte, er
starrte in die Ferne, als hätte er meine Anwesenheit ver-

197

gessen. Draußen vor den Fenstergittern hing dichter Nebel. Es war Herbst. »Wann komme ich nach Hause?« murmelte Frederik. Er hustete und griff nach einem Tuch; es war voller Blutflecke. Ich sah mich um, als suchte das Gefühl der Verlassenheit in mir nach einem Gegenstand, der Trost zu spenden vermochte. Auf dem Spint stand Frederiks Essensschale. Sie war noch halb voll. Der Holzlöffel lag festgetrocknet in einem grauen Brei – Haferflocken.

Vier eiserne Bettstellen waren in der Zelle, an jeder Wand zwei. Anfangs war außer Frederik und Björn noch ein Dritter dagewesen – ein deutscher Gefangener. Nur wenige Wochen lang. Wir hatten ihm die Hand gegeben, hatten einige Worte mit ihm gewechselt, aber dennoch hatte seine Pritsche wie eine verlassene Insel an der stahlblau getünchten Wand gestanden. Seine Augen hatten an unseren Lippen gehangen, wenn wir mit Frederik und Björn sprachen.

Jetzt war der blaugewürfelte Bezug von der Bettstelle verschwunden. Einige Strohhalme stachen aus der schmalen, mit Sackleinwand bezogenen Matratze. Zwei dünne, säuberlich gefaltete graue Wolldecken lagen am Fußende.

Es war still neben mir. Der Hustenanfall war vorüber. Frederiks Augen folgten meinem Blick.

»Gestorben?«

Er nickte.

Tage und Woche vergingen. Noch immer fiel keine Entscheidung. Die Anträge auf Strafaussetzung schleppten sich träge weiter. Sie blieben auf jeder Dienststelle erst einmal liegen. Oder sie liefen verkehrt; dann mußten

sie zurückgereicht werden. Wieder tagelange Verzögerungen.

Wir baten den Oberinspektor um die Genehmigung,
schon jetzt Paßbilder von Frederik und Björn anzuferti-
gen. Wenn die Strafaussetzung genehmigt war, durften
wir keinen Augenblick verlieren. Jeder Tag zählte. Wir
mußten Frederik stützen, als wir ihn fotografierten.

Ich hatte an diesem Tage etwas Besonderes mitgenommen, etwas, das ich bisher noch nie ins Zuchthaus
gebracht hatte: Blumen! Nach fast vier Jahren Einzelhaft
sah Frederik zum erstenmal wieder Blumen. »Blaue
Astern?« flüsterte er. »Aus deinem Garten?«

»Ja«, sagte ich, »sie blühen bis spät in den Herbst und
überstehen sogar den ersten Frost.«

Björn blickte zu uns herüber. Er mußte meine Worte
gehört haben; ich sah ihn lächeln.

November. Ich bekam einen Brief in dänischer Sprache mit dem Poststempel Berlin, abgeschickt vom Bri-
stol Hotel, anonym.

»Tun Sie alles, was in Ihrer Macht steht, für Frederik.
Gedulden Sie sich noch einige Tage. Sagen Sie ihm, daß
seine dänischen Freunde sich für ihn an allerhöchster
Stelle verwenden.«

Am nächsten Morgen waren wir auf dem Weg nach
Rendsburg.

Frederik lächelte schwach. »An allerhöchster Stelle . . .« Er schien sich etwas zu beleben, doch Husten
und Heiserkeit hatten sich verschlimmert. Er gab uns
ein Zeichen, als wollte er etwas sagen.

Dann begann er zu sprechen, zwischendurch immer
wieder Atem schöpfend: »Weißt du noch, was du mir
sagtest über deine Angst um Deutschlands Geschick

nach dem Krieg? Ich habe darüber nachgedacht. Aber ich fürchte nicht nur für Deutschland, sondern für die ganze Menschheit. Kann sie gerettet werden? Das wird vom Frieden abhängen.«

Frederiks Stimme wurde eindringlicher. »Vielleicht müssen wir vorerst einmal Frieden in uns selbst finden.« Er wandte sich ab wie im Selbstgespräch. »Frieden! Wir müssen den Mut haben, das, was notwenig ist, zu tun, und uns mit dem, was unabänderlich ist, abzufinden.

Die Uhr im Turm schlug die Stunde. Die Zeit des Abschieds war gekommen.

Noch einmal sah ich Frederik an.

»Zerstöre dich nicht mit Hassen; diene weiter dem Leben«, flüsterte er.

In seinen Gesichtszügen las ich, daß das Ende nahte. In mir war kein Friede; blinder Haß stieg in mir auf gegen die Kräfte der Zerstörung, die den Sieg davonzutragen schienen.

Um sieben endete unser Tag im Zuchthaus. Die Lichter in den Zellen verloschen, in den Schlössern klirrten die Schlüssel. Es war die Zeit der Wachablösung.

Der Oberinspektor ging mit uns über den Hof. Ich warf noch einen letzten Blick auf die vergitterten Fenster. Ein schwacher Schimmer spiegelte sich darin. Weiter hinter der Mauer, unsichtbar für uns, die auf den holprigen Steinen den Weg zum Ausgang suchten, ging in mildem Glanz der Mond auf. Hinter den Fenstern vernahmen sie unseren Schritt, der am Tor verhallte – der Grenze zwischen ihrer Gefangenschaft und unserer »Freiheit«.

Die Klappe sprang auf. Der Oberinspektor gab die Parole.

Das schwere, eiserne Tor wich zur Seite.

»Ein langer Tag«, sagte der Oberinspektor, »und für Sie noch ein weiter Weg.«

Er begleitete uns die Straße hinunter, blieb vor einer gußeisernen Gartenpforte stehen, beugte sich zu seinem Hund hinunter, streichelte ihm den Kopf und sagte: »Komm, Greif, wir sind zu Hause.‹

Ein wenig verlegen hob er die Hand. Halb der »Deutsche Gruß«, halb ein Tippen an die Hutkrempe. »Dann – gute Nacht!«

Der Zug donnerte über die Brücke des Kaiser-Wilhelm-Kanals, und ich warf einen Blick auf das Zuchthaus. Im milden Schein des Mondlichts verschwammen die Konturen der kantigen Mauern und Gitter. Mir gegenüber saßen zwei Soldaten. Der eine begann vor sich hin zu summen.

»Hör auf!« sagte der andere, und beide lachten unterdrückt. Ich kannte das Lied – ein Marschlied, dem man Worte unterlegt hatte, dessen Refrain jedermann kannte, wenn auch keiner ihn laut zu singen wagte:

>»Scheiß auf den Krieg,
>Scheiß auf den Sieg –
>Hau Dir 'nen Finger ab,
>Entgeh' dem kühlen Grab . . .

Ich schloß die Augen. Herr Mangold fiel mir ein – seine verkrüppelte rechte Hand mit den beiden fehlenden Fingern. Er war gut gekleidet und wohlgenährt; er war am Leben und dennoch besessen von dem Gedanken, daß ihm das Leben etwas schuldig blieb. Dann dachte ich an die Deckers und ihr quietschendes Wägelchen, mit dem sie des Nachts zu den Trümmern ihres Hauses pilgerten.

201

Der Zug verlangsamte seine Fahrt. Wir näherten uns Hamburg. Der Mond stand hoch. Scheinwerfer flammten auf; ihre Kegel bildeten seltsame Figuren am Himmel, überkreuzten sich, liefen nebeneinander. Dann tauchten die ersten Trümmer auf. Gespenstisch umfloß das Mondlicht die Ruinen. Der Zug fuhr jetzt langsam wie ein Leichenwagen. Wir waren in der Stadt.

Plötzlich fiel mir etwas auf. Ich preßte das Gesicht gegen die Scheibe. Ich sah eine Kastanie, die in voller Blüte stand. Es war November, doch die Hitze der brennenden Stadt hatte den Baum zum Blühen getrieben.

Kaum hörte ich die Sirene, als wir im Bahnhof einrollten. Mechanisch folgte ich den heiseren Kommandorufen, mit denen wir vorangetrieben wurden, eine steile Treppe hinunter, bis tief unter die Bahnhofshalle und weiter in die katakombenartigen Gänge unter dem Bahnsteig. Wir standen Schulter an Schulter, zusammengepfercht im trüben Licht einiger Glühbirnen, die von der Decke baumelten; bei jedem Rollen in der Ferne flackerten sie unruhig auf.

Der Alarm dauerte viele Stunden, und die Luft war bald verbraucht – es war dumpf wie im Grabe.

Doch ich war noch erfüllt vom vergangenen Tag. Ich hatte gesehen, daß das Leben Tod und Zerstörung überwinden kann: In einer Zuchthauszelle hatte ein Mensch Friede in sich selbst gefunden.

Aber schon am nächsten Morgen spürte ich wieder die Nähe des Todes. In aller Frühe ging ich zum Seziersaal. Die langgestreckte Holzbaracke war kaum geheizt. Es war feucht und kalt. Die Deckenfenster waren eisverkrustet und ließen nur ein trübes Licht durch.

Ich hatte meine Studien vernachlässigt; vieles war nachzuholen. Ich fröstelte, weil ich zu wenig geschlafen hatte, und schlug den Kragen meines weißen Kittels hoch, als könnte das mich wärmen.

Zu so früher Stunde war ich noch mit den Leichen allein. Sie lagen auf Tragbahren, und der süßliche Geruch nach Formalin erregte Übelkeit. Die Leiche, an der ich präparierte, lag sehr weit hinten. Der Boden hallte unter meinen Schritten. Vielleicht ging ich besonders laut; ich war das einzige lebende Wesen in diesem Saal.

In langen Reihen lagen gelbe, ausgezehrte Körper, Leichen von verstorbenen Gefangenen und Hingerichteten, der Anatomie von der Justiz »freundlichst« zur Verfügung gestellt. Ich schlug mein Anatomiebuch auf, legte es neben mich und begann zu präparieren. Ich öffnete die Pleura, doch die Stille um mich herum machte mich unruhig. Die Leiche vor mir sah weder jung noch alt aus. Die Haut spannte sich wie vergilbtes Leder über den Knochen. Das Gesicht blickte ausdruckslos auf das eisverkrustete Deckenfenster, der geschlossene Mund war wie ein schmaler, blauer Strich. Kein Schmerz war in seinen Zügen.

Ich starrte auf die Augen. Sie waren leer, stellten keine Frage und gaben keine Antwort.

Eine Leiche sah aus wie die andere. Dennoch waren sie einst lebende Menschen gewesen, wie Frederik, wie Björn, wie ich. Sie hatten gewartet, verzweifelt und doch mit Hoffnung im Herzen, jenem Funken Hoffnung, der uns bleibt bis zum letzten Atemzug.

Ich zuckte zusammen, als mein Buch zu Boden fiel. Ich nahm es rasch auf und versuchte, mich auf mein Präparat zu konzentrieren.

Wenige Minuten später ging die Tür auf. Studenten in Uniform. Schwere Stiefel trabten durch den Saal – der Schritt unserer Zeit. Die Aufgebahrten hatten ihn einst auch vernommen; sie hatten angstvoll gelauscht; sie hatten sie kommen gehört über Treppen und Korridore – der Augenblick der Hinrichtung nahte. Männer in Uniform hatten neben ihnen gestanden und sie sterben sehen.

Jetzt kamen abermals schwere Stiefel. Doch die Leichen rührten sich nicht. Ihre Furcht war mit ihrem Schmerz vergangen.

Die stille Baracke vom Morgen hatte sich in einen summenden Saal verwandelt. Eilig wurden noch die weißen Kittel über den Uniformen zugeknöpft. Dann drängten die Studenten sich an die Bahren.

Auf den Hockern saßen Studentinnen, das aufgeschlagene Anatomiebuch vor sich. Vorsichtig hantierten sie mit dem scharfen Skalpell und sprachen über die Leichen hinweg mit den Studenten. Rufe flogen von einem Ende des Saales zum anderen.

Eines der Mädchen begann zu kichern. »Seht euch mal meinen Amandus an! Sonderzuteilung für eine Leiche.«

Stöckelschuhe und schwere Stiefel hoben sich auf die Zehenspitzen. Helles Juchzen der Mädchen und dröhnendes Lachen der Soldaten: Zwischen den schmalen blauen Lippen steckte eine glimmende Zigarette.

An meiner Leiche arbeiteten wir zu sechst. Der Student, der den Kopf präparierte, begann zu fluchen. Immer wieder versuchte er den Kopf mit einem Pflock abzustützen, doch er fiel kraftlos zur Seite. Ein anderer Student kam ihm zu Hilfe, tastete den Halswirbel ab und erklärte sachlich: »Gebrochen. Den haben sie erhängt.«

Sie machten weiter, präparierten, blätterten im Anatomiebuch, pfiffen vor sich hin und schwatzten miteinander.

Ich ging, ohne mit meinem Präparat fertig geworden zu sein. Auf halbem Wege faßte mich jemand am Arm. Es war der Leichendiener, ein altes Faktotum. Er sah aus wie ein Türke, denn sommers wie winters trug er einen roten Fez auf dem Kopf. Vor einigen Tagen hatte ich ihn um ein Gehirn gebeten, das ich in meiner Freizeit zu Hause sezieren wollte. Aus der Tasche ragten Messer und Pinzette. In der Hand hielt er eine Säge.

»Sie können das Gehirn haben – bringen Sie morgen zehn Zigaretten mit.«

Er tippte mir mit der Säge auf die Schulter und fügte gutmütig hinzu: »Der Chef prüft in vierzehn Tagen Herz. Ich hab' gerade noch eins. Das wickle ich Ihnen mit ein. Das kriegen Sie umsonst.«

Zu Hause kam mir meine Mutter entgegen. »So früh? Weißt du schon . . .?«

»Bescheid aus Rendsburg?« Ich hielt den Atem an.

»Der Oberinspektor hat angerufen. Die Strafaussetzung für Frederik Ramm ist genehmigt.«

Jetzt zählte jede Minute. Ich mußte die norwegische Seemannskirche benachrichtigen; doch der Hafen war wieder bombardiert worden, und die Telefonverbindung war unterbrochen. Ich fuhr hin.

Ich rannte die Helgoländer Allee hinunter, vorbei am Bismarck, und warf ihm einen Blick des Triumphs zu, als hätte ich mit der Freilassung eines Gefangenen für immer sein Schwert zerschmettert.

Eine Stunde später ging ein Telegramm an das Dänische Rote Kreuz ab. »Morgen . . .«

Frederik Ramm überlebte den Transport nach Norwegen nicht. Er starb bei Freunden in Dänemark. Nach ein paar Tagen berichtete die BBC, seine Beisetzung habe sich zu einer nationalen Kundgebung gestaltet.

»Gönnen wir ihm die Ruhe«, sagte der Oberinspektor in Rendsburg, als wir ihm von Frederiks Tod berichteten. »Wie wäre es wohl gekommen, wenn er noch gelebt hätte? Am Tag nachdem er uns verlassen hatte, bekamen wir einen Anruf von der Gestapo. Frederik Ramm sei ein zu bekannter Mann. Er sei zurückzubehalten. Sie müßten ihn haben.«

Pastor Svendsen warf mir einen Blick zu. Hätte der alte, freundliche Mann, der uns gegenüber am Schreibtisch saß, uns nicht erlaubt, das Paßbild schon vorher zu machen . . .

Wieder hörte ich die ruhige Stimme des Oberinspektors: »Vor wenigen Minuten ist die Nachricht gekommen, daß der andere norwegische Gefangene, der mit Frederik Ramm im Lazarett lag, auch Strafaussetzung bekommen hat.«

Der Pfarrer stand auf und reichte dem Oberinspektor die Hand: »Ich danke Ihnen – im Namen meines Landes.«

Der Oberinspektor räusperte sich. Verlegen sah er zu mir herüber. Dann beugte er sich zu Greif hinab und sprach mit dem Hund, als wären sie beide ganz allein auf der Welt.

»Wir sind schon sehr lange im Zuchthaus, Greif«, sagte er. »Und was jetzt geschieht, dafür haben wir kein

Verständnis mehr. Aber so hat es doch noch einmal für uns einen guten Augenblick gegeben.«

Ich saß in sehr gerader Haltung auf dem Sofa und tat so, als hörte ich nichts. Dann blickte ich auf das Bild des alten Hindenburg, das über dem Schreibtisch hing. Das Hitlerbild im Postkartenformat war von meinem Platz aus nicht einmal zu sehen.

Nie zuvor hatte ich Hindenburg so freundlich angeschaut. Wer weiß, was geschehen wäre, hätte ein anderer seinen Ehrenplatz eingenommen.

25

Björn kam nach Hause. Das Dänische Rote Kreuz brachte ihn nach Norwegen, wo er zur Behandlung in eine Tuberkuloseklinik eingewiesen wurde. Würde ich ihn jemals wiedersehen? Für Frederik Ramm war die Überweisung zu spät gekommen. Björn hatte Aussicht zu überleben.

Im Herbst 1943 wurden unsere Lebensmittelrationen wieder gekürzt. Die schweren Regenfälle im August hatten die lange Dürre des Frühjahrs und des Sommers nicht ausgeglichen; die Ernte war schlecht. Der Krieg schien sich endlos hinzuziehen, und immer lauter wurden die Gerüchte, daß es an der Ostfront nicht gut stehe. Zwar wurden sie vom Propagandaministerium aufs nachdrücklichste dementiert, aber die Leute waren den Krieg leid. Zu oft waren sie belogen worden; nun glaubten sie nur noch, was sie mit eigenen Augen sahen. Rußland war weit, aber die Menschen maßen den Erfolg von Hitlers Armeen jetzt nach den immer dünner werdenden Scheiben Brot. »Hundert Gramm Brot weniger pro Tag« – das war alles, woran sie noch denken konnten.

Die Sirenen heulten jede Nacht, und die amerikanischen Bomber kamen mit solcher Präzision, daß man nach dem Beginn des Alarms fast die Uhr hätte stellen können. Jetzt hatten sie es auf andere Städte abgesehen; nur gelegentlich ließen sie auf dem Rückflug eine Bombe auf Hamburg fallen.

Meine Schreibtischlampe brannte bis tief in die Nacht. Abend für Abend las ich Gefangenenpost und blickte nur manchmal von einem Brief auf, um nach dem Bild über meinem Schreibtisch zu schauen. Wie lang schien es her, daß Eduard in das verwaschene Blau des Himmels über dem weißen, strohgedeckten Bauernhaus die Noten hineingemalt hatte! Mit den Augen folgte ich der sandigen Straße, die hügelan führte, und dachte dabei an das Schulmädchen, das einst hatte wissen wollen, wohin dieser Weg ging.

Ende November hatte ein scharfer Wind auch die letzten Blätter von den Bäumen geweht, und als der erste Frost kam, gefror das Laub im Rinnstein zu dicken, braunen Klumpen, die fest am Asphalt hingen.

Der Einbruch des Winters hielt die Deckers jedoch nicht von ihren nächtlichen Expeditionen ab; das laute Quietschen des Handwagens schien der starren Kälte der Nacht zu trotzen. Eines Abends, Anfang Dezember, als ich noch an meinem Schreibtsich saß, hörte ich sie wieder davongehen. Ich drehte meine Nachttischlampe aus, um durchs Fenster zu spähen, und sah, was ich so oft zuvor schon gesehen hatte: Herr Decker, sich auf die Schaufel stützend, führte den kleinen Zug an; ein paar Schritte hinter ihm folgte seine Frau mit dem Wagen. Et-

208

liche Stunden später wachte ich auf und hörte sie die Treppe hinaufkeuchen. Ich schlief wieder ein, doch gegen Morgengrauen, irgendwo zwischen Traum und Wirklichkeit, drängte sich ein gellender unheilverkündender Klang in meinen Schlaf. Ein-, zwei-, dreimal – ich fuhr auf, war mit einem Schlag wach und lag wie in Schweiß gebadet.

Es klingelte an der Haustür.

Ich sprang auf und eilte zu meiner Mutter, die schon am Fenster stand. Draußen am Rinnstein stand ein Auto mit abgeblendeten Scheinwerfern und laufendem Motor.

Wir warfen Mäntel über und stürzten zur Haustür.

Zwei Männer standen vor uns, in der Hand einen Ausweis.

»Geheime Staatspolizei!«

Sie schoben uns beiseite, gingen durch die Diele in die Küche und an das Fenster zum Garten.

»Da ist er!« Sie schienen gefunden zu haben, was sie suchten. Ohne uns im geringsten zu beachten, schoben sie den Riegel der Hintertür zurück und traten hinaus. Ich hörte, wie die dünne Eisschicht unter ihren Schritten brach. Vom Küchenfenster aus verfolgten wir, wie sie den Rasen überquerten, und dann nahe der hinteren Gartenpforte stehenblieben. Dort, hinter der Hecke und von der Straße aus nicht zu sehen, stand Herrn Deckers kleiner Handwagen. Sie untersuchten ihn von allen Seiten, sprachen miteinander und versetzten zum Schluß dem Wagen einen Tritt, daß er auf die Eberesche zurollte.

Ich blickte meine Mutter an. Wir sprachen kein Wort. In ihren Augen spiegelte sich meine eigene Unsicherheit und eine schwach aufglimmende Hoffnung. War es möglich, daß sie nicht gekommen waren, um uns abzuholen?

Sie kamen zurück in die Küche.

»Wo waren Sie heute nacht?« verlangten sie zu wissen.

Doch noch bevor wir antworten konnten, kam Herr Deckers klärende Stimme von der Diele: »Was ist mit meinem Wagen?«

Die beiden drehten sich rasch um. »Dann gehört er also *Ihnen*?«

Der alte Mann stand unten an der Treppe und stützte sich auf das Geländer. Barfuß und im Nachthemd hob er den Arm und sagte: »Heil Hitler!«

»Wir sind gekommen, um Sie abzuholen«, erwiderten die Gestapobeamten seinen Gruß.

Herr Decker zitterte am ganzen Körper. »So lassen Sie mich doch gehen«, flehte er, ohne sie auch nur zu fragen, was sie von ihm wollten. »Lassen Sie mich laufen. Ich habe nur getan, was viele andere auch tun.«

»Mag sein, aber Sie hat man dabei erwischt.«

Der alte Mann brach zusammen. »Ich hab' einen Sohn, der in Rußland steht«, schluchzte er. »Ich hab's für ihn getan.«

Die Gestapobeamten warfen einen Blick auf die Uhr in der Diele. »Sie haben fünf Minuten, um sich anzuziehen.«

Sie blieben unten an der Treppe stehen, während Mutter und ich in die Küche zurückgingen. Ich mußte mich setzen und konnte nichts anderes denken, als daß wir noch einmal davongekommen waren.

Auf seine Schaufel gestützt, kam Herr Decker kurz

210

darauf herunter. Seine Frau war bei ihm – beide in Hut und Mantel, wie ich sie zum erstenmal vor unserer Haustür hatte stehen sehen. »Wir haben uns noch nie getrennt«, sagte Frau Decker. »Ich gehe mit ihm.«

»Das geht nicht.« Dann wandten sie sich an den alten Mann und befahlen im, die Schaufel abzustellen.

»Er benutzt sie als Spazierstock«, versuchte ich zu erklären. Sie blieben ungerührt, und als sie gingen, drehte der eine sich zu uns um und sagte: »Wo der hinkommt, kann er nichts mitnehmen.«

Frau Decker stand wie versteinert da. Schließlich ließ sie sich von uns in die Küche führen, weigerte sich jedoch, Hut und Mantel abzulegen.

»Wohin bringen sie ihn?« fragte sie und fing plötzlich an zu zittern.

Was sollten wir sagen? Möglich, daß die Gestapo ihn ins Untersuchungsgefängnis brachte; vielleicht brachten sie ihn auch gleich in das nächste Konzentrationslager. Um sie zu trösten, sagten wir, vielleicht würden sie ihn nach einem kurzen Verhör wieder laufen lassen. Sie gab keine Antwort, als hätte sie uns nicht verstanden, stellte keine weiteren Fragen, sondern starrte ins Leere.

Es war noch vor Sonnenaufgang und bitterkalt, aber statt in die Wärme unserer Betten zurückzukehren, blieben wir zusammen. Ich kümmerte mich um den Ofen, und meine Mutter bereitete das Frühstück.

Schließlich erschien auch Herr Mangold. Sein Haar war ungekämmt, doch aus seiner Miene ging hervor, daß er von der sicheren Warte seines Zimmers den Ereignissen gefolgt war. Zu unserer Überraschung bot er uns eine Tasse Kaffee an. Echten Bohnenkaffee! Woraufhin wir ihm einen Teller Haferflocken vorsetzten –

und so geschah es, daß wir, seit unser Haus Zufluchts-
stätte für Fremde geworden war, zum ersten Mal eine
Mahlzeit gemeinsam einnahmen.

Es wurde warm in der Küche, und Frau Decker taute
auf. Ihre nächtlichen Ausflüge hatten Frau Groths Hof
gegolten, wo der neue Bunker gebaut wurde. Nacht für
Nacht hatten sie Bauholz und hin und wieder einen Sack
Zement mit ihrem Wägelchen abgefahren, um ihr Haus
damit wieder aufzubauen. Alles Baumaterial hatten sie
sorgfältig in den Trümmern ihres Grundstücks verborgen, aber irgend jemand mußte sie beobachtet und bei
der Gestapo angezeigt haben. Oder hatte das Quietschen der Räder sie verraten?

»Wir sind immer anständige Leute gewesen«,
schluchzte sie. »Aber wie soll man sonst an Material
herankommen? Warum bestrafen sie nur uns kleine
Leute?«

»Das ist der Sinn des Krieges«, sagte Herr Mangold,
während er aufstand, seine Krawatte zurechtrückte und
sich mit einem Taschenkamm durchs Haar fuhr: »Für
Morden wird man dekoriert, und für solchen Drecks-
kram machen sie einem den Garaus.«

Von da ab blieb Frau Decker zu Hause und rührte von
dem Essen, das wir ihr nach oben brachten, kaum etwas
an. Ihre Augen stellten immer die gleiche stumme Frage,
doch von ihrem Mann kam kein Lebenszeichen. Sein
kleiner Wagen stand noch immer bei der Eberesche, wo
er hingerollt war. Aus Tagen wurden Wochen; es begann zu schneien.

Jede Nacht gab es Fliegeralarm; auch tagsüber, selbst
bei bedecktem Himmel ging die Sirene.

Eines Morgens sollte ich nach Rendsburg fahren. Aus

dem Radio kam Marschmusik. Hastig beendete ich das Frühstück, immer mit halbem Blick zum Lautsprecher, als könnte ich ihn damit bannen, weiterzuspielen. Nur weiter, weiter mit der Musik! Wenn sie abgebrochen würde, war Alarm im Anzug. Dann ruhte innerhalb der Stadt aller Zugverkehr. Wie sollte ich dann zum Hauptbahnhof kommen? Säße ich nur erst im Zug nach Rendsburg!

Meine Mutter begleitete mich bis zur Haustür. Ich gab ihr die Hand und sagte: »Es wird spät werden heute nacht. Warte nicht auf mich.«

Da raschelte es; etwas fiel durch die Briefklappe der Tür. Ich bückte mich danach, warf einen flüchtigen Blick darauf. Ein blauer Umschlag ohne Marke. Und der Absender?

Ich stellte den Koffer zu Boden und öffnete den Brief mit klopfendem Herzen.

»Eine Vorladung von der Gestapo«, sagte ich zu meiner Mutter und versuchte ruhig zu sprechen.

Noch einmal überflog ich den Inhalt. »Sie werden hiermit gebeten ...« Der Brief trug den Poststempel von vorgestern. Die Vorladung lautete auf heute.

Es war soweit; ich war an der Reihe. Mein erster Gedanke war Herr Decker. Ob er wohl geredet hatte? Doch was wußte er schon? Wir waren immer äußerst vorsichtig gewesen, hatten die BBC nur spätabends hinter verschlossenen Türen gehört und das Radio noch durch eine Wolldecke abgedämpft. Und Herr Mangold? Die vielen Brote, die er uns hatte backen sehen? Bei ihm war ich sicher, daß er uns niemals anzeigen würde; dazu hatte er selbst zuviel zu verbergen. Vielleicht war es nur eine Routineuntersuchung – oder hatten sie etwas über

meine Arbeit in Erfahrung gebracht? Herr Jensen? Der
norwegische Pfarrer? Einer vom Zuchthauspersonal?
Fieberhaft suchte ich nach einem Anlaß, aber ich konnte
kaum noch einen klaren Gedanken fassen, so lähmte
mich die Angst. Hatte einer der Gefangenen mich angezeigt; oder einer der Studenten von der Universität?

Im Radio schmetterte die Marschmusik weiter. Nochmals sah ich mir den Brief an. Ich kannte Leute, die vorgeladen und nie wieder zurückgekehrt waren. Einen
Augenblick war ich versucht, einfach davonzulaufen –
aber wohin?

Die Vorladung der Gestapo galt für heute. Ich faßte
einen Entschluß. Ich legte den Brief beiseite. Ich würde
erst morgen gehen. Heute mußte ich jemanden besuchen, der mir wichtiger war. Es war Monate her, seit ich
ihn zum letzten Mal gesehen hatte.

Bei unseren Besuchen waren wir nie allein. Der Pfarrer und andere Gefangene waren immer dabei. Doch für
mich versank die Welt, wenn ich Gunnar Dal sah. Was
mich an ihn band, ließ sich kaum in Worte fassen. Es
war wie ein geheimer Bund, ein schweigendes Einver-
ständnis, das völlige Verstehen zwischen zwei Menschen, die einander lieben, ohne zu fordern.

An diesem Tag sprachen wir über die Freiheit. Bei frü-
heren Besuchen hatten wir so oft über den Tag der Befreiung gesprochen, immer bestrebt, die Hoffnung der
Gefangenen wachzuhalten. Gunnar hatte dabei für gewöhnlich geschwiegen. Heute sagte er: »Hofft nicht auf
die Freiheit – *seid frei!*«

»Hinter diesen Mauern?« hielt einer der Gefangenen
ihm nicht ohne Bitterkeit entgegen.

Gunnar lächelte. »Wo du auch bist – du wirst nur soweit frei sein, als du dich von der Furcht befreien kannst.«

Unsere Blicke trafen sich. Seine Worte galten mir, dachte ich und war versucht, ihm von der Vorladung zu erzählen. Statt dessen sagte ich: »Ich kann mir die Freiheit nicht als eine nur geistige Verfassung vorstellen.«

»Noch nicht«, sagte Gunnar. »Aber vielleicht später.«

Die Zeit war um. Sie mußten gehen. Gunnar stand vor mir; plötzlich fühlte ich, wie sich seine Hand um die meine schloß. Wir blickten einander an. Unsere Augen sagten, was wir empfanden, selbst wenn wir schweigen mußten. Dann wandte er sich rasch ab und ging, ohne sich noch einmal umzusehen.

Ich stand und starrte auf die Tür, die sich hinter ihm geschlossen hatte. Ich wußte: Keine Tür, keine Mauer konnte uns voneinander trennen.

Meine Hand spürte noch die Wärme seiner Berührung, als ich mich auf den Heimweg machte. Im Zug schloß ich die Augen, und während mein Herz zu ihm sprach, schwanden das Gestern und Morgen, und nur das Heute blieb. Ich war frei von Furcht.

Doch als ich am nächsten Morgen vor dem nahe der Universität gelegenen Patrizierhaus stand, packte mich die Angst von neuem. Das Haus an der Rothenbaumchaussee wirkte unbewohnt; es lag verborgen hinter hohen Büschen und Bäumen. Ich hatte mir ein Brot eingesteckt für den Fall, daß man mich dabehalten würde. Innerlich zitternd, aber äußerlich unbeschwert schritt ich über die breite Auffahrt auf das Haus zu. Kaum hatte ich den gußeisernen Griff der schweren Tür berührt, da summte es, und sie öffnete sich. Unsichtbare Augen

215

mußten mich bemerkt haben. Im Erdgeschoß war es totenstill; der Parkettfußboden zeigte Spuren vieler Schuhe. Die Türen zum Flur waren verschlossen; keine Stimmen, kein Schreibmaschinengeklapper.

Ich räusperte mich und hustete – es hallte wider in der leeren Halle. Trotzdem erschien niemand; keine Tür öffnete sich. Ich zog noch einmal den blauen Umschlag hervor; die Adresse stimmte, dieses Haus mußte es sein. An der Wand hingen mehrere Kupferstiche, Hamburger Stadtansichten, Überbleibsel aus einer Zeit, in der noch irgendein »ehrbarer Hamburger Kaufmann« das Haus bewohnt hatte.

Ich stieg die Treppe zum ersten Stock hinauf. Wieder eine verschlossene Tür, ohne Nummer, ohne Namensschild. Ich klopfte an; keine Antwort. Vorsichtig zog ich sie auf – sie war dick mit Leder gepolstert, und hinter ihr war eine zweite Tür, ebenfalls ledergepolstert; sie erstickte mein Klopfen, als ich es noch einmal versuchte. Schließlich drückte ich die Klinke herunter und öffnete die innere Tür.

»Kommen Sie herein«, sagte eine Stimme von drinnen.

Ich stand in einem weiten, hohen Raum. Hinter einem riesigen Schreibtisch saß ein Mann. Er war weder jung noch alt, vielleicht zwischen dreißig und vierzig, und er trug Zivil. Die Farbe seines Anzugs war grau, und sein Gesicht war wie ein leeres Stück Papier. Die Gestapoleute trugen keine Uniform; aber auch in Zivil sahen sie für mich alle gleich aus.

Mit undurchdringlicher Miene sah er mich an und hob nicht einmal den Arm zum »Deutschen Gruß«.

»Sie kommen mit einem Tag Verspätung«, stellte er

fest, als ich ihm meine Vorladung reichte. Dann musterte er mich kalt und sagte: »Können Sie sich das leisten?« Er griff nach einer dicken Akte auf dem Schreibtisch.

Mir lief es kalt über den Rücken, als ich sah, wie er sich in die Akte vertiefte und sie Seite um Seite studierte.

Ich begann mich umzusehen und nahm Dinge wahr, die in diesem Augenblick für mich ganz unwesentlich waren. Die großen Scheiben der Fenster waren blankgeputzt; keine Gardinen. Das Haus gegenüber war nur noch eine Fassade. Hinter dem Mann am Schreibtisch war eine Tür, weiß lackiert. Meine Augen blieben an dieser Tür haften. Was ist hinter der Tür? Führte sie noch tiefer hinein in das Gestapoquartier? Die Beine wurden mir schwer.

Zuletzt brach der Mann das Schweigen. »Sie wissen, warum Sie vorgeladen sind?«

Das Spiel begann – und ich spielte es nicht zum ersten Mal. Ich war da und war doch weit fort. Die Angst hatte sich irgendwo in einen Winkel verkrochen. Ich war ruhig, wußte genau, was ich zu sagen hatte, und kam mir vor wie ein distanzierter Beobachter, als ich lächelnd fragte: »Wieso?«

»Ihr Beruf?« wollte er wissen.

»Medizinstudentin.«

»Ach?« Die Spitze des Bleistiftes tanzte auf der Akte.

Offensichtlich wußte die Gestapo, daß ich nicht nur studierte. Aber was wußte sie von meiner Arbeit im Zuchthaus?

»Ich arbeite nebenbei als Dolmetscherin«, kam ich der nächsten Frage zuvor. Mein Gesicht war ebenso glatt wie die weißlackierte Tür hinter dem Schreibtisch.

»Und wo arbeiten Sie?« fing er wieder an.

»Ich zensuriere die Post beim Zuchthaus Fuhlsbüttel.«

»Ist das alles?«

Wie gut die Gestapo Bescheid weiß!

»Nein, ich überwache auch die Besuche der Gefangenen.«

Er fragte mich aus, und ich antwortete kurz. Er wußte,
daß der norwegische Pfarrer die Gefangenen besuchte;
er kannte seinen Namen. Er wußte, wie oft wir in die
Strafanstalt gingen. Er wußte auch, daß ich nicht Mitglied der Partei war. Doch von unseren Fahrten nach
Rendsburg und von schweren Koffern schien er nichts
zu wissen.

»Wie ist denn der Pastor, mit dem Sie zu tun haben?
Was wird während der Besuche gesprochen?«

Mechanisch kamen die Antworten. Das Gehirn arbeitete wie eine Präzisionsmaschine.

»Warum schicken Sie uns keine Berichte über die Gefangenen?«

Der Mann lehnte sich über den Schreibtisch. »Wir
sind nicht nur an den Gefangenen interessiert. Wir
brauchen auch Berichte über den Chef und das Personal
der Anstalt.«

»Und bei wem holen Sie sich Ihre Informationen über
die Dolmetscherin?« fragte ich mit freundlicher Bereit-
willigkeit.

»Darüber zerbrechen Sie sich nur nicht den Kopf«,
sagte er. »Wir wissen über Sie genau Bescheid.«

Es gelang mir, ein Lächeln zu verbergen.

Dann beugte er sich vor und sagte unvermittelt: »Geben Sie mir einen genauen Bericht über Ihre Tätigkeit in
Rendsburg.«

Das also war es. Das Lächeln in mir erstarb. Ich saß regungslos da. Meine Vorladung hatte mit dem Zuchthaus Rendsburg zu tun, aber was? Ich fühlte Glatteis und zögerte mit der Antwort. »Über dienstliche Angelegenheiten spreche ich ungern«, sagte ich schließlich.

»Ja, was denken Sie sich denn eigentlich? Wo, bilden Sie sich ein, sind Sie? Sie sind hier bei der Gestapo!« Der Mann lachte plötzlich auf. »Sie können noch etwas bei uns werden! Liefern Sie uns Berichte über alles, was in den Anstalten vorgeht.«

Er stand auf. »Sie können gehen«, sagte er unvermittelt.

»Aber ich glaube, wir haben uns nicht zum letzten Mal gesehen.«

Ich murmelte mein »Heil Hitler!« und ging rasch auf die ledergepolsterte Tür zu. Ich war wie vor den Kopf geschlagen. Weshalb hatten sie mich eigentlich vorgeladen? Draußen auf dem leeren Flur blieb ich stehen – war dies alles Wirklichkeit oder nur ein Alptraum?

Niemand war an der Haustür, um mich herauszulassen; doch wieder ertönte ein Summen, und abermals öffnete sich die Tür, dirigiert von unsichtbaren Augen und Händen.

Ich holte tief Atem. Sie hatten mich gehen lassen – zumindest für heute. Langsam ging ich zum Dammtorbahnhof hinüber, sah und hörte nichts von meiner Umgebung, versuchte, mich einzig und allein auf den Anlaß meines Verhörs zu konzentrieren. Was hatte die Gestapo von mir gewollt?

Noch einmal sah ich mich um. Dort irgendwo verborgen hinter Büschen und Bäumen lag ein Patrizierhaus mit einer imposanten Fassade und blitzblanken Fenstern, die nichts von weißlackierten, ledergepolsterten Türen ahnen ließen.

Ich war frei. Sie hatten mich gehen lassen. Zumindest für heute. Jenseits der Straße leuchtete die platingrüne Kuppel der Universität in der winterlichen Sonne. Von nun an werde ich nur noch studieren, dachte ich. Die Gefangenenarbeit gebe ich auf. Ich gehe regelmäßig in die Kollegs. Zu Hause vergrabe ich mich in mein Zimmer und studiere. Heute hatte die Gestapo mich laufen lassen, aber es war nur der Anfang. Sie würden mich wieder vorladen – morgen, nächste Woche, irgendwann. Eines Tages klingelt es dann an der Haustür, und sie holen mich ab.

Wieder dachte ich an Gunnar, an die Kraft, die mich in seiner Gegenwart durchdrungen hatte. Es war nur vierundzwanzig Stunden her – mir kam es vor wie eine Ewigkeit. Ein Gefühl völliger Niederlage ergriff mich. Ich wünschte nichts sehnlicher, als dieses Leben der Furcht hinter mich zu bringen. Nie wieder aus dem Schlaf aufschrecken müssen beim Geräusch eines anfahrenden Autos, nie wieder mit angehaltenem Atem warten müssen, ob das Auto anhalten oder weiterfahren wird.

Ich schickte mich an, die Straße zu überqueren. Bremsen kreischten. Jemand riß mich zurück.

»Immer noch so unvorsichtig wie früher!«

Ein schwerer Lastwagen rauschte unmittelbar an mir vorüber. Eine junge Frau hielt mich am Arm. Sie trug ein schwarzes Halstuch und einen dunkelblauen Rock; auf der braunen Kletterweste ringelte sich eine farbige Schnur.

»Kennst du mich nicht mehr?« fragte sie.

Sie war eine alte Klassenkameradin.

»Ich bin Ringführerin«, erzählte sie mir. »Und du?«

Sie wartete keine Antwort ab. Aufgeregt berichtete sie weiter: »Ich komme gerade vom Bann. Große Lagebesprechung . . .« Ein Wortschwall ergoß sich über mich. Mädelverschickung – Lehrgang im Lager – Schulungsabende – Kriegseinsatz.

»Eigentlich wollte ich studieren, aber der Dienst im BDM ging vor. Und solange meine Mädel mich brauchen, bleib' ich dabei.«

Phrasen? Forschend sah ich sie an. Sie glaubte, was sie sagte. Aus den Augen leuchtete ehrliche Begeisterung.

Als wir vor dem Bahnhof standen, besann sie sich plötzlich.

»Ja – und was machst du?«

»Medizin«, antwortete ich kurz.

»Dann hast du ein ruhigeres Leben als ich.«

An beiden Seiten des Bahnsteiges liefen die Züge ein. Wir trennten uns, sie fuhr in entgegengesetzter Richtung. Gleichzeitig fuhren die Züge ab. Ich bemerkte noch, wie sie zum Abschied den Arm hob.

Ich stand im überfüllten Abteil und dachte an das braune Kletterwestenmädchen. Sie tat ihren Dienst. Sollte ich wirklich aufgeben?

Als ich die Haustür öffnete, lag ein Brief mit einer ausländischen Marke auf dem Boden. Er kam aus Norwegen und trug keinen Absender, doch die ungelenke Handschrift war unverkennbar.

»Dir verdanke ich, daß ich lebe«, schrieb Björn.

Ich rief Pastor Svendsen an: »Lassen Sie uns morgen nach Rendsburg fahren.«

Ich verbrachte eine schlaflose Nacht; ich versuchte, mir jede Einzelheit der vergangenen Monate ins Gedächtnis zurückzurufen. Wer konnte mich bei der Gestapo angezeigt haben? Ich mußte es herausfinden und die Gefangenen vor dem Angeber warnen.

Pünktlich um zehn Uhr am nächsten Morgen donnerte unser Zug über die Brücke. Wenige Sekunden später tauchte der massive, gelbe Zuchthausbau auf. Wir standen auf dem Gang am Fenster und hielten Ausschau nach unseren Freunden. Da – da war der Hof, aber wo waren die Gefangenen? Wir sahen uns bestürzt an. Das Anstaltsleben war nach Minuten eingeteilt. Immer wenn der Zug um zehn Uhr vorbeibrauste, waren die Gefangenen auf dem Hof. Sollte der leere Hof mit meiner Vorladung bei der Gestapo in Verbindung stehen? Angst stieg in mir auf. Mir ahnte nichts Gutes.

Der Pförtner am Tor grüßte nicht so freundlich wie sonst, als er uns einließ; und schon war ich davon überzeugt, daß sein mürrisches Gesicht etwas Besonderes zu bedeuten hätte. Wir wurden in das Arbeitszimmer des Oberinspektors geführt. »Sie müssen warten. Der Herr Oberinspektor ist beim Chef.«

Wieder tauschten der Pfarrer und ich einen Blick. Alles verdichtete sich zu dem einen Gedanken: Man hatte etwas über mich in Erfahrung gebracht.

Die große Uhr im Zuchthausturm schlug – elf unheilverkündende Schläge. Das Zimmer war überheizt, und doch fror mich. Greif lag in seinem Korb und atmete merkwürdig schwer. Kaum waren die Schläge der Uhr verhallt, stand er auf, ließ einen würgenden Laut hören und erbrach sich. Auf dem grauen Teppich breitete sich eine grüne Lache aus.

Es geschah so unerwartet, daß es mir vorkam, als ständen Greifs Würgen und seine plötzliche Erleichterung im engen Zusammenhang mit meiner seelischen Verfassung.

Die Tür ging auf, und der Oberinspektor trat ein. Sein freundliches Gesicht war ungewöhnlich ernst. Das zumindest bildete ich mir nicht ein.

»Gut, daß Sie kommen«, sagte er. »Wir haben Sie schon erwartet.«

Also stimmte es. Die Gestapo hatte etwas gegen mich unternommen. Die äußere Ruhe, die mir noch gestern im Patrizierhaus zu Gebot gestanden hatte, verließ mich. Vielleicht nur, weil es der alte Oberinspektor war, in dem ich bis jetzt beinahe einen Freund gesehen hatte.

»Sie haben mich erwartet?« wiederholte ich stockend.

»Ja, eine Zelle ist gerade frei geworden. Wir müssen Sie hierbehalten.«

Was sonst Scherz gewesen sein könnte, mußte heute ernst sein. Meine Hand griff zur Sofalehne. Der alte Mann trat auf mich zu. »Was ist mit Ihnen? Sind Sie krank?« Dann bemerkte er die grüne Lache vor Greifs Korb und sagte kopfschüttelnd: »Fast möchte man es genauso machen wie er!« Aufseufzend fügte er hinzu: »Na, man hat Ihnen wohl schon am Tor gesagt, was heute los ist?«

In atemloser Spannung sah ich ihn an.

»Besichtigung.«

»Besichtigung? Durch wen?«

»Durch wen? wiederholte der Oberinspektor. »Nun, natürlich durch den Generalstaatsanwalt.«

Ehe ich mich noch besonnen hatte, brach es aus mir heraus:

»Gott sei Dank!«

»Was heißt das, ›Gott sei Dank‹?« sagte der Oberinspektor. »Sie sollten wissen, wie übel so eine Besichtigung ist. Dicke Luft von morgens bis abends.«

Es klopfte. Ein Wachtmeister meldete, daß der Chef die Dolmetscherin zu sprechen wünsche.

Er rieb sich behaglich die Hände, als ich in sein Arbeitszimmer eintrat. »Ich wollte Ihnen nur sagen, daß der Generalstaatsanwalt sich sehr anerkennend über Ihre Arbeit geäußert hat.«

Ich glaubte nicht richtig zu hören. Anerkennend? Einer plötzlichen Eingebung folgend, sagte ich: »Dann wüßte ich auch gern, ob *alle* dieser Meinung sind.« Und ich berichtete ihm von meiner Vorladung bei der Gestapo.

Er schien nicht überrascht. »Ahnen Sie, wer die Gestapo beauftragt hat, Sie zu überwachen?« fragte er und sah mich erwartungsvoll an. »*Ich* war es. Wissen Sie auch, warum? Ihres merkwürdigen Vornamens wegen. ›Hiltgunt‹ – das klingt doch höchst ungewöhnlich. Ich kenne niemanden sonst, der so heißt. Und alles Ungewöhnliche ist mir verdächtig. Ja, ich vermutete sogar, Sie seien Ausländerin.« Wieder rieb er sich die Hände. Er war bester Stimmung. »Die Gestapo hat mich heute benachrichtigt, daß eine Überwachung nicht länger notwendig sei.«

Ich lachte vergnügt, als freute ich mich über diese gute Nachricht, doch hinter dem Schreibtisch, seinem Blick entzogen, ballte ich die Hände. Dann kam eine eisige Ruhe über mich. Der Augenblick war gekommen, ihm ein für allemal den Mund zu stopfen. »Sind Sie davon wirklich so überzeugt?« sagte ich scheinbar freundlich. »Sie tun nur Ihre Pflicht, wenn Sie mich überwachen lassen. Ich werde die meine tun . . .« Ich hielt inne. Der fette Mann wurde unruhig. »Wie meinen Sie das?« fragte er bestürzt.

Ich ließ mir zur Antwort Zeit. Von weither drang das Klappern von Holzpantinen. Die blankpolierte Fläche des Schreibtisches glänzte im Sonnenlicht.

»Ich wurde bei der Vorladung nicht nur von der Gestapo vernommen; ich bin auch aufgefordert worden, Berichte über das Personal der Anstalt zu machen.«

»Und was haben Sie geantwortet?« fragte der Chef kurzatmig.

»Daß Sie sicher ebensosehr wie ich daran interessiert sind, mit der Gestapo zusammenzuarbeiten!«

»Zusammenzuarbeiten?« Er räusperte sich, nahm eine Zigarre aus dem Nebenfach des Schreibtisches und schnitt mit einer Schere die Spitze ab. »Die Gestapo soll mich überwachen lassen?« rief er aus. Aber er schien sich nicht mehr ganz so sicher wie vorher. Seine dicken Finger griffen zum Revers seiner Jacke und klappten es um, als trüge er dort irgendein unsichtbares Abzeichen, von dem nur er allein wußte. »Ich gehöre doch selbst zur Gestapo«, erklärte er verärgert. »Ich arbeite doch für den Sicherheitsdienst!«

Aber selbst die Zugehörigkeit zur Gestapo schien im Dritten Reich keine Lebensversicherung zu sein; kleine Schweißperlen traten ihm auf die Stirn, und er erhob sich. »Also zukünftig keine Berichte – weder von Ihnen noch von mir! Einverstanden?«

»Wir werden sehen . . .«, erwiderte ich unbestimmt und tat so, als sähe ich seine ausgestreckte Hand nicht.

Die Zuchthausuhr schlug abermals. Es war zwölf.

225

Welch seltsame Stunde lag hinter mir – ich war Gefangene meiner eigenen Furcht gewesen! Wie ich mich danach sehnte, mit Gunnar zu sprechen, ihm zu sagen, daß ich endlich begriff, was er mir zu verstehen geben wollte. Doch ich wußte, daß Monate vergehen würden, bevor ich ihn wiedersah. So wiederholte ich mir selbst gegenüber seine Worte: »Wo du auch bist – du wirst nur soweit frei sein, als du dich von der Furcht befreien kannst.«

Es lag noch ein langer Weg vor mir.

Kurz vor Weihnachten kam wieder ein Brief: der blaue Umschlag trug keine Marke und war an Frau Decker gerichtet. Er enthielt die Nachricht vom Tode ihres Mannes; ein vorgedrucktes Formblatt, in das mit Schreibmaschine Herrn Deckers Name eingefügt worden war.

Frau Decker hatte seit der Verhaftung ihres Mannes gekränkelt; am Morgen nach der Ankunft des Briefes fanden wir sie tot im Bett. Wir riefen Dr. von Berg.

»Woran ist sie gestorben?« fragte ich ihn, als er den Totenschein ausstellte.

Er zuckte die Achseln. »Ich konnte keine besondere Ursache feststellen. Wahrscheinlich das Herz . . .«

Ich glaubte es besser zu wissen. An dem Tag, an dem ihr Mann verhaftet worden war, war sie schon fortgegangen; nur ein letzter Hoffnungsfunke hatte sie bis zur Nachricht von seinem Tod am Leben erhalten.

Ihr Zimmer blieb nicht lange leer. Zwei andere Fremde kamen mit einem Einweisungsschein an unsere Tür. Zwei ältere Schwestern; die eine sagte bei ihrer Ankunft: »Wir haben schon zweimal alles verloren. Wo wir einziehen, fallen die Bomben.«

Ich nahm ihr diese Worte übel. Sie setzten sich in meinem Kopf fest, als hätte mit ihnen Tod und Zerstörung an unsere Tür geklopft. Ich wollte leben! Immer noch glaubte ich manchmal, nachts im Halbschlaf die Deckers die Treppe heraufkeuchen zu hören. Und doch, alles, was von ihnen blieb, war der kleine Handwagen, unterm Schnee begraben am Fuß unserer Eberesche.

26

Es war die fünfte Weihnacht seit Kriegsbeginn. Keiner meiner Brüder konnte zum Fest nach Hause kommen. Nur Hans, der immer noch bei der Wetterstation arbeitete, war in Deutschland. Günther war bei der Luftwaffe in Holland stationiert, Willfried steckte irgendwo tief in Rußland. In seinen Briefen standen Ortsnamen, die wir nicht einmal aussprechen, geschweige denn auf der Karte finden konnten.

Zum ersten Mal waren wir ohne Christbaum. Alles war tief verschneit, als ich auf der Suche nach einem Baum über Frau Groths Feld ging; der Tannenzweig, mit dem ich zurückkam, wurde aufs Klavier gelegt, und ich schmückte ihn mit dem Weihnachtsengel, der sich sonst auf unserer Christbaumspitze hin- und hergewiegt hatte.

Gegen Abend hatte der Wind dichten Schnee gegen die Fenster geweht. Heizmaterial war knapp, und der Frost drang durch die Pappe, die die Fensterscheiben ersetzte.

Wir zündeten eine Kerze an, und ich las meiner

Mutter die Weihnachtsgeschichte vor – aber es war niemand da, der Klavier gespielt hätte, und nach Singen war uns nicht zumute.

Kurz nach Neujahr wurde ich krank. Dr. von Berg stellte eine infektiöse Leberentzündung fest. »Mindestens sechs Wochen Bettruhe!« verordnete er. Doch nach drei Wochen kam ein Anruf vom Zuchthaus Rendsburg. »Dreihundert dänische Strafgefangene sind uns überstellt worden«, sagte der Oberinspektor. »Wir brauchen Sie.«

»Ich kann nicht«, unterbrach ich ihn. »Ich bin krank.« Kalter Schweiß stand mir auf der Stirn. »Ich kann nicht«, sagte ich noch einmal. »Noch dreihundert Gefangene mehr? Das ist zuviel.«

Der alte Mann ließ nicht locker. »Sie müssen es übernehmen«, redete er mir zu. »Es kann nicht mehr lange dauern, nur ein paar Monate noch . . .«

Nur ein paar Monate noch! Wie oft ich das schon gehört hatte, vom ersten Kriegstag an, nein, noch länger – seit über zehn Jahren, seit dem Tag der Machtübernahme. Dann erinnerte ich mich an das Schulmädchen, das einst in seiner Suche nach Freiheit die dänische Grenze überschritten hatte. Wieder sah ich mich unter der Eiche stehen, und wieder erlebte ich, daß ein Auto hielt und uns mitnahm.

Drei Wochen dänische Gastfreundschaft und Verstehen – das war der Anfang gewesen, der Beginn des Weges zu meiner heutigen Arbeit. Wie konnte ich da noch nein sagen?

Im Hamburger Hafen gab es auch eine dänische Seemannsmission, und der dort amtierende Pfarrer hatte die Genehmigung erhalten, die dänischen Gefangenen in Rendsburg zu besuchen.

Wir trafen uns am Hauptbahnhof, und da er mich noch nicht kannte, hatte ich als Kennzeichen meinen hellbraunen Handkoffer angegeben. »Ich habe mein Luftschutzgepäck immer bei mir«, erklärte ich ihm.

Nicht, daß ich diesmal etwas für die Gefangenen mitbringen konnte. Noch wußte ich nicht, ob dem dänischen Pfarrer zu trauen war. Der Koffer war leer, nur vor den Wachtmeistern im Zuchthaus mußte der Anschein gewahrt werden; sie hatten sich daran gewöhnt, mich mit meinen »Habseligkeiten« zu sehen.

Der Pfarrer, ein sehr junger Mann, war erst vor kurzem aus Dänemark eingetroffen. Mir fiel auf, daß er ein dickes Paket bei sich hatte, und als wir zur Aufstellung unserer Besuchsliste im Kaffeehaus einkehrten, setzte er es vor mich auf den Tisch.

»Für Sie«, sagte er und sah verlegen beiseite.

Kaum traute ich meinen Augen. Im Paket war dänisches Smörrebrod, mindestens ein Dutzend Scheiben, reich belegt mit Aufschnitt, mit Petersilie dekoriert – frischer, grüner Petersilie, mitten im Winter! –, dazu Makrele, Anchovis und andere Leckerbissen, die ich kaum noch kannte. Beim Anblick dieses bunten Überflusses bemerkte ich erst das Grau unseres eigenen Alltags.

Erst viel später erfuhr ich, warum der Pfarrer geglaubt hatte, er müsse mich mit Frühstück versorgen. Als er Pastor Svendsen fragte: »Wie ist die Überwachung?« kam es lakonisch zurück: »Überzeugen Sie sich selbst.« Dann hatte Pastor Svendsen noch hinzugefügt: »Sie müssen ein großes Paket voll gut belegter Brote mitnehmen!« Und als der dänische Pfarrer ihn ungläubig ansah, versicherte er: »Doch, doch! Die Dolmetscherin erwartet das so. Sie hat immer Hunger.«

Die Gabe kam wie gerufen. So würde ich auch heute nicht mit leeren Händen kommen. »Vielen Dank, daß Sie daran gedacht haben«, rief ich und wickelte die Brote rasch wieder ein.

»Aber die waren für *Sie* bestimmt.« Der dänische Pfarrer wußte nicht, was er von der Sache halten sollte.

Ich lachte und gab ihm keine Antwort.

Von jetzt ab fuhr ich noch öfter nach Rendsburg, und zwar abwechselnd mit dem norwegischen und dem dänischen Pfarrer. Noch mehr Briefe kamen ins Haus – die Post von dreihundert dänischen Gefangenen; dreihundert neue Karten wanderten in meine geheime Kartei.

Die Zahl der mir »anvertrauten« skandinavischen politischen Gefangenen lag jetzt über zwölfhundert.

Vor jeder Rendsburgfahrt blieb meine Mutter am Abend zuvor bis spät in die Nacht auf und backte Brot von dem Mehl, das Herr Mangold lieferte. Von den Kartoffeln war längst nichts mehr da, und vor jeder neuen Lieferung wanderte er durch unser Wohnzimmer und deutete heiter entschlossen auf die ihm als Tauschobjekt geeignet erscheinenden Dinge. Meine Mutter war ebenso heiter entschlossen, ihm zu geben, was er wollte. »Wie schön, daß das, was längst durch Bomben hätte zerstört sein können, nun doch noch einem guten Zweck dient!« meinte sie.

Vom guten alten Porzellan war kein Stück mehr da, und so ging es an das Silber. Das Besteck war ein Hochzeitsgeschenk meiner Mutter und wurde nur bei besonderen Gelegenheiten benutzt. Es wurde in einem besonderen Kasten im Büfett aufbewahrt, wo auch das Porzellan gestanden hatte.

Ich war dabei, als sie den Kasten öffnete. Sie hatte ein Dutzend vollständiger Eßbestecke; jedes einzelne Stück war sorgfältig in Seidenpapier eingewickelt. Sie nahm einen der Löffel heraus, und ich sah, wie sie ihn in der Hand hielt und wog, offenbar weit fort mit ihren Gedanken.

»Möchtest du es nicht doch lieber behalten?« fragte ich und wartete ängstlich auf ihre Antwort.

»Behalten?« wiederholte sie langsam.

Auf dem Löffel waren ihre Initialen eingraviert. Sie ließ die Finger darübergleiten und lächelte, als erinnerte sie sich plötzlich an etwas. Dann legte sie den Löffel nieder, wandte sich mir zu und ergriff meine Hand.

»Nichts im Leben ist für immer«, sagte sie und blickte mich dabei eindringlich an. »Du wirst erfahren, daß dir nur bleibt, was du gibst.«

Ich sah sie erstaunt an und wußte nicht recht, was sie meinte. Ich hing an meinen Sachen, machte mir oft insgeheim Sorgen, daß ich mich von ihnen trennen müßte, insbesondere von Dingen aus meiner Vergangenheit.

Einmal deutete Herr Mangold auf unser Klavier und meinte: »Dieses Stück würde Ihnen ohne weiteres einen ganzen Jahresbedarf an Mehl einbringen.«

»Eher stürbe ich, als daß ich es hergäbe«, erwiderte ich scharf. Ein anderes Mal tippte er mit dem Finger auf das Radio der Levys, ging jedoch rasch weiter, als er mein Gesicht sah.

Ich ging oft zum Hafen hinunter zu Herrn Jensen, der wie ein Fels im Meer war, nie eine Erklärung verlangte und stets auf meine Bitten einging. Längst hatte ich aufgehört, mir den Kopf darüber zu zerbrechen, ob er irgend etwas über meine Zuchthausarbeit wußte.

Der Januar und der Februar des Jahres 1944 schienen kein Ende nehmen zu wollen. Tagelang schneite es; immer wieder schaufelten wir den Fußsteig frei, bis er zuletzt zu einem schmalen Durchgang wurde, mit Eis und Bergen von Schnee zu beiden Seiten. Da ich Dr. von Bergs Rat nicht befolgt hatte, machte mir meine Leberentzündung noch immer zu schaffen. Ich war ständig müde und verlor an Gewicht, dennoch war ich entschlossen, meine Arbeit nicht aufzugeben.

Ich lebte nur für den Tag und teilte meine Zeit zwischen Zuchthaus und Universität. Doch immer häufiger ließ ich Vorlesungen und Seminare ausfallen, um dann spät nachts zu versuchen, das Versäumte wieder aufzuholen.

Auf die Alarme achtete ich kaum noch; ich hörte nicht mehr auf die Sirene und tat die dröhnenden Flugzeuggeschwader ab wie etwas, das mich nichts mehr anging.

Nicht daß ich ohne Angst war – aber ich fürchtete jetzt die Menschen mehr als die Bomben. Von Anbeginn der Naziherrschaft hatte ich beobachtet, wie sie Augen und Ohr verschlossen vor dem, was sie nicht wissen wollten und doch wußten. Aber erst nach dem Verhör bei der Gestapo begriff ich endlich, daß es keine Sirene gab, die vor der ausgeklügelten und doch so unberechenbar menschlichen Bösartigkeit warnte.

Die Gestapo erwartete Berichte von mir, und da ich ihrer Aufforderung nicht Folge geleistet hatte, mußte ich jeden Augenblick auf eine Vorladung gefaßt sein. Die Angst davor war mein erster Gedanke am Morgen und ließ mich nachts nicht schlafen. Ich lag und starrte in den dunklen Himmel, verfolgte das gelegentliche Aufblitzen von Leuchtbomben, sah die Scheinwerfer über die Wolken kriechen und fuhr hoch beim Geräusch eines anhaltenden Autos. Fuhr es weiter? Blieb es stehen? Ich lauschte mit angehaltenem Atem – schon meinte ich, draußen Schritte zu hören ... Ich setzte mich im Bett auf, horchte in die Halle – würde es gleich an der Haustür klingeln?

Und doch hatte ich trotz aller Ängste Augenblicke, in denen ich frei von Furcht war. Augenblicke, in denen ich mich selbst vergaß, in denen ich das, was ich nicht ändern konnte, hinnahm und mich ausschließlich auf meine Arbeit konzentrierte: notleidenden Menschen Brot und Medikamente zu bringen – und die Wahrheit. Wir brachten die Nachrichten der BBC mit uns und verwandelten das Besuchszimmer in eine Insel der Hoffnung, einen Raum, in dem wir einander trauten und verstanden.

Seit Monaten hatte ich Gunnar nicht mehr gesehen, doch im März war es soweit; ich konnte seinen Namen auf die Liste setzen. Und als wir vor dem Rendsburger Zuchthaus standen, verspürte ich den kommenden Frühling; er lag in der Luft, in der durchsichtigen Bläue des Himmels und dem kräftigen Geruch der frischgepflügten Erde.

Doch der Hof im Zuchthaus war leer. Als wir das Innentor erreichten, bemerkten wir hinter dem dicken Glas ungewöhnliche Bewegung.

Ein Hilfswachtmeister ließ uns ein, aber als ich die Schwelle überschritt, fuhr ich zurück, so unvorbereitet war ich auf das, was ich sah: Halle, Treppen und Brücken waren voller Menschen, die ich erkannte und doch nicht kannte. Es waren unsere Gefangenen. Aber sie trugen keine Anstaltstracht – sie waren in Zivil.

Es hatte etwas Unwirkliches. Ich glaubte zu träumen, und meine Augen suchten Gunnar. Ich fand ihn nicht.

Kein Wachtmeister war zu sehen. Niemand schien sich um die Gefangenen zu kümmern. Sie standen in Gruppen umher und rauchten alte Zigaretten, die sie in den Taschen ihrer Anzüge gefunden haben mußten.

»Wir werden verlegt!« riefen sie uns zu.

»Wohin?«

Die Luft war spannungsgeladen. Ich blickte von einem zum anderen, verwirrt und erstaunt zugleich. Wie verändert sie aussahen – ohne ihre Anstaltstracht! Nur die kahlgeschorenen Köpfe ließen noch den Strafgefangenen erkennen. Ich sah sie plötzlich in einem neuen Licht.

Sie waren ein Teil meines Lebens geworden, und wir waren wie eine einzige große Familie. Aber obgleich ich aus den Briefen über ihre Familien wußte, begriff ich erst jetzt, als ich sie in Zivil sah, daß sie ihre eigene Welt hatten – eine Welt, die mir für immer verschlossen war. Diese plötzliche Erkenntnis traf mich tief, ein Gefühl der Verlassenheit, ja, sogar der Bitterkeit beschlich mich.

»Hast du Gunnar Dal gesehen?« wandte ich mich an einen der Gefangenen. Aber kaum hatte ich diese Frage gestellt, da wurde mir etwas klar, das ich zwar immer gewußt und aus meinen Gedanken verdrängt hatte: Auch Gunnar hatte Familie – eine Frau und ein Kind.

Statt mir zu antworten, fragte der Gefangene ängstlich: »Wirst du bei uns bleiben?«

Wie konnte ich auch nur für einen Augenblick verges-

sen, daß mein ganzes Hoffen und Streben darauf ausging, jeden von ihnen eines Tages in seine Welt zurückkehren zu sehen!

Ich eilte zum Oberinspektor. Die Behörden erwarteten eine Invasion, erklärte er: Holstein sei bei einem
möglichen Angriff zu sehr exponiert. Alle ausländischen Gefangenen müßten verlegt werden.

»Wohin?«

»In viele verschiedene Strafanstalten. Sie können ihnen unmöglich folgen.«

»Ich werde folgen. Sagen Sie mir nur, wohin?«

»Das darf ich nicht.«

»Wohin?«

Er schüttelte den Kopf.

Aber ich war nicht bereit, die Schlacht als verloren
aufzugeben. Ich blieb an der Tür stehen und sah so
lange zu ihm hinüber, bis er schließlich zögernd ein Papier vom Schreibtisch nahm. Kopfschüttelnd trat er zu
mir und fragte mit müder Resignation: »Wissen Sie
denn nicht mehr, was ich Ihnen schon einmal gesagt
habe: Vorschriften sind Vorschriften?«

Ich ließ das Blatt in meine Tasche gleiten und holte es
erst wieder hervor, als wir das Zuchthaus verlassen hatten. Es war eine Liste sämtlicher Lager und Zuchthäuser, in die die Häftlinge überstellt werden sollten. Der
alte Mann hatte peinlich genau bei jeder Anstalt die Anzahl der für sie bestimmten Häftlinge vermerkt.

Ich lernte noch einmal deutsche Geographie. Die meisten der auf der Liste angeführten Namen kannte ich
nicht. Meine Gefangenen würden von nun an über das
ganze Land verstreut sein, aber ich war dankbar und er-

leichtert zu wissen, daß sie auch weiterhin dem Strafvollzug der Justizbehörde unterstellt sein würden.

Ich ließ Vorlesungen und Seminare fahren, telefonierte, schickte Telegramme und Briefe an die Verwaltung von mehr als zwanzig Lagern und Zuchthäusern. Ungeduldig wartete ich auf Antwort und ließ mich durch Rückfragen wie: »Wer sind Sie?« oder »Warum wollen Sie eine so weite Reise bis hierher machen?« oder gar »Ein Mann wäre uns für diese Aufgabe lieber« keineswegs entmutigen.

Ich lächelte stillvergnügt in mich hinein. Gewiß, ich war eine Frau, doch man würde kaum um mich herumkommen. Wer hatte schon in Deutschland das für diese Aufgabe erforderliche akademische Diplom in skandinavischen Sprachen? Und so telefonierte und schrieb ich unverzagt weiter.

Ein Zuchthaus überraschte mich. Es war Dreibergen, eine Strafanstalt in Mecklenburg. Dorthin waren die meisten der skandinavischen Gefangenen verlegt worden. Noch bevor meine Anfrage sie hätte erreichen können, wandten sie sich an mich: »Sie sind uns empfohlen worden. Können Sie kommen?«

Ich überlegte nicht erst lange, wer mich wohl empfohlen haben könnte, sondern benachrichtigte sofort Pastor Svendsen, und schon am nächsten Tag gingen wir auf die Reise.

Es war wieder Winter, als wir in Dreibergen ankamen. Die ersten Vorfrühlingstage waren vorüber. Frischer Schnee war gefallen, der Himmel war verhängt. Einige Schlitten hielten vorm Bahnhof; auf uns wartete keiner. Es war ein weiter Weg bis zur Anstalt.

Wie gewöhnlich trugen wir Koffer. Nicht, daß wir auf

dieser ersten Reise Brot und Medikamente bei uns gehabt hätten. Unsere Koffer waren diesmal schwer von persönlichen Sachen. Es galt, von vornherein den Eindruck zu wecken, daß wir stets mit unserem Luftschutzgepäck reisten und es niemals von uns gaben. Ich kam im tiefen Schnee nur langsam vorwärts, hielt zwischendurch an und blieb, noch von meiner Leberentzündung geschwächt, immer weiter zurück.

Als wir endlich an den Rand der Stadt kamen, sah ich auf einer Anhöhe einen mächtigen, schloßartigen Bau, ein Monument einer vergangenen Zeit, das zu den armseligen Katen, die sich auf der gefrorenen Erde aneinanderzudrücken schienen, in seltsamem Gegensatz stand.

Eine alte Frau fegte den Schnee vom Gehsteig.

»Was ist das für ein Schloß?« Ich wies zur Anhöhe hinauf. Mit einem zahnlosen Lächeln blickte sie auf. »Zuchthaus«, sagte sie und fegte weiter.

Aus der Nähe gesehen war das Schloß ein schmuckloser, kasernenartiger Bau. Es glich einer Festung; seine Düsternis schien Zeugnis abzulegen von Menschen, die irgendwann diese Mauern mit ihrem Schweiß und Blut errichtet hatten. Vielleicht war es einmal eine fürstliche Residenz gewesen. Das zwanzigste Jahrhundert hatte die Fenster mit Eisenstangen versehen und es so seinen eigenen Zwecken zunutze gemacht. Es gab keine Klingel, und wir versuchten zu klopfen, aber das Tor war so massiv, daß wir es mit unseren Fäusten bearbeiten mußten.

Das Tor öffnete sich, ein Vorhof, noch ein Tor, und dann sahen wir Gefangene im Kreise gehen. Es waren unsere Freunde! Wir verlangsamten unsere Schritte. Hastig sah ich von einem zum anderen – *er* war nicht dabei.

Und doch – was für ein Augenblick! Plötzlich lebte der Hof. Die Gesichter strahlten. Sie schwangen mit den Armen, als wäre es ihnen zu kalt; wir verstanden ihre Sprache. Es hieß: »Willkommen«, und als Antwort hoben wir ein wenig die Koffer und Mappen. Mein Koffer schien plötzlich leicht – alle Müdigkeit war verflogen.

Doch die Mauern dieser Festung waren für die Ewigkeit gebaut. Die Totenstille im Innern wurde nur durch abgehackte Befehle und das Klappern der Holzpantinen auf dem steinernen Boden unterbrochen. Jedes Zuchthaus hat seinen eigenen Geruch; dieses roch nach angebrannter Magermilchsuppe.

Ich wurde zum Chef geführt, allein. Der Amtmann der Anstalt war auch zugegen. Seine Nase war aufreizend rot. Der Chef stieß mehrfach ein aufgeregtes »Heil Hitler« aus und fingerte an seinem Parteiabzeichen. Der Amtmann trug braune SA-Hosen. Ich beobachtete, wie er seinem Chef Blicke zuwarf; die Augensprache war nur zu deutlich: »Vorsicht!«

Sie fragten nicht nach meinem Ausweis und gaben mir wiederholt zu verstehen, daß sie Briefzensur und Besuchsüberwachung ausschließlich mir überlassen würden.

»Wie können wir die Leute am besten einsetzen?« fragten sie etwas später und reichten mir eine Liste der skandinavischen Gefangenen.

Kaum traute ich meinen Ohren. Ich war zum ersten Mal hier, und schon fragten sie mich um Rat. Wer hatte mich empfohlen?

Ich überflog die Namen, doch Gunnar war nicht darauf. Mein Kopf war gesenkt, während ich versuchte, meine Fassung wiederzugewinnen.

»Was für Arbeitskommandos haben Sie?« begann ich schließlich.

Es hätte nicht besser sein können. Es gelang mir, Gefangene, die seit Jahren in Einzelhaft gewesen waren, in Gemeinschaftszellen zu verlegen, Freunde und Kameraden, Väter und Söhne an ein und demselben Arbeitsplatz unterzubringen. Ich schlug sie für Arbeiten vor, die sie zumindest entfernt an ihr Leben außerhalb des Zuchthauses erinnern würden. Bald arbeiteten Schriftsteller und Journalisten in der Zuchthausdruckerei, Bauern in der Molkerei, Ärzte und medizinisch-technisches Personal im Lazarett des Zuchthauses. Häftlinge mit Hungerödemen empfahl ich als besonders geeignet für den Küchendienst, und je weiter unsere Sitzung voranging, desto beglückter war ich über das so unerwartete Ergebnis meines ersten Besuches in dieser Festung des Trübsals.

Aber dann, gegen Ende der Besprechung, fragte der Chef unvermittelt: »Werden Sie nun auch Ihrer Freundin einen Besuch abstatten?«

Mir stockte der Atem. Ich traute keinem Fremden und erblich bei dem Gedanken an eine unbekannte Freundin. Was hatte der Chef mit seiner Frage gemeint? Doch ich ließ mir meine Überraschung nicht anmerken und fragte mit dem freundlichsten Lächeln: »Aber sicher, wo ist sie denn jetzt?«

»Natürlich im Frauengefängnis«, erklärte der Chef und hob abermals seinen Arm zum »Deutschen Gruß«.

Ich wußte nicht mehr, was ich glauben sollte. Aber ich mußte es herausfinden. Ich machte mich umgehend auf den Weg. Ich ging nicht – ich rannte und legte den halben Kilometer zum Frauengefängnis zurück, ohne auch nur einmal meinen Koffer abzusetzen.

Dort wurde ich in das Amtszimmer der Oberin geführt. In einem riesigen Lehnsessel hinter einem mit Papieren und Akten bedeckten Schreibtisch saß eine Frau, die ich nicht kannte; und doch kam sie mir bekannt vor. Wo hatte ich diese aufrechte Haltung, dieses stille Leuchten der Augen schon einmal gesehen?

»Wie lange habe ich Sie schon kennenlernen wollen«, rief sie mir entgegen, und als ich ihr Lächeln sah, fiel es mir plötzlich wie Schuppen von den Augen.

»Ich kenne Ihren Vater!«

»Und ich kenne Ihren.«

Sie war die Tochter von Herrn Jensen. Endlich war der Augenblick gekommen, in dem ich Antwort bekam auf Fragen, die mir vorher unlösbar erschienen waren.

Bevor man Anna die Leitung des Frauengefängnisses in Dreibergen übertragen hatte, war sie in der Gefängnisverwaltung in Hamburg tätig gewesen. »Ich hörte zum ersten Mal von Ihnen, als Sie meinem Vater von der Briefprüfstelle gewisse Briefe brachten«, sagte sie und lächelte abermals.

Sie war es gewesen, die mich dem Staatsanwalt empfohlen hatte, als es darum gegangen war, jemanden für die Arbeit im Hamburger Zuchthaus zu finden. »Der Staatsanwalt steht auf unserer Seite«, fügte sie ruhig hinzu. »Er hat Sie in Rendsburg empfohlen, und hier ist er Ihnen auch behilflich gewesen.« Jetzt erklärte sie mir auch das unerwartete Entgegenkommen des Chefs in Dreibergen, die vielsagenden Blicke zwischen ihm und dem Amtmann und sein übereifriges »Heil Hitler«!

»Das liegt an mir«, gestand Anna. »Ich habe Sie erwar-

240

tet und Ihre Ankunft gut vorbereitet.« Ich sei verantwortlich für sämtliche skandinavischen Gefangenen in
Deutschland, hatte sie ihm gesagt und angedeutet, daß
ich mit der Gestapo auf ausgezeichnetem Fuße stände,
denn wo ich auch bisher gearbeitet hätte, brauchte man
keine Einmischung von seiten der Gestapo zu befürchten.

Es war spät, als der Pfarrer und ich beim »Deutschen
Haus«, dem einzigen Hotel am Platz, anlangten. Es war
alt und heruntergekommen. »Die Küche ist geschlossen«, sagte der Wirt; es werde uns nichts anderes übrig-
bleiben, als ohne Abendbrot zu Bett zu gehen.

Das Waschbecken in meinem Zimmer hatte einen
Riß, bei jedem Schritt rieselte Gips von der Decke, und
über meinem Bett hing ein alter, verstaubter Druck, der
den Kampf des heiligen Georg mit dem Drachen darstellte. »Finis Terrae« stand darunter – »Das Ende der
Welt«. Aber was machte es! Ich hätte vor Freude singen
mögen. Krankheit und Winter waren vergessen. Mir
war, als stände ich auf dem höchsten Berg oder als
schritte ich übers Meer. Abermals hatte sich mir eine
hilfreiche Hand entgegengestreckt; ein Tor war aufge-
sprungen, das mir versperrt schien, und ein Weg, den
ich schon verschlossen glaubte, hatte sich mir aufgetan.

Ich dachte an Gunnar. Ich hatte einige Gefangene
nach ihm befragt, doch niemand wußte, wo er war. Doch
in diesem Augenblick zweifelte ich nicht: Ich würde ihn
finden. Ich würde ihn wiedersehen.

Ich riß das Fenster auf, um frische Luft in den trüben,
ungeheizten Raum hereinzulassen. Es war dunkel;
keine Scheinwerfer oder Leuchtbomben erhellten die

Nacht, aber der Abendstern am Himmel strahlte um so heller.

In Hamburg nahm ich meine Bemühungen wieder auf, Zugang zu den übrigen Zuchthäusern und Lagern zu erhalten. In Dreibergen sei ich bereits zugelassen worden, brachte ich vor, und bald öffnete sich mir ein Zuchthaus nach dem anderen – mit einer einzigen Ausnahme: Das Zuchthaus Bautzen wies mich mit dem kurzen Vermerk ab: »Hier wird nur Deutsch gesprochen.« Bautzen war berüchtigt wegen seiner Strafmethoden. Ausländern war dort jeder Besuch untersagt; Briefe durften nur in deutscher Sprache abgefaßt werden und wurden vom Zuchthaus selbst zensiert.

Aber ich gab nicht nach und wandte mich an das Justizministerium in Berlin.

Wenn das Ministerium skandinavischen Strafgefangenen gestattet habe, Besuche zu empfangen und mit diesen in ihrer eigenen Sprache zu sprechen, so schrieb ich, wie könne dann das Bautzener Zuchthaus den Häftlingen dieses Recht verweigern?

»Vorschriften sind schließlich Vorschriften«, führte ich aus.

27

Ende März war das Wintersemester zu Ende. Sechs vorlesungsfreie Wochen würden mir für meine Reisen mehr Zeit lassen. Dennoch durfte ich mein Medizinstudium nicht ganz vernachlässigen. Ich stand vor dem Physikum. Mein Gepäck wurde noch schwerer – ich nahm meine Bücher mit. Ich las nachts im Hotel; ich studierte in Zügen und Wartesälen.

Zahllose Stunden verbrachte ich auf der Bahn, und noch länger saß ich in Wartesälen herum. Die Pünktlichkeit der Deutschen Reichsbahn hatte unter den Bomben der Amerikaner gelitten; Fahrpläne existierten nur noch auf dem Papier.

Zwar durfte man die Eisenbahn nur mit besonderer Genehmigung benutzen, doch ganz Deutschland war auf den Beinen. Soldaten, Parteifunktionäre und Zivilisten mit Sonderaufgaben wie ich, vor allem aber die Flüchtlinge des Dritten Reichs – Ausgebombte, Männer, Frauen und Kinder. Kein Zug war lang genug für diesen Ansturm, und doch stellten die örtlichen Dienststellen nur zu bereitwillig Reisegenehmigungen aus, erleichtert darüber, die Habenichtse loszuwerden. Tag und Nacht lagerten die Ausgebombten in der Bahnhofshalle und auf den Bahnsteigen – in der Hoffnung, fortzukommen und bei Verwandten oder Bekannten unterkriechen zu können. Zusammengepfercht in Gruppen, und doch jeder für sich, hockten sie auf Koffern und Pappkartons, ihrer letzten Habe, starrten auf die leeren Geleise und warteten stundenlang, tagelang auf einen Zug. Nur das Aufheulen der Sirenen riß sie aus diesem Dämmerzustand; widerstandslos erhoben sie sich dann und ließen sich in die unter dem Bahnhof liegenden Katakomben treiben. Nach der Entwarnung trotteten sie wieder auf den Bahnsteig, ließen sich auf den schon vertrauten Plätzen nieder und warteten auf den Zug, der nicht kam. Doch wenn es dann wirklich soweit war, ging es wie eine Welle über den Bahnsteig. Die stumpfe Menge wurde zum rasenden Mob, war wie eine einzige brodelnde Masse, die nur noch ein Ziel kannte – die nächste Abteiltür. Sie stürzten sich darauf, die letzten Habseligkeiten und schreiende Kinder hinter sich herzerrend. Es war ein Krieg im Kriege; auch ich lernte, Fäuste und Füße zu gebrauchen, um noch einen Platz zu ergattern. Es war ein Kampf, in dem nur der Stärkste überlebte.

Der zum Platzen volle Zug schien in allen Fugen zu krachen, und es bedurfte der gemeinsamen Anstrengung mehrerer Eisenbahner, die Abteiltüren zu schließen. Dann endlich ein Ruck. Wir hielten den Atem an. Noch ein Ruck, der Zug fuhr an. Wir atmeten erleichtert auf. Wir waren drin.

Wir standen im überfüllten Zug oder drängten uns auf den Bänken, bis wir steif waren vom Krummsitzen. Nur manchmal warf ich einen Blick nach draußen, und als wir südwärts rollten, sah ich, wie Schnee und Eis der Norddeutschen Tiefebene sich allmählich wandelte in das erste Frühlingsgrün. Wir fuhren nach Coswig und Waldheim, nach Halle und Cottbus, wir fuhren nach Bützow, Neubrandenburg und Wismar. Wir gingen über morastige Wege, über betonierte Straßen. Wir gingen über das steinige Pflaster kleiner, verschlafener Städte. Wir hasteten über den Asphalt von Berlin. Nach der Verlegung der skandinavischen Gefangenen von Hamburg und Rendsburg wurde der Weg immer weiter und beschwerlicher.

Sie warteten. Wir konnten nicht bei allen zugleich sein, und um die Verbindung aufrechtzuerhalten, begann ich, Grüße unter die für sie eintreffenden Briefe zu setzen. In Druckschrift, um meine Handschrift zu verbergen; keine politischen Abhandlungen oder Neuigkeiten, oftmals nur wenige Worte, manchmal ein längerer Brief. Doch alle Briefe sagten dasselbe: Ihr seid nicht vergessen. Wir warten auf euch.

In jedem Zuchthaus hielt ich Ausschau nach Gunnar. Ich suchte vergebens. Zu Hause galt mein erster Blick den Stapeln von Briefen auf meinem Schreibtisch; hastig sah ich sie durch, ohne seinen Namen zu finden. Wochen und Monate vergingen, ohne daß ich auch nur den geringsten Anhaltspunkt dafür hatte, wo er war.

Schließlich war meine Geheimkartei über den Verbleib der skandinavischen Gefangenen wieder vollständig – bis auf dreißig Mann. Ich wußte, daß sie in der Strafanstalt Bautzen sein mußten, dem einzigen Zuchthaus, das mir den Zutritt verweigert hatte.

Gunnar war einer von ihnen.

Das Justizministerium in Berlin hatte meinen Brief nicht beantwortet, und so ging ich eines Tages wieder zum Staatsanwalt in Hamburg. Doch er zuckte die Achseln. »Sie müssen mehr Geduld haben«, mahnte er. »Ich habe alles getan, was in meiner Macht steht.«

Die Osterwoche verbrachte ich zu Hause. Über die Feiertage war der Zugverkehr eingestellt. Seltsam gespannt war die Stimmung in Hamburg.

Tag und Nacht war Alarm.

Alle warteten darauf, daß etwas geschähe, und in ihrer Unruhe begannen sie, offen über den Krieg zu reden. Die Invasion von England aus sei ganz unvermeidlich, meinten sie, aber was tun, wenn eines Morgens beim Erwachen englische und amerikanische Panzer durch die Straßen rollten? Was würde mit dem Haus geschehen, was mit den Möbeln? Würden sie plündern oder alles zerstören? Sie wären scharf auf die deutschen Fotoapparate und Armbanduhren, hieß es. Und was war mit dem Silber und dem Porzellan? Man müsse es verstecken, auf dem Boden oder im Keller; oder war es vielleicht besser, es im Garten zu vergraben? Und so ging das Gerede, ein jeder schien besorgter um sein Hab und Gut als um die eigene Sicherheit.

Ein Gerücht jagte das andere. Eines Tages hieß es, Fallschirmjäger seien in der Nähe Hamburgs gelandet; dann wieder wurde behauptet, daß in der kommenden Nacht brennender Phosphor vom Himmel gegossen würde. Immer mehr konzentrierte sich unser Denken auf die eigene unmittelbare Umgebung. Soldaten und Front waren vergessen. Wir dachten nur bis zum Zaun unseres eigenen Gartens. Unsere Schutzgräben waren die Gruben, die wir aushoben, um unser Hab und Gut darin zu verstecken.

Jeder traf Vorbereitungen für einen möglichen Angriff. Überstürzte und ganz sinnlose Maßnahmen wurden getroffen; es dauerte nicht lange, und ich schloß mich ihnen an.

Für den Fall einer Ausbombung wurden Stühle, Tische, bisweilen sogar ein Bett in den Garten gestellt. Drähte wurde von Baum zu Baum gespannt, nicht etwa zur Abwehr des Feindes, sondern um Anzüge und Kleider daran aufzuhängen. Was wir vor Panzern oder Bomben zu retten hofften, wurde oft von einem alles durchweichenden Regen zerstört. Wir gruben tiefe Löcher im Garten und rannten Abend für Abend zwischen Haus und Garten, um sie für die Nacht mit Kisten und Koffern zu füllen. Es war wie bei der »Reise nach Jerusalem« – nur wer noch etwas besaß, spielte dieses Spiel, wäh-

246

rend an den Fenstern die in den Häusern einquartierten Ausgebombten hingen und mit einer Mischung aus Neid und heimlicher Genugtuung auf uns herabschauten.

Karfreitag klopfte es an unsere Haustür. Draußen stand der Bauer, der damals, als Frau Groth umkam, das Lamm mitgenommen hatte.

»Ich hab' was für Sie«, sagte er und drückte mir einen Karton und einen Sack Futter in die Hand. »Die werden Ihnen über den nächsten Winter helfen.«

Durch die Pappe hindurch spürte ich das Kratzen winziger Füße, und durch die Löcher drang aufgeregtes Gepiepse und ein goldgelber Flaum.

Hinten im Garten hatten wir einen Schuppen für unsere Gartengeräte. Er war ohne Fenster und nicht einmal groß genug, um Herrn Deckers Handwagen aufzunehmen, aber für unsere neuen Hausgenossen würde er schon reichen. Der Bauer half uns, die Tür auszuhängen und den Eingang mit einem Brett zu vernageln, gerade hoch genug, um die Küken drinnen zu halten. Sie waren erst eine Woche alt, und alles, was sie in ihrer neuen Behausung brauchten, war etwas Futter und Wasser.

Frühmorgens waren einige Bomben gefallen, und so gingen wir abends zum Bunker. Überall standen Pfützen. Von den Wänden tropfte es. Der Bunker war zwischen zwei Alarmen mit einer Flut von Wasser gesäubert worden.

Ich war eine ganze Zeitlang nicht mehr gekommen, aber nun saß ich auf meinem alten Platz. Alles war wie damals. Neben mir auf der Holzbank saß die junge Frau. Sie hielt ihre beiden Kinder fest an sich gedrückt. Aus dem Wagen, den sie sacht mit dem Fuß in Bewegung hielt, schaute ein müdes, bleiches Gesichtchen. Ein Bunkerkind, damals nur eine Woche alt, jetzt schon fast ein Jahr.

Die Gesichter trugen alle den gleichen Zug, war es nun das Kind oder die alte Frau. Der Hitlerjunge, der sich auf den Pfosten des Geländers stützte, oder der Arbeiter, der sich von Müdigkeit überwältigt gegen die Wand lehnte. Hoffnungslos starrten sie vor sich hin. Von den durchwachten Alarmnächten waren ihre Gesichter grau geworden. Sie warteten nicht mehr – weder auf das Ende des Krieges noch auf den ihnen versprochenen Sieg.

Kein Angriff erfolgte, obgleich die amerikanischen Bomber die Stadt überflogen. Ihr Ziel lag woanders. Die Stadt atmete auf: »Gott sei Dank! Diesmal haben wir Glück.« Doch noch immer war Alarm. Vielleicht trugen die Flugzeuge auf dem Rückflug noch Bomben bei sich? Die ganze Stadt betete: ›Hoffentlich haben sie bis dahin alle Bomben abgeworfen.«

Ich betete auch.

Die Luft war zum Ersticken. Die Kinder der jungen Frau wachten auf und weinten. Etwas später waren sie vor Übermüdung hellwach, rissen sich vom Schoß der Mutter und begannen über Koffer und Rucksäcke zu klettern.

Sie suchten und fanden andere Kinder. Sie kamen noch einmal zurück und zerrten das Jüngste aus dem Wagen. Mit Geschrei ging es über Koffer und Kasten, bahnten sie sich ihren Weg zwischen den hockenden Menschen. Endlich hatten sie ein freies Eckchen ergattert. Das Kleine streckte jammernd seine Arme zu uns hin, doch die Frau neben mir hatte die Augen geschlossen. Die Kinder ließen es zu Boden plumpsen. Dann faßten sie sich an der Hand und gingen im Kreis herum und sangen: »Ringel-rangel-Rosen . . .«

Vielleicht war es die verbrauchte Luft und die vom Steinboden aufsteigende Feuchtigkeit, die mir Brechreiz verursachten. Ich sprang auf und bahnte mir den Weg zum Ausgang, doch die Tür war verschlossen, und der Bunkerwart hielt die Hand auf dem Riegel.

»Sie können jetzt nicht raus«, sagte er streng. »Sie müssen drinnen bleiben wie alle anderen auch.« Damit zog er sich den Luftschutzhelm noch tiefer ins Gesicht, blickte über die dicht aneinandergedrängte Masse von Leibern und verkündete triumphierend: »Nein, hier kommt niemand raus!«

Den ganzen Mai war ich auf Reisen und kehrte erst in der ersten Juniwoche zurück. Schon im Zug hörte ich Gerüchte über einen schweren Bombenangriff auf Hamburg; ich rannte die zehn Minuten vom Bahnhof bis zu unserer Straße. Mit jedem Schritt wuchs meine Angst – doch unser Haus war heil und ganz, und der Rotdorn davor stand in voller Blüte, mit weitausgestreckten, feuerroten Zweigen, als schütze er unser Haus vor dem Rest der Welt.

Es war Sommer geworden. Die Zimmer waren hell und licht; die mit Pappe vernagelgen Fenster, die im Winter und im Frühling geschlossen gewesen waren, standen weit offen. Und es war wie früher – am späten Nachmittag spiegelte sich die Sonne in der schwarzen Politur unseres Klaviers.

Vom Garten her drang das muntere Gackern der Küken. Sie waren jetzt groß genug, um über das Brett zu springen, das sie einst im Schuppen gehalten hatte: längst hatten sie von unserem Garten Besitz ergriffen.

Und als es dunkel wurde und der Mond, groß wie ein Wagenrad, über der Hecke aufging und sein rötlichgoldenes Licht verströmte, wußte ich, wie gut es war, zu Hause zu sein.

Mitten in der Nacht ging die Klingel. Ich war im Halbschlaf und wußte nicht, ob ich wachte oder träumte. Es hatte nur ganz kurz und leise geklingelt. Ich griff nach meinem Morgenrock und lief barfuß über den Flur zum Zimmer meiner Mutter. Im Zimmer der Schwestern war Licht, und Herr Mangold trat mir im Pyjama mit einem verstörten »Sind sie wieder da?« in den Weg.

Aber ein Blick aus dem Fenster genügte – kein Auto stand vor dem Haus. Doch vor unserer Tür, halb verborgen vom Rotdorn, stand jemand in Uniform und blickte zu uns heraus. »Willfried!«

Er kam auf Urlaub von der Ostfront.

»Wie lange?«

»Zwei Wochen.«

Mein Blick ging über den Kalender – es war der 5. Juni 1944. Acht Tage und Nächte hatte er auf der Bahn gelegen. E sah bleich und übernächtigt aus, aber niemand dachte an Schlaf. Überglücklich machte Mutter sich daran, ein mitternächtliches Mahl herzurichten. Ich weiß nicht mehr, was auf die Teller kam, vielleicht Haferflocken oder Kohl und Kartoffeln, oder war es sogar ein Pfannkuchen? Doch mit dem weißen Damasttischtuch, dem guten, uns noch verbliebenen Silber und einem blühenden Zweig des Rotdorns war es ebenso festlich wie zu Weihnachten.

Es war wie ein Zauber: Mit dem Läuten der Haustürglocke schienen Krieg und Bomben verschwunden; Willfrieds Ankunft brachte das alte Gefühl der Zusammengehörigkeit, und noch einmal erwachte die Hoffnung auf den Tag, an dem das Leben siegen und Tod und Zerstörung vergessen sein würden wie ein böser Traum.

Wir lachten miteinander wie in alten Zeiten. Dann plötzlich ging die Sirene. Wir hörten, wie Herr Mangold und die beiden ältlichen Schwestern eilig das Haus verließen. Wir blieben zurück – vielleicht weil der Wein uns leichtsinnig stimmte oder weil wir diese Mitternachtsstunde der Vergangenheit und des Ahnens einer besseren Zukunft nicht aufgeben wollten? Wir löschten das Licht, öffneten die Fenster und lauschten in die Nacht.

Die Musik in der Wirtschaft war verstummt, kein Füßestampfen hallte herüber. In den verlassenen Häusern ringsum herrschte Totenstille, kein Kinderweinen, kein Anschlagen eines Hundes. Nur tiefes Schweigen; man hätte ein Blatt zu Boden fallen hören. Auch der Himmel blieb ruhig, kein Surren von Motoren, und doch schien uns von dort draußen der Krieg anzustarren und uns wieder in seinen eisernen Griff zu nehmen.

»Willfried, wie steht es an der Ostfront?« fragte meine Mutter zuletzt.

Er antwortete nicht sofort, und die ersten Sätze kamen nur zögernd, doch dann strömten die Worte, als suchte er Erleichterung von dem, was er allein nicht länger zu ertragen vermochte. Er war als Arzt an der russischen Front eingesetzt, und während ich ihm zuhörte, sah ich den Krieg mit seinen Augen: Blut, stinkender Eiter, Infektionen, Amputationen, erfrorene Beine und offene Bäuche, ich hörte die Schreie der Verwundeten und das Stöhnen der Sterbenden. Er berichtete von dem Winter im Osten, als unsere Truppen noch im Vormarsch gewesen waren. Jetzt waren sie auf dem Rückzug – irgendwo tief in Rußland – und ließen Haß und Zerstörung hinter sich. Ganze Dörfer waren vernichtet worden, weil einige wenige Widerstand geleistet hatten.

Zu Tausenden waren die russischen Soldaten gegen die deutschen Schützengräben angestürmt und hatten nicht einmal von ihrer eigenen Artillerie Feuerschutz bekommen. Blindlings stürmten sie voran, eine Menschenwoge, mit einem Schlachtruf, der sich für deutsche Ohren anhörte wie »Hurrä«, hinein in die Garben der deutschen Maschinengewehre; die Russen wurden niedergemäht wie von einer Sense.

Willfried war nach dieser Schlacht in das Gelände gegangen, um Deutschen wie Russen gleichermaßen Erste Hilfe zu leisten, dabei war er auf einen russischen Soldaten gestoßen, dem das Blut aus einer aufgerissenen Beinarterie herausspritzte. Als Willfried sich niederkniete, um ihm einen Druckverband anzulegen, hatte der Soldat, brennenden Haß in den Augen, sein Messer gezogen.

Ich konnte die Augen meines Bruders in der Dunkelheit nicht erkennen, doch die Bitterkeit in seiner Stimme ließ mich erschauern. »Vielleicht ist der einzige gute Mensch nur der tote Mensch«, sagte er.

Ich erinnerte mich an den Tag, an dem Willfried meiner Mutter vorgeworfen hatte, sie hätte uns die Existenz des Bösen nie klargemacht, und sie erwidert hatte: »Laßt uns das Gute dem Bösen entgegensetzen.«

Willfried sprach weiter; ich hörte ihm zu und begann

zu verstehen, daß es bei dem Krieg in Rußland nicht nur um eine Kraftprobe mit dem Angreifer ging, der Land für sich beanspruchte, sondern um den Zusammenprall zweier Systeme, die sich in ihrer Verherrlichung des kollektiven Denkens und Handelns, in ihrer Mißachtung des Einzelschicksals bemerkenswert glichen.

Dennoch ging es auch hier um Menschen, um Männer, Frauen und Kinder, die Schmerz und Freude und Haß und Liebe spürten, die lachen und weinen konnten und eine nur den Menschen eigene Gabe besaßen: das Wissen um Gut und Böse und die Macht, zwischen beiden zu unterscheiden und zu wählen.

Es dauerte bis zum Morgengrauen, bis die Entwarnung kam. Ich ließ unsere Untermieter wieder ein.

»Wieder ist nichts passiert«, sagte eine der Schwestern und blickte sich wie suchend in unserem Treppenhaus um. »Aber warten Sie nur – eines Tages!«

Die Sonne war bereits aufgegangen, als wir uns endlich zur Ruhe begaben. Wir schliefen bis gegen Mittag. Ich war als erste wieder wach. Im Haus war es merkwürdig still, als ich jedoch die Haustür öffnete, sah ich ein paar Nachbarn auf der Straße zusammenstehen und aufgeregt miteinander sprechen.

»Was gibt's?« rief ich hinüber.

»Ja, wissen Sie denn nicht?«

Ich lief hinaus, und alle redeten gleichzeitig auf mich ein. »Die Invasion!« – »Heute morgen ist es losgegangen.« – »Sie sind in Frankreich gelandet.« – Und mit dem Seufzer der Erleichterung: »Gott sei Dank, es ist weit weg von hier!«

Es hämmerte mir in den Ohren, als ich wieder ins

Haus rannte, um Mutter und Willfried zu wecken. »Die Invasion hat angefangen!« rief ich immer wieder, und die Worte klangen wie die ersten Posaunen des Friedens. Ich dachte an meine Gefangenen, an Gunnar, und Hoffnung flammte wieder in mir auf. Jetzt würde der Krieg höchstens noch einen Monat dauern.

Schon am Nachmittag traf für Willfried ein Telegramm ein, das ihn nach Rußland zurückbeorderte. Ab sofort herrschte Urlaubssperre. Noch vor Mitternacht hatte er sich an der Bahn zu melden.

Als der Abend dämmerte, gingen wir noch einmal in den Garten. Aus der Wirtschaft drang die Musik herüber. Sie tanzten wieder; nur die Sirene konnte sie daran hindern. Aber am Himmel war es ruhig, ganz ungewöhnlich ruhig: kein Alarm, keine Bomben; im letzten Licht des schwindenden Tages hockten die Küken auf dem Rand von Herrn Deckers Wagen. Die ersten Rosen waren aufgeblüht. Trotz allem waren sie wiedergekommen; Rauch und Brandsturm der Bombenangriffe des letzten Jahres hatte den Wurzeln in der Erde nichts anhaben können.

Willfried bemerkte den Wagen unter der Eberesche und fragte, wem er gehöre.

»Das ist eine lange Geschichte«, wich ich aus. »Und uns bleibt nur noch so wenig Zeit.« Ich wandte mich rasch ab und fühlte einen Kloß im Hals.

Willfried trat an den Baum heran, berührte den Stamm und sah herauf zu den Beeren; jetzt, im Juni, waren sie noch winzig und grün. »Je früher sie rot werden, desto strenger wird der Winter«, sagte er.

Wir verstummten. Zuletzt hob Willfried mein Gesicht zu sich auf und sah mich eindringlich an. »Gib acht auf Mutter!« sagte er, und in seinen Augen las ich, was er sagen wollte und doch nicht aussprach.

Ich versuchte, die Tränen zurückzuhalten.

»Keine Sorge«, brachte ich mühsam hervor, »der Krieg ist sowieso bald zu Ende.«

Er entgegnete nichts darauf.

Wir brachten ihn zum Bahnhof. Er stieg ein und lehnte sich zum Abschied aus dem Fenster, ehe der lange Truppentransport die Bahnhofshalle verließ. Andere Soldaten drängten sich hinter ihm und riefen ihren Frauen und Müttern ein letztes Lebewohl zu.

Da wurde mir plötzlich bewußt, daß ich in den langen Kriegsjahren kaum an Willfried gedacht und mir nicht die Zeit genommen hatte, ihm mehr als einen gelegentlichen Gruß zu senden. Meine ganze Fürsorge und Liebe hatte meinen Gefangenen gegolten, und mein blinder Haß gegen das Dritte Reich hatte mich vergessen lassen, daß Willfried und viele andere genauso Opfer des Nazisystems waren. Auch sie waren Gefangene, verstrickt in Umstände, die sie nicht ändern konnten.

Willfried beugte sich aus dem Fenster. »Danke, Mutter – für alles«, sagte er und ergriff ihre Hand.

»Willfried, hör nie auf, dem Leben zu dienen«, erwiderte sie mit versagender Stimme. »Das ist die einzige Hoffnung, die uns noch bleibt.«

Dann rollte der Zug aus der Halle und verschwand in der Nacht. Ich sah den Schmerz in den Augen meiner Mutter, doch statt ihr zuzusprechen, wandte ich mich ab und starrte über die leeren Geleise ins Dunkel. Ich hatte versucht, dem Leben zu dienen, und hatte doch versagt. Über der Hilfe für viele hatte ich einen vergessen – meinen Bruder.

Mit dem Vergrößerungsglas suchte ich im Atlas nach den Orten in der Normandie, wo die Alliierten gelandet waren. Es schien mir gar nicht mehr so weit von der deutschen Grenze entfernt zu sein; an den nächsten Abenden hörte ich fast stündlich die Sendungen der BBC und hatte die Landkarte vor mir. Doch es verging eine Woche und noch eine – und auf meiner Karte waren die Alliierten nicht einen Zentimeter näher gerückt. Der Krieg ging weiter. Die Befreiung, *unsere* Befreiung von den Nazis lag, wie es schien, noch in weiter Ferne.

Die Menschen hatten sich wieder ihrem täglichen Einerlei zugewandt. Die Invasion war vergessen. Wozu sich auch aufregen über etwas, das in so weiter Ferne geschah? Frankreich war weit fort – nach den Vorstellungen der Leute mindestens so weit wie Rußland. Was zählte, war das Hier und Jetzt. Die Schlangen vor den Lebensmittelgeschäften wurden von Tag zu Tag länger. Man wartete beim Schlachter auf Fleisch und bekam am Ende nur Knochen. Die Milch, die sie in der Kanne nach Hause brachten, war so verdünnt, daß sie leicht bläulich schimmerte; sie reichte kaum für den Bedarf der Kleinkinder. Nach fünf langen Kriegsjahren waren die Lebensmittelrationen auf ein Minimum zusammengeschmolzen. Bis zur nächsten Ernte würde es noch lange dauern; das Gemüse war knapp. Stundenlang stand man an um ein paar ausgekeimte Kartoffeln und halbfaule Rüben vom vergangenen Winter. Und während die Leute Schlange standen, suchten ihre Augen ängstlich die Wolken nach Feindflugzeugen ab; sie hofften und beteten, daß ihr Haus verschont bliebe.

Die Gedanken kreisten in den alten Bahnen: Lebensmittelrationen – Alarm – Bomben – Weitermachen und

256

Überleben. Mir ging es nicht anders. In der ersten Woche nach dem Abschied von Willfried schrieb ich ihm einen Brief an die Front, in der folgenden Woche noch einen, doch schon in der dritten fand ich kaum noch Zeit, und bald waren alle guten Vorsätze vergessen.

Ich war unterwegs, las Gefangenenbriefe, einen Stapel nach dem anderen, und zwang mich täglich zwei Stunden zum Studium der medizinischen Lehrbücher. Und während ich von Zuchthaus zu Zuchthaus reiste, dachte ich immer wieder an die furchtgebietenden Mauern der Anstalt, zu der mir der Zutritt verwehrt war.

Monate waren vergangen ohne eine Antwort vom Justizministerium in Berlin. Würde sie jemals kommen? Konnte ich hoffen, Gunnar noch einmal zu sehen? Ich war rastlos und am Ende mit meiner Geduld. Der Krieg zwang uns alle, von einem Tag zum anderen zu denken und zu leben. Und leben wollte ich – auch jetzt – gerade jetzt!

Doch allmählich verwandelte sich meine Ungeduld in Resignation, meine Rastlosigkeit in Erschöpfung; in der grauen Einförmigkeit des Daseins vergaß ich, noch auf das Morgen zu hoffen.

Eines Tages im Juli jedoch geschah etwas, das mich von neuem belebte. Wie die Gefangenen herausgefunden hatten, daß ich Geburtstag hatte, weiß ich nicht. Aber einer nach dem anderen zog aus dem Jackenärmel, aus dem Fußlappen oder unter der Jacke ein Päckchen hervor.

Eine Brieftasche aus Stiefelleder: »Von deinen Freunden aus der Schusterwerkstatt.« Hefte und Notizbücher in Silberpapier und Pappe, gebunden von der

Buchbinderei. Gürtel, Lesezeichen und eine aus Eisen gehämmerte Glocke. Die Geschenke waren entwendete Dinge, heimlich zusammengebastelt. Ein Körbchen aus der Korbflechterei, darin eine Rose: »Gestohlen aus dem Garten des Amtmanns.«

Nie zuvor hatte ich soviel Geschenke bekommen, noch nie soviel Freundschaft empfangen. Sie sagten »Danke« und gaben mir die Hand.

Als ich abends den Koffer zu schließen versuchte, hieß es: »Und nun noch dies!« Dunkelgrüne Filzpantoffeln kamen zum Vorschein, schnurgerade gesteppt. Eine kleine Fahne dabei: blau, weiß, rot, Norwegens Farben. Und ein Zettel: »Auf der letzten Strecke des Weges schmerzen die Füße!« Darunter die Namen von fünf Gefangenen, draußen Fischer, Seemann, Offizier, Redakteur und Journalist, drinnen »Handwerker« in der Schneiderei.

»Vorsicht!« mahnte der Pfarrer, als wir abends das Zuchthaus verließen. »Man darf Ihnen Ihre Freude nicht ansehen.«

Wir sollten Dreibergen früh am nächsten Morgen verlassen, doch der Zug hatte Verspätung. Er traf erst gegen Abend ein, war zum Bersten voll, und während der Fahrt standen wir so eng aneinandergepreßt, daß Beine und Füße zuletzt wie leblos waren.

Irgendwo vor Hamburg kam der Zug zum Halten. Türen wurden geöffnet: »Alles aussteigen!«

Frühmorgens hatte Hamburg einen Großangriff gehabt. Geleise waren aufgerissen worden – aller Zugverkehr war zum Stillstand gekommen. Wir waren noch kilometerweit von der Stadtgrenze entfernt, standen mitten auf dem offenen Feld. Weit und breit keine Häuser; die Menge lief aufgeregt durcheinander und wußte nicht, wohin.

Abermals Befehle: »Also los! Vorwärts! Immer geradeaus!« Wir setzten uns querfeldein in Bewegung. Die stille Sommernacht erbebte vor dem Menschenhaufen, und bald war das Gras von Hunderten von Füßen zu einem Pfad niedergetrampelt. Der Mond stand hoch und breitete sein kalkweißes Licht über Wiesen und Felder. Erst waren wir in einem Strom von Menschen, dann wurden es immer weniger. Männer, Frauen und Kinder sanken vor Erschöpfung nieder, und nur wenige erreichten den Stadtrand, wo die Trümmer begannen.

Aber die Bunker standen! Im verblassenden Mondlicht streckten sich uns ihre geöffneten Türen wie offene Arme entgegen. Wir gingen vorbei, wanderten Stunde um Stunde weiter.

Dann waren wir mitten in der Stadt, auf der Lombardsbrücke. Der Pfarrer zeigte zum Hafen hinunter: »Feuer?«

Ich wies auf den Stadtteil, in dem ich wohnte: »Feuer?«

Wir trennten uns. Ich war allein, meine Schritte klangen hohl in der Stille der Nacht. Meinen Koffer hinter mir herziehend, suchte ich mir den Weg durch das Labyrinth der aufgerissenen Straßen und zerstörten Häuser. Irgendwo zwischen den Trümmern verlor ich die Richtung und sank zuletzt erschöpft auf einem Mauerbrocken zusammen.

Vor einem der Trümmerhaufen stand ein Soldat.

»Wissen Sie vielleicht, wo . . .?« fragte ich ihn.

Erst schien er mich nicht zu verstehen. Dann blickte er kurz auf. »Und wohin soll *ich* gehen?«

»Woher kommen Sie?«

Ein hartes Lachen durchschnitt die Stille der Nacht.
»Das war mein Zuhause!« Er zeigte auf Rauch und
Trümmer. Dann schwankte er wie ein Betrunkener,
setzte sich auf einen Mauerbrocken und murmelte: »Ich
mach' Schluß.« Und dann sah ich, wie es über die Straße
huschte, plumpe, kleine Wesen, und doch blitzschnell:
Ratten; sie wanderten von Haus zu Haus, von Ruine zu
Ruine.

Ich stand auf und eilte weiter, doch bald schon versagten die Füße, und ich ließ mich abermals nieder. Die
Schuhe drückten wie ein Schraubstock; ich riß sie mir
von den Füßen.

Der Morgen graute schon, und am Horizont erschien
das erste blasse Rosa der aufgehenden Sonne. Es stand
im seltsamen Wettstreit mit dem Widerschein der Flammen am Himmel. Da fielen mir die Pantoffeln ein, die
ich für die »letzte Strecke des Weges« im Koffer hatte.
Ich faßte neuen Mut, fühlte mich wie erfrischt. In den
grünen Pantoffeln waren die Steine weniger spitz und
das Pflaster war nicht mehr so holprig.

Ich ging und ging, bis ich an die Ecke unserer Straße
gelangte. Ich blieb stehen. Ringsherum Ruinen; nur ein
Schritt weiter, und unser Haus kam in Sicht – falls es
noch stand. Ich holte tief Atem und bog um die Ecke. Da
war es! Der Rotdorn, und dahinter – unversehrt – mein
Elternhaus.

28

Bis jetzt hatte ich mit den beiden ältlichen Schwestern noch nicht viele Worte gewechselt. Damals, als sie vor unserer Tür standen, hatte ich am Aufschlag ihrer Mäntel das Parteiabzeichen gesehen. Jetzt waren sie schon über sechs Monate bei uns einquartiert, und wir hatten nicht das Gefühl, daß man sich vor ihnen besonders in acht nehmen mußte. Sie schienen zu jener Mehrheit der Deutschen zu gehören, die früher oder später dem Druck nachgegeben hatten – nicht etwa aus Überzeugung, sondern weil sie keine Überzeugung hatten. Ich vermied es, mit ihnen zusammenzutreffen – vielleicht, weil ich mich noch immer an ihre Vorhersage erinnerte, daß das Unglück sie verfolge, vielleicht aber auch aus einem unbewußten Schuldgefühl heraus, demselben Gefühl, daß ich auch den Deckers gegenüber empfunden hatte, als sie sich nach einem langen Blick auf unser Wohnzimmer ansahen und seufzten.

Theresa und Irmgard Hedrich lebten ganz zurückgezogen. Ihr Dasein schien ebenso grau wie die Strickjakken, die sie sommers wie winters trugen, immer hoch am Hals mit einer Brosche verschlossen. Überhaupt hätte man sie kaum auseinanderhalten können, wäre nicht Theresa ständiges Kopfrucken gewesen. Dies sonderbare Rucken irritierte mich, so oft wir zusammen in der Küche waren. Es kam gleichmäßig wie der Pendelschlag einer Uhr. Irmgard Hedrich hatte uns anvertraut, daß es sich nach der ersten Ausbombung eingestellt habe und daß es, sobald die Sirene ertönte, in ein krampfhaftes Schütteln überginge.

Theresa war bei der Post angestellt gewesen und bezog eine kleine Rente; zusammen mit dem Gehalt der Schwester schien es gerade ausreichend, um ein bescheidenes Dasein zu fristen. Irmgard verließ das Haus jeden Morgen bei Tagesanbruch, selbst wenn sie die ganze Nacht im Bunker zugebracht hatte. Erst spät am Nachmittag kam sie zurück; wir konnten fast die Uhr danach stellen, wenn sie wie ein Schatten durch die Diele huschte und nach oben in ihr Zimmer eilte.

Zur Abendbrotzeit lebte sie auf wie eine Marionette, die durch irgendeinen Zauber zur mitternächtlichen Stunde zum Leben erwacht. Selbst bei verschlossenen Türen konnten wir den Singsang aus der Küche hören, wenn sie der Schwester von ihrem Tagesablauf berichtete. Angesichts der Erlebnisarmut ihres Daseins mußte sie dafür sorgen, daß ihr der Stoff nicht vorzeitig ausging, und so zog sie ihre Geschichten in die Länge, wiederholte sie und quetschte sie aus bis zum letzten. Sie genoß ganz offensichtlich Berichte über Leute mit unheilbaren Krankheiten; sie erging sich in der Hoffnungslosigkeit ihres Zustandes und wurde es nicht müde, ihre Symptome in allen Einzelheiten auszumalen und sogar zu wiederholen, wenn Theresa, die etwas schwerhörig war, sie mit Fragen unterbrach. Dieser monotone Singsang endete mit dem Kratzen der Löffel, das anzeigte, daß die Teller restlos leergegessen waren.

Manchmal taten sie mir leid, wenn sie, betrogen um ein eigenes Leben, Trost im Mißgeschick anderer suchten. Doch eines Nachts war ich zufällig in der Diele, als Herr Mangold nach Hause kam. Wie gewöhnlich war er mit Paketen beladen, und als er an der Küchentür vorbeiging, sah Irmgard auf und hielt mitten im Satz inne. Der stechende Ausdruck ihrer Augen, der rasche Blick zu Theresa und das darauffolgende, beredte Schweigen wollten mir nicht gefallen.

Das einzige Gepäck, das die beiden Schwestern bei ihrem Einzug mitgebracht hatten, war ein Radio gewesen. Ein glücklicher Zufall hatte es gewollt, daß es am Tage der Ausbombung in Reparatur gewesen war, jetzt, da sie sich mit einem Zimmer begnügen mußten, wurde es zum Mittelpunkt ihres Lebens. Es war der letzte Brückenkopf, der ihnen noch außerhalb ihrer vier Wände geblieben war. Nachts, auf ihrem Weg zum Bunker, trugen sie es vorsichtig im Einkaufsnetz zwischen sich.

Es wurde nie abgestellt; es lief morgens, mittags und abends. Da die schwerhörige Theresa es ständig mit höchster Lautstärke spielen ließ, dröhnte unser Haus von Marschmusik, Propaganda und Wehrmachtsberichten; bis auf die Straße hinaus hörte man den Lärm, was uns übrigens angesichts unserer nächtlichen Sitzungen mit der BBC gar nicht unlieb war. Doch wenn ich studierte oder Briefe las, hielt ich mir die Hand über die Ohren im fruchtlosen Bemühen, die Stimme der Nazis zu dämpfen.

Dann kam der Tag, an dem ich hinhörte.

Am 20. Juli 1944 war ich zwischen zwei Reisen zu Haus, saß am Schreibtisch und las Gefangenenpost, als ganz unvermittelt die Marschmusik unterbrochen und eine »Sondermeldung« angekündigt wurde. Nicht, daß ich anfangs darauf geachtet hätte. Sondermeldungen gab es so viele, wie unsere Lebensmittel knapp waren. Seit Kriegsausbruch waren sie unser täglich Brot gewesen – nur daß es jetzt bei den Meldungen nicht mehr um »Siege«, sondern um »siegreiche Rückzüge« ging.

Aber irgend etwas war heute anders. Die Stimme des Ansagers klang sonderbar heiser, schwankte, stockte, fast als wäre er betrunken. Nach einigen Sekunden erst nahm ich die Worte wahr. Er sprach von einem Attentat, von Umsturz, von einer neuen Regierung ... Mir flimmerte es vor den Augen. Ich sprang auf, stieß den Stuhl so hart zurück, daß er zu Boden fiel. Dann flog ich die Treppe hinunter ins Wohnzimmer und drehte das Radio an. Ungeduldig wartete ich darauf, daß der Apparat warm wurde, lief ans Fenster und rief nach meiner Mutter im Garten: »Komm herein, schnell!«

Wir hörten nur noch das Ende der Sondermeldung: »Kurz nach Mitternacht wird sich der Führer mit einer Rundfunkansprache an das deutsche Volk wenden.«

Er lebte also! Das Sterben ging weiter. Unsere Gesichter wurden aschfahl. Ich wollte es nicht glauben, schloß Tür und Fenster und stellte mit fliegender Hand BBC ein – nichts. Ich drehte zurück auf den deutschen Sender. Wir blieben am Radio, warteten – warteten – klammerten uns immer noch an die Hoffnung, die für einen kurzen Augenblick wie der erste rosige Schimmer am Horizont erschienen war.

Zuletzt stand meine Mutter auf, stellte das Radio ab und sagte mit Bitterkeit in der Stimme: »Was für ein sonderbarer Zeitpunkt für einen Umsturz. Die Offiziere hielten sich zurück, bis sie sahen, daß der Krieg verloren war. Was glaubten sie denn jetzt noch ändern zu können, wenn Hitler tatsächlich umgekommen wäre?«

»Damit wäre der Krieg zu Ende gewesen.«

»Der Krieg?« wiederholte sie langsam. »Dieser vielleicht, aber es wird immer wieder Krieg geben, solange der Geist Hitlers in den Köpfen der Menschen spukt.«

Die Sonne war untergegangen, und es war dunkel, als wir in die Küche gingen. Die Abendbrotzeit der Hedrichs war längst vorbei, doch sie saßen noch am Tisch, hatten nicht einmal abgeräumt, und in ihren Bechern war noch Ersatzkaffee.

Irmgards Gesicht war gerötet, und Theresa ruckte noch mehr mit dem Kopf als sonst. »Sind sie auf unserer Seite?« durchfuhr es mich plötzlich. Aber dann fing Irmgard an zu jammern: »Warum wollten sie nur unseren Führer umbringen? Er ist doch das einzige, was wir noch haben!« Ihre Stimme zitterte vor innerer Bewegung, und sie begann von ihrem Leben vor der Machtübernahme zu erzählen. Es war ein trostloses Bild. Zwei Brüder im Ersten Weltkrieg gefallen, alle Ersparnisse in der Weltwirtschaftskrise verloren, und dann jahrelang arbeitslos. »An was hätten wir denn noch glauben können, wenn nicht an *ihn*?« Sie schlug die Augen gen Himmel, als spräche sie von einem übernatürlichen Wesen. »Er brachte uns Arbeit, ein Heer, er hat Deutschland stärker gemacht, als es je war, und das einzige, was er von uns dafür verlangt hat, war unsere Einsatzbereitschaft.« Sie lächelte in Verzückung. Nie zuvor hatte ich sie lächeln sehen, und irgendwie griff es mir ans Herz. Sie redete und redete, sang die Worte mit einer fast religiösen Inbrunst: »Er denkt für uns, er entscheidet für uns, er weiß, was gut für uns ist . . .«

Meine Mutter machte unser Abendbrot und hatte nicht ein einziges Mal aufgeschaut. Aber in diesem Augenblick sagte sie in aller Ruhe: »Sagen Sie, Fräulein Hedrich, wie hat Ihre Wohnung eigentlich ausgesehen, bevor Sie ausgebombt wurden?« Herr Mangold hatte sich zu uns gesellt und brühte sich seinen Kaffee auf. Er hüstelte immer, wenn er nervös war. Am Herd stehend, nahm er einen raschen Schluck aus dem dampfenden Becher, und während der Duft seines Kaffees durch die Küche zog, sah ich seinen Seitenblick auf die Schwestern, als wartete er ungeduldig darauf, daß sie gingen. Es war kurz vor Mitternacht, aber die Schwestern rührten sich nicht. Irmgard war verstummt, und ich sah, daß sie Herrn Mangold von Kopf bis Fuß musterte, wie ich es schon einmal beobachtet hatte. Keiner von uns sprach ein Wort. Dann sprang Irmgard plötzlich auf, und mit allen Anzeichen des Abscheus und der Empörung ergriff sie ihren Becher und leerte den stehengebliebenen Kaffee in den Ausguß. »Komm, Theresa!« sagte sie giftig. »Machen wir, daß wir hier rauskommen. Das Radio wartet. Wir dürfen den Führer nicht verpassen.«

»Ja, ja, der ist wirklich das einzige, was sie haben!« meinte Herr Mangold höhnisch, kaum daß sie draußen waren.

Doch Irmgard mußte ihn gehört haben; wie aus dem Boden gewachsen stand sie vor ihm, hochrot im Gesicht und mit zornblitzenden Augen: »Was haben Sie da eben gesagt?«

Herr Mangold zuckte die Achseln und murmelte: »Ich weiß überhaupt nicht, wovon Sie reden.«

Doch sie ließ nicht locker. So hatte ich sie noch nie erlebt. Wild entschlossen wandte sie sich mir zu. »Sie haben gehört, was er gesagt hat!«

»Er ist ganz ihrer Meinung«, versicherte ich ihr. »Der Führer ist wirklich das einzige, was wir noch haben.«

»So hat er das aber nicht gesagt«, zischte sie zurück.

»So haben wir es aber verstanden«, mischte meine Mutter sich ruhig ein.

Irmgard schickte sich an, etwas zu entgegnen, doch dann besann sie sich offensichtlich eines besseren. Mit hocherhobenem Haupt und einem grimmigen Ausdruck im Gesicht verließ sie die Küche.

Meine Mutter warf einen Blick auf die Diele hinaus, um sich zu vergewissern, daß die Schwestern auch wirklich gegangen waren. Dann wandte sie sich an Herrn Mangold: »Sie sollten vorsichtiger sein.«

Er zuckte leicht zusammen, hüstelte und stieß hervor: »Ich konnte einfach nicht anders.« Er füllte unsere Becher mit seinem Kaffee und sagte mit müdem Lächeln: »Gewiß war es auch für Sie ein schlimmer Tag.«

Wir schwiegen, doch Herr Mangold, als wäre er plötzlich zu einem Entschluß gekommen, setzte seinen Becher ab und begann zögernd: »Da ist nämlich etwas, was ich Ihnen sagen möchte . . .«

Weiter kam er nicht. Das Radio der Schwestern Hedrich dröhnte mit voller Lautstärke durchs Haus, und dann die Stimme . . . Er war es! »Meine deutschen Volksgenossen . . .« Seine Worte ergossen sich über uns, unflätig, wüst, und brachten Herrn Mangold zum Schweigen.

Was er uns auch hatte sagen wollen– es blieb ungesagt; noch bevor Hitler seine Rede beendet hatte, war er in seinem Zimmer verschwunden.

Weit nach Mitternacht hörten wir es an der Haustür klopfen – ein vertrautes Klopfzeichen – Dr. von Berg. »Ich habe mir Sorgen um Sie gemacht«, sagte er, als wir ihn hereinließen. Er sah abgespannt aus, müder, als ich ihn je zuvor erlebt hatte. Er vergewisserte sich, daß die Wohnzimmertür geschlossen war, und senkte die Stimme zu einem Flüstern, als er sich an mich wandte.

»Ich bin gekommen, um Sie zu warnen. Sie müssen äußerst vorsichtig sein. In den nächsten Tagen wird es viele Verhaftungen geben. Viele werden umgebracht werden. Reisen Sie jetzt nicht. Zu Hause sind Sie sicherer.«

»Sicherer?« wiederholte ich ungläubig.

In dieser Nacht fand ich keinen Schlaf, obwohl der Himmel leer und ruhig blieb. Ich dachte weniger an das mißglückte Attentat als an das, was sich in unserer Küche abgespielt hatte. Ich drehte mich von einer Seite auf die andere und hörte wieder Irmgards schrille Stimme, sah den stechenden Blick ihrer Augen.

Ich öffnete das Fenster und lauschte in die Nacht. Draußen herrschte tiefe Stille. Dann hörte ich Herrn Mangold in seinem Zimmer husten. Was hatte er uns erzählen wollen?

Nur ein einziges Mal noch hörte ich, daß in den Nachrichten das Attentat auf Hitler erwähnt wurde. Eine kurze Meldung: Die Bevölkerung könne versichert sein, daß jeder, der direkt oder indirekt mit dem Attentatsversuch in Verbindung stände, festgenommen und liquidiert werden würde. Das war alles; doch das Schweigen war unheimlicher als weitere Einzelheiten.

In den ersten Tagen der Invasion hatte ein Gerücht das andere gejagt – jetzt gab es keine. Der 20. Juli wurde totgeschwiegen, als habe es ihn nie gegeben. Doch wenn ich nach Lebensmitteln anstand und mein Blick über die Wartenden streifte, glaubte ich zu spüren, was hinter den ausdruckslosen Gesichtern vorging. Zum ersten Mal hatten sie offene Rebellion erlebt. Zum ersten Mal seit Hitlers Machtübernahme waren sie in ihrem

Zustand dumpfer Ergebung erschüttert worden. Nicht, daß sie laut zu denken wagten, aber es arbeitete in den Gemütern. Die einzig sichtbare Reaktion waren Furcht und Argwohn. Nachts, wenn wir Seite an Seite im Bunker standen, lag es wie ein Druck über allem.

Oder bildete ich mir das alles ein? Im Grunde hatte sich nichts geändert. Zu Hause war alles beim alten. Herr Mangold war geschäftig wie immer, kam und ging mit seinen Einkaufstaschen und führte endlose Telefongespräche. Die Schwestern erwähnten mit keinem Wort, was an jenem Abend vorgefallen war; nach wie vor drang abends aus der Küche Irmgards Singsang über Krankheit und Tod.

Eine Woche nach dem Attentatsversuch fuhren Pastor Svendsen und ich nach Dreibergen. Wir kamen am Spätnachmittag an; die Sommersonne stand noch über Feldern und Wiesen. Als wir aus dem Zug stiegen, mußte ich an den Tag denken, an dem wir zum ersten Mal hierhergekommen waren – der eisige Wind, die Schlitten, die neben den Geleisen gewartet hatten, die Wege voller Schneeverwehungen und die zahnlose, alte Frau.

Jetzt stand das Korn hoch und golden und wogte im Abendwind. Klatschmohn, glutrot im Licht der untergehenden Sonne, wucherte am Feldrain. Glockenblumen säumten die Wege, und der Krieg schien weit weg zu sein, als wir auf die Stadt zugingen.

Es dämmerte bereits, als wir die ersten Hütten erreichten. Der Abend war mild, die Leute arbeiteten noch in den Gärten. Das wenige Land, das sie besaßen, war bepflanzt und wohlbestellt. Die Männer trugen grüne

Wachtmeisteruniformen; jetzt, bei der Gartenarbeit, hatten sie die Jacken ausgezogen. Sie rauchten selbstgezogenen Tabak – ich sah die Tabakpflanzen in ihren Gärten.

Einer der Wachtmeister stand vor seinem Haus und hatte ein Kind auf dem Arm. Als wir vorübergingen, hielt er den Kleinen hoch in die Luft und fragte lachend: »Sehen Sie! Wer ist größer als ich?«

Im »Deutschen Haus« grüßte der Wirt uns mit einem brummigen: »Sie kommen aber spät!« Aber er hatte sich an unser Kommen gewöhnt und brachte uns etwas zum Abendessen: Bratkartoffeln und zwei Scheiben rote Beete für jeden von uns. Und ein Glas Bier, dessen Ähnlichkeit mit dem Vorkriegsgebräu nur in der gelben Farbe und im Schaum bestand. Das Speisezimmer war klein und die Luft darin so abgestanden wie das Bier. Ein anderer Gast war noch da, ein alter Mann, der am Nachbartisch saß, zu uns herüberblickte und das Essen auf unseren Tellern mit den Augen verschlang. Dann hielt er den Wirt auf seinem Weg zur Küche an und bettelte: »Warum kann ich denn nicht auch was zu essen haben?« – »Wir geben kein Essen mehr aus«, sagte der Wirt, und dann, als er dem Blick des alten Mannes folgte, fügte er noch hinzu: »Die Herrschaften sind dienstlich hier.«

Es war sehr still im Speisezimmer. Man hörte nur das Klappern von Messern und Gabeln. Der Wirt, der am Eingang zur Küche stand, gähnte und wartete darauf, daß wir fertig wären.

»Ich komme von weit her, um meinen Sohn hier im Zuchthaus zu besuchen«, unterbrach der alte Mann die Stille. »Heute war ich da, aber sie haben mich nicht reingelassen. Eine neue Verfügung, behaupten sie – keine Besuche mehr, für niemand.« Er wischte sich die Augen. »Ich bin ein alter Mann«, sagte er. »Ich bin krank, und ich mach's nicht mehr lange. Ich wollte meinen Sohn nur noch ein einziges Mal sehen.«

Er humpelte hinaus in die dunkle Diele, und wir hörten, wie er sich mühselig die Treppe hinaufarbeitete. Sein Bier stand unangerührt da, der Schaum war übergelaufen auf die Tischplatte.

»Mein Sohn steht an der Ostfront. Ich kann ihn auch nicht sehen«, bemerkte der Wirt, wischte über den Tisch und nahm das Glas weg.

Ich wohnte wieder auf Nummer 12. Es sei das beste Zimmer im »Deutschen Haus«, hatte mir der Wirt bei unserem ersten Besuch versichert; jetzt hatte ich schon so oft darin übernachtet, daß ich das trübe Licht aus der von der Decke herabbaumelnden Birne, den Riß im Waschbecken und den herunterfallenden Putz nicht mehr wahrnahm. Selbst an den staubigen Druck über dem Bett, an das »Finis Terrae«, hatte ich mich gewöhnt.

Der Tag war warm gewesen, und ich machte das Fenster auf, um die kühle Nachtluft hereinzulassen. Ich holte tief Atem und wußte, daß ich heute gut schlafen würde – hier in diesem abgelegenen Ort gab es keine Alarme.

Nur einmal wachte ich auf und sah auf die Uhr. Es war kurz vor Mitternacht. Irgendwo draußen hörte ich das Dröhnen eines Lastwagens, der durch das schlafende Städtchen fuhr.

Als sich das Zuchthaustor am nächsten Morgen öffnete, war der Hof leer. Drinnen herrschte ein tödliches

Schweigen. Gänge und Brücken lagen verlassen da. Das Geklapper der Holzpantinen war verstummt, und nur unsere eigenen Schritte hallten hohl auf dem Steinboden wider.

Die Worte des alten Mannes im »Deutschen Haus« gingen mir durch den Kopf: »Keine Besuche mehr . . .« Mir lief es kalt über den Rücken, und ich wandte mich an den nächsten Wachtmeister: »Wo sind sie denn alle?«

»Wir hatten einen lebhaften Morgen.« Mehr sagte er nicht. Ich stürzte in das Amtszimmer des Chefs. Ohne das übliche »Heil Hitler« oder andere Vorreden schrie ich ihm entgegen: »Wo sind meine skandinavischen Gefangenen?«

Er saß hinter seinem Schreibtisch. Ein Wachtmeister stellte ihm gerade einen Becher Kaffee hin, und als er aufblickte, sah ich, daß er unrasiert war.

»Ihre skandinavischen Gefangenen?« wiederholte er langsam, doch dann schien ihm wieder einzufallen, wer ich war, und er erhob sich rasch. »Sie sind noch hier«, versicherte er mir. »Sie können Ihre Besuche durchführen wie gewöhnlich.«

Es war offenkundig: Er hielt mich immer noch für eine Agentin der Gestapo. Hastig erklärte er mir, daß aufgrund »gewisser Ereignisse« alle sonst üblichen Aktivitäten und Vorrechte beschnitten und die Häftlinge in ihren Zellen eingeschlossen worden seien. Dann winkte er mich näher heran und flüsterte: »Jetzt gibt's Leben hier!«

»Wir haben einen Sonderauftrag bekommen.« Seine Stimme bebte vor Stolz. »Dreibergen kommt endlich zu Ehren.« Der Führer habe sein Zuchthaus ausersehen, an den Hinrichtungen der Verschwörer vom 20. Juli teilzunehmen. Der erste Lastwagen voll deutscher Männer und Frauen sei kurz vor Mitternacht angekommen.

Bei Morgengrauen habe man sie gehängt.

Die skandinavischen Gefangenen wußten von den Hinrichtungen. Angst und Unruhe lag über dem Besuchszimmer, und sie fragten: »Was wird aus uns?«

Ich wußte keine Antwort. Erst jetzt ging mir auf, daß Hitler in seinem Wahnsinn einen letzten vernichtenden Schlag gegen sämtliche politische Gefangene ausführen könnte. Bis jetzt hatten meine skandinavischen Freunde unter der Jurisdiktion der deutschen Gerichte gestanden, und wenn auch verschiedene von ihnen Krankheiten oder der Unterernährung zum Opfer gefallen waren, so war doch bisher keiner von ihnen vorsätzlich umgebracht worden. Was aber würde geschehen, wenn die Justiz jetzt in die Hände der Gestapo geriet? Das konnte nur eines zur Folge haben: Massenhinrichtungen, wie sie in den Konzentrationslagern an der Tagesordnung waren. Ich dachte an mich selbst. Welche Aussichten hatte ich zu überleben? Ich dachte an die Hinrichtungen vom Morgen und spürte, wie sich mir die Kehle zuschnürte. Es verschlug mir den Atem, und es fiel mir schwer, mit den Gefangenen zu sprechen. Der Tag schien endlos lang.

Kurz vor Schluß der Besuchszeit zog einer der norwegischen Gefangenen ein kleines Paket aus dem Ärmel, ein Bündel eng beschriebener Seiten. »Ich wage nicht mehr, sie hierzubehalten«, sagte er und reichte mir das Päckchen, »kannst du sie für mich herausbringen?«

Ich fühlte, wie mir alles Blut aus dem Gesicht wich. Dies war kaum der geeignete Zeitpunkt für ein solches

Wagnis. Wie benommen hörte ich meinen Freund sagen: »Es ist mein Tagebuch. Es sind meine Gedanken hinter Mauern, die ich aufgeschrieben habe, wie du es uns geraten hast.«

Olav Brunvand war ein norwegischer Journalist und wegen Widerstands gegen die Nazibesetzung zu lebenslänglichem Zuchthaus verurteilt worden. Er hatte Jahre in Einzelhaft verbracht, in einer Zelle mit Pritsche, Schemel, einem kleinen Waschbecken und einem Eimer, der als Latrine diente. Die Pritsche konnte er nur des Nachts benutzen – tagsüber wurde sie hochgeklappt und an die Wand geschlossen. Das einzige Licht fiel durch das schmale Fenster nahe der Decke, das einzige Leben in der Zelle war er selbst. Mit den Fingernägeln hatte er in die Mauer Punkte, Linien und Kreuze gekratzt, die die Tage, Wochen und Monate seiner Gefangenschaft anzeigten. Es war sein Kalender, das einzige Maß der Zeit; seine Zelle kannte keine Jahreszeiten, sie war im Sommer so kalt wie im Winter.

Er hatte seine Zeit damit verbracht, sich ein Buch auszudenken und seiner Erinnerung anzuvertrauen; und als ich Papier und Bleistifte brachte, hatte er nach dem Gedächtnis festgehalten, was längst vor seinem inneren Auge geschrieben gestanden hatte. Es hatte Monate gedauert, denn er konnte immer nur wenige Minuten hintereinander schreiben und mußte ständig auf das Beobachtungsglas in der Tür achten. Das Manuskript hatte er auf seinem Körper getragen, denn die Zelle wurde täglich durchsucht.

Ich warf einen Blick auf die Blätter. Das Papier war grau, zerknittert und bis zum letzten ausgenutzt; kein Wort war ausgestrichen oder überschrieben worden,

274

und die enggeschriebenen Zeilen bezeugten, was Gunnar einst mit zwei Worten so stolz ausgedrückt hatte: »ICH LEBE!«

Ich dachte an die deutschen Männer und Frauen, die heute im Morgengrauen zum Schweigen gebracht worden waren. Kurz entschlossen öffnete ich meine Aktenmappe: Ich mußte einer Stimme Gehör verschaffen, solange sie noch sprechen konnte.

Am Tor spürte ich den durchdringenden Blick des Wachtmeisters, doch er ließ uns wie immer ohne Kontrolle durch. Erst als wir am nächsten Morgen in den Zug stiegen, ließ meine Spannung nach. Ich stand am Fenster, als der Zug abfuhr; die Böschung war blau von Glockenblumen; ich warf einen letzten Blick auf die Bahnhofsbaracke von Dreibergen – sie schrumpfte zusammen zu einem kleinen schwarzen Punkt, als der Zug an Fahrt gewann. Es ging vorbei an Wiesen und Feldern; der blühende Mohn am Rande sah aus wie eine endlose Kette von sich aneinanderreihenden roten Perlen.

Die Luft war leicht, doch meine Augen brannten nach einer schlaflosen Nacht. Ich schloß sie einen Augenblick und hielt das Gesicht der Sonne entgegen; ihre warmen Strahlen waren wie die Berührung einer Hand.

Wir saßen im Dienstabteil eines Personenzuges, außer uns noch drei oder vier andere. Schräg gegenüber von mir ein Mann in brauner Uniform mit silbernen Schnüren. Mit einem flüchtigen Blick streifte ich die kleinen, braunen Jettaugen in dem viel zu runden Gesicht. Kreisleiter, stellte ich bei mir fest.

Die Fahrt würde lang werden. Es gab immer wieder Verzögerungen. Möglich, daß wir erst spät in der Nacht in Hamburg ankamen. Ich durfte keine Zeit verlieren und vertiefte mich in ein medizinisches Lehrbuch. Später zog ich die Gefangenenbriefe aus der Tasche und fing wieder an, sie zu lesen. »Hier zieht es!« hörte ich nach einiger Zeit den Kreisleiter mir gegenüber sagen. Er stand auf und nahm den Platz neben mir ein, der noch frei war. Obgleich ich nicht aufgesehen hatte, fühlte ich die Spannung in der Luft. Ich glaubte zu bemerken, daß ich beobachtet wurde. Aber ich las ruhig weiter.

»Was machen Sie da?« fragte der Kreisleiter wenige Sekunden später.

Das Auge blieb auf dem Bogen haften. Gefahr war im Anzug! Nicht der Briefe wegen; ich durfte die Gefangenenpost lesen, wo und wann immer ich wollte. Aber die Aktentasche mit Olavs Manuskript lag auf meinem Schoß.

»Haben Sie mich nicht verstanden?« wiederholte die Stimme neben mir langsam und betont. »Was machen Sie da?«

»Sie haben kein Recht, mich danach zu fragen.«

»Das werden wir ja gleich sehen«, erklärte er triumphierend. »Sie waren mir schon von Anfang an verdächtig. Wo kommen Sie her? Wer sind Sie? Was tragen Sie bei sich? Ihren Ausweis!«

Sollte ich über diesen Mann zu Fall kommen? Hatte er erst einmal meinen Ausweis, würde er sich über meine Aktenmappe hermachen.

»Reichlich viel Fragen auf einmal«, sagte ich jetzt. »Zeigen Sie erst einmal Ihren Ausweis.«

Der Pfarrer beugte sich vor, als wollte er sich einmischen. Doch ein sekundenschneller Blick genügte. Er konnte mir nicht helfen; im Gegenteil – je weniger die Gestapo über meine Verbindung wußte, desto besser

276

für mich. Mit ausdruckslosem Gesicht sah der Pfarrer zum Fenster hinaus.

»Sie verlangt meinen Ausweis. Haben Sie das gehört?« wandte sich der Kreisleiter an die Mitreisenden im Abteil. »Als ob nicht jeder wüßte, wer ich bin. Meine Uniform . . .«

»Ihre Uniform kann jeder tragen«, unterbrach ich ihn kurz. Ich warf einen verstohlenen Blick auf die Uhr. In wenigen Minuten mußten wir in Lübeck sein. Bis dahin mußte ich ihn noch hinhalten.

»Also her mit dem Ausweis! Sie wissen wohl nicht, was in diesen Tagen in Deutschland geschehen ist? Euch Ausländern wird jetzt endgültig . . .«

»Ach, Sie glauben, ich sei Ausländerin?« Ich konnte es nicht lassen, noch hinzuzufügen: »Wohl, weil die Briefe in einer fremden Sprache geschrieben sind und Sie sich nicht vorstellen können, daß ein Deutscher eine Fremdsprache versteht?« Verstecktes Lachen im Abteil, funkelnde Augen des Kreisleiters. Vier Herren sahen interessiert zum Fenster hinaus. Einer bekam einen Hustenanfall und begann, sich umständlich zu schneuzen. Denn auch das Lachen am unrechten Platz war im Dritten Reich gefährlich.

»Sie sind verhaftet!« Zur Bekräftigung legte der Kreisleiter mir die Hand auf die Schulter.

Der Zug lief in Lübeck ein; der Bahnhof war voller Menschen. Der Kreisleiter riß die Tür auf und rief in den dämmernden Abend: »Polizei! Polizei!«

Da wurde es still auf dem Bahnsteig. Tausend Blicke richteten sich auf uns, begierig auf das Schauspiel einer Verhaftung, so oft schon erlebt und doch immer wieder prickelnd und neu. »Machen Sie's kurz«, sagte ich. »Ich

277

habe nicht viel Zeit. Ich muß heute abend noch in Hamburg sein.«

»Das werden wir ja sehen, wo Sie heute abend sind!« Erwartungsvoll trat er von einem Fuß auf den anderen und rief noch einmal: »Polizei!« Löste sich denn immer noch keine Gestalt aus der Menge mit einer Marke und dem Machtwort »Geheime Staatspolizei?«

Ich wartete ebenso gespannt, und doch war ich ruhig. Nun war es soweit. Vielleicht war alles vorüber. Prüfte die Gestapo den Ausweis, so würde sie sich nicht damit begnügen und auch eine Untersuchung der Aktenmappe vornehmen wollen. Hundertmal hatte ich von der Gestapo geträumt, in tausend Nächten war ich erstarrt beim Geräusch der Autos, hatte ein heller Scheinwerfer mich hochgeschreckt. Nun war ich so gelassen, als läge alles schon hinter mir. Komme, was da wolle!

Doch das Wunder geschah. In der Menschenmenge war niemand von der Gestapo. Ich spürte, wie die Blicke der Schaulustigen von mir ließen, enttäuscht, daß sich nichts ereignete. »Kommen Sie mit!« sagte der Kreisleiter endlich.

Ich gab ihm meine Mappe zu tragen. »Sie ist nicht schwer«, sagte ich mit leichtem Spott. »Aber – für eine Frau ist sie zu schwer.«

In den Jettaugen blitzte es triumphierend auf.

Wir gingen durch die Menge. Wir brauchten uns keinen Weg zu bahnen. Zum ersten Mal in meinem Leben bildeten die Leute für mich Spalier! Suchend schaute der Kreisleiter sich um, ob nicht irgendwo ein Mann in Zivil hervorträte.

»Sonntags hat die Polizei wohl frei?« fragte ich den Kreisleiter sarkastisch.

»Dann bringe ich Sie eben zur Bahnpolizei!« schnaufte er verärgert.

Ich warf einen raschen Blick zurück und sah zu meiner Erleichterung, daß Pastor Svendsen uns nicht gefolgt war. Wir gingen die Treppe hinauf.

»Heil Hitler!« stürmte er in die Amtsstube. »Ich habe soeben eine Dame verhaftet, die mir höchst verdächtig vorkommt. Untersuchen Sie doch mal Ausweis und Papiere . . .« Er stellte die Mappe auf den Schreibtisch.

»Na, na!« Der dicke Polizist musterte abwechselnd ihn und mich. Er war gerade dabei, sich die Sonntagspfeife zu stopfen. »Also zeigen Sie mal Ihren Ausweis.«

Ich hielt ihm meinen grünen Polizeiausweis entgegen.

»Aha, eine Kollegin!« rief der Polizist. Er warf einen flüchtigen Blick auf den Ausweis, dann wandte er sich breit zu dem Kreisleiter: »Da ist wohl leider nichts zu machen!« Sein rechtes Auge plinkerte dabei verdächtig vergnügt zu mir herüber. Aber ich legte die Stirn in ernste Falten und sagte zu dem Polizisten: »Bitte, prüfen Sie den Ausweis dieses Herrn. Ich finde es seltsam, daß er ihn mir im Zug nicht zeigen wollte.«

Er war Kreisleiter. Weder der Polizist noch ich zweifelten einen Augenblick daran, daß seine Papiere das bestätigten. Aber dem Polizisten schien es genauso ein Vergnügen zu machen wie mir – jedenfalls prüfte er den braunen Ausweis mit vorschriftsmäßiger Genauigkeit.

Der Kreisleiter erkannte seine mißliche Lage. Er trat zu mir und wollte mir die Hand geben. Aber ich sah kühl über ihn weg.

»Sie sind nicht berechtigt, ohne weiteres Leute in der Bahn zu verhaften«, sagte der Bahnpolizist. »Diese

Dame ist von der Polizei. Wenn sie eine Meldung darüber macht . . .«

»Entschuldigen Sie bitte, gnädige Frau«, sagte der Kreisleiter hastig. »Es war doch nicht so gemeint.«

»Wie Sie es gemeint haben«, antwortete ich eisig, »darauf kommt es nicht an. Ich rate Ihnen, zukünftig niemanden in den Zügen zu belästigen. Sie schaden damit der Ehre unserer Partei!«

Dem Polizisten schien es nicht anders zu ergehen wie vorhin den Mitreisenden im Abteil. Er bekam einen Hustenanfall und beugte sich tief über eine Akte.

Der Nazibonze schlich sich von dannen. Ohne »Heil Hitler!« Als ich ihm nachsah, mußte ich lächeln. Morgen schon würde ich diese kugelige Gestalt, die der eines biederen Kegelbruders glich, vergessen haben. Doch noch vor wenigen Minuten hatte er mein Schicksal in der Hand gehalten.

29

Erst spät nachts kam ich zurück; meine Mutter war noch wach und wartete. Ihre Augen verrieten Besorgnis, und ihre Stimme klang ängstlich, als sie fragte: »Ist alles gutgegangen?«

»Alles ging gut – wie immer.«

Sie winkte mich zu sich. »Ich muß mit dir sprechen«, flüsterte sie.

Doch ich war zu erschöpft. »Später«, sagte ich kurz und ging in mein Zimmer. Ich warf mich unausgezogen aufs Bett und fiel in einen Schlaf, der an Bewußtlosigkeit grenzte.

Es war noch dunkel, als ich aus einem Alptraum hoch-fuhr. Ich war in Schweiß gebadet, sprang auf und riß das Fenster auf. Draußen war kein Laut zu hören – es war die Stunde der Nacht, wenn die Natur, endlich zur Ruhe gekommen, sich der Stille überläßt.

Ich legte mich wieder hin, versuchte weiterzuschla-fen, doch ich war hellwach und erinnerte mich plötzlich an die besorgten Augen meiner Mutter. Was hatte sie auf dem Herzen? Bevor ich jedoch den Gedanken zu Ende dachte, fiel mir etwas ein. Ohne das Licht anzuma-chen, tastete ich nach der Aktenmappe und zog Olavs Manuskript heraus. Zum Lesen blieb keine Zeit, noch bevor es hell wurde, mußte ich es an einem sicheren Ort verstecken.

Vorsichtig zog ich die Tür zum Flur auf und lauschte: Alles war ruhig. Auf Zehenspitzen schlich ich die Treppe hinunter zur Küche und suchte mit der Taschen-lampe nach einem Marmeladenglas, stopfte das Bündel Papier hinein und schraubte den Deckel fest zu.

Ich wagte nicht, die Schaufel aus dem Schuppen zu holen; das Gegacker der Hühner konnte mich verraten. Neben der Eberesche kniete ich nieder, schob Herrn Deckers Wagen beiseite, tastete nach den Furchen, die die Räder in den Boden gegraben hatten, scharrte ein Loch in den Boden, legte das Glas hinein und bedeckte es wieder mit der lockeren Erde. Dann schob ich den Handwagen wieder auf seinen alten Platz.

Erleichtert kehrte ich in mein Zimmer zurück. Der Morgen graute bereits, und als ich mich wieder hin-legte, dachte ich an die »Saat«, die, in der Erde verbor-gen, darauf wartete, Früchte zu tragen.

Ich mußte wieder eingeschlafen, sein; irgendwoher aus weiter Ferne drangen die Geräusche des Sommers an mein Ohr: das Gackern der Hühner, das Gezwitscher der Vögel und das Aufprallen eines Balls auf dem Fußsteig. Ein Kind lachte, und ich lachte zurück. Dann eine Stimme ganz in der Nähe: »Hiltgunt, ich muß mit dir sprechen.«

Mutter stand an meinem Bett. Ich mußte blinzeln, so stark war das Sonnenlicht, und ich murmelte: »Ich habe geträumt, der Krieg wäre zu Ende.«

»Ich muß mit dir sprechen«, wiederholte meine Mutter so dringlich, daß ich aufhorchte. Mit einem Schlag war ich hellwach, setzte mich auf und sah, daß meine Mutter ein Stück Papier in der Hand hielt. Es war ein blauer Umschlag, ohne Briefmarke.

Ich erstarrte; es lief mir kalt über den Rücken. »Gestapo?«

»Eine Vorladung für heute.«

Mutter legte den Brief beiseite und beugte sich über mich: »Du darfst nicht hingehen.«

»Ich muß. Mir bleibt nichts anderes übrig.«

»Doch«, sagte sie zuversichtlich. »Es gibt einen Ausweg.«

Unten wartete Dr. von Berg. »Sie müssen untertauchen«, sagte er.

»Nein, ich bleibe hier«, schnitt ich ihm das Wort ab.

»Sie haben zuviel unternommen in der letzten Zeit. Sie müssen veschwinden.«

»Ach, vielleicht handelt es sich nur um eine Auskunft«, sagte ich scheinbar gelassen, während in mir eine fast wütende Verzweiflung aufstieg.

»Tausende von Leuten werden dieser Tage vorgeladen oder abgeholt«, beschwor mich Dr. von Berg. »Begreifen Sie denn nicht, was jetzt vor sich geht?«

Da verlor ich die Fassung. Ich fühlte mich wie in einer Falle; die Vernunft diktierte mir, Dr. von Bergs Rat zu folgen, und doch – ich wollte nicht, und plötzlich richtete sich meine ganze hilflose Wut gegen das gütige, ernste Gesicht mir gegenüber. »Was denken Sie sich eigentlich?« schrie ich ihn an. »Natürlich weiß ich, was jetzt vor sich geht!«

Dann etwas ruhiger: »Und selbst, wenn ich Ihren Rat befolgte – wohin sollte ich gehen?«

Er reichte mir ein Stück Papier. »Gehen Sie sofort zum Bahnhof«, drängte er, »und nehmen Sie den nächsten Zug nach Berlin . . .«

»Berlin?« unterbrach ich ihn und starrte auf das Papier in meiner Hand. Mit seiner unleserlichen Arztschrift hatte er eine Adresse notiert. Ich war gewohnt, Adressen zu lesen – Hunderte jeden Tag, und fast mechanisch prägte sich meinem Gedächtnis auch diese ein: Professor Ernst Reiner, Berlin-Dahlem, Arnimstraße 15.

Ich blickte auf. »Wer sind diese Leute?«

»Freunde von mir . . .«

Noch ein Blick auf die Adresse, dann zerknüllte ich das Papier und stieß hervor: »Und was wird aus meinen Gefangenen?«

»Können Sie denn an nichts anderes mehr denken?« erwiderte Dr. von Berg. »Können Sie nicht auch mal an Ihre Mutter und an Ihre Brüder denken – nur ein einziges Mal? Haben Sie schon mal darüber nachgedacht, was ihnen blüht, wenn die Gestapo Sie verhaftet?«

Noch nie hatte ich ihn so erregt gesehen; seine Worte trafen mich wie eine Ohrfeige.

»Meine Mutter und meine Brüder stehen zu mir«, rief ich aufgebracht. »Sie haben immer zu mir gestanden.«

»Und bedeutet das etwa, daß sie an ihre Sicherheit nicht zu denken brauchen?«

Da verstummte ich tief betroffen; obwohl ich es nicht zugeben wollte, wußte ich, daß er recht hatte. Doch ebenso bestimmt wußte ich, daß es kein Zurück für mich gab, koste es, was es wolle.

Ich versuchte, die Tränen zu unterdrücken, und sah zu meiner Mutter hinüber. Sie war sehr blaß geworden, aber jetzt richtete sie sich auf und sagte ruhig: »Entscheide selbst.«

»Dann laß mich bleiben«, bat ich.

Von diesem Augenblick an wußte ich: sie war nicht nur meine Mutter – sie war auch meine beste Freundin.

Statt des hellen Sommerkleides zog ich mein graues Wollkostüm an und nahm einen Regenmantel über den Arm. Es war ein wolkenloser Sommertag – doch eine Vorladung bei der Gestapo konnte eine Reise ins kalte Unbekannte bedeuten, einen Aufenthalt im Keller mit tagelangen Verhören, und so hatte ich in meiner Aktenmappe außer Brot auch noch Seife und meine Bibel.

Wieder ging es zu dem Haus an der Rothenbaumchaussee; davor angekommen, warf ich einen Blick auf meine Uhr – es war Punkt zwölf, aber die Glocke im benachbarten Kirchturm schwieg; die Kirche war ausgebombt und der Turm nur noch ein leeres Gerippe. Das imposante Patrizierhaus dagegen war unversehrt. Auf mein Klingeln ertönte der Summer, und die Tür schwang auf wie ein nach mir greifender Arm. Ich trat in das tödliche Schweigen; nur die vielen Fußspuren auf dem gewachsten Boden zeugten von Leben.

Ich kannte den Weg und ging in den ersten Stock zu dem Zimmer mit den ledergepolsterten Türen, öffnete sie ohne vorheriges Klopfen und trat mit einem gemurmelten »Heil Hitler!« ein. Mein erster Blick fiel auf die weißlackierte Tür. Wohin führte sie, fragte ich mich wieder. Würde sie sich für mich öffnen? Unwillkürlich drückte ich meine Mappe fester an mich. Der Mann am Schreibtisch blickte kaum auf; ich erkannte sein Gesicht nicht sofort und war nicht sicher, ob es derselbe war, mit dem ich beim ersten Mal gesprochen hatte. Doch als er eine Akte vom Schreibtisch nahm, stellte er kurz fest: »Diesmal sind Sie pünktlich.«

Ich wartete nicht darauf, daß mir ein Stuhl angeboten wurde, sondern nahm ohne weiteres Platz. Meine Hände, durch den Schreibtisch seinen Blicken entzogen, waren ineinandergepreßt, und ich saß bewegungslos da, atemlos gespannt auf das, was er mir zu sagen hätte. Doch nichts folgte. Er begann die Akte zu lesen, als wäre ich überhaupt nicht da. Es war eine dünne Akte – meine Akte war viel dicker gewesen. Ich suchte nach irgendeinem Zeichen in seinem Gesicht, das mir über den Grund meiner Vorladung Aufschluß geben könnte, aber es glich einem Stück grauen Papiers, leer und dabei glatt wie die weißlackierte Tür hinter ihm. Sein grauer Anzug und die schwarze Krawatte vervollständigten den Eindruck des Anonymen, und für einen Augenblick war ich fast versucht zu fragen: »Lädt man wesenlose Kreaturen wie dich auch vor?«

Er las noch immer in der Akte, blätterte jedoch kein einziges Mal um. Ich kannte dieses Vorspiel von meinem letzten Verhör und begriff, daß es Teil des Nervenkrieges war, den die Gestapo so ausgeklügelt zu führen wußte. Ich weiß nicht, wie lange es dauerte; wahrscheinlich waren es nur einige Minuten, die mir wie Stunden vorkamen. Es war so still, daß man hätte eine Nadel fallen hören. Dann durchschnitt das Summen einer Fliege das Schweigen – einer Sommerfliege, die immer wieder wütend gegen die Fensterscheibe flog und versuchte, ins Freie zu gelangen.

»Warum haben Sie uns keine Berichte geschickt?«

Ich blickte auf.

Der Gestapobeamte sah von der Akte hoch, und die Spitze seines Bleistiftes war auf mich gerichtet wie ein Gewehr auf das Opfer.

Das Spiel hatte begonnen. Alles war wie beim ersten Mal. Der Vorhang ging auf, und wie der Schauspieler auf der Bühne, kroch ich in meine Rolle, war frei von aller Angst, ruhig und zuversichtlich im Glauben an den Regisseur, der Anfang und Ende des Spiels wußte.

»Ich habe Ihren Auftrag keineswegs vergessen«, erwiderte ich zuvorkommend. »Aber was wäre schon über Leute zu berichten, die stets bereit sind, jeden Befehl auszuführen.«

Er schien überrascht und zischte wütend: »Ja, begreifen Sie denn nicht, was jetzt vor sich geht?«

Ich hörte diese Frage heute schon zum zweiten Mal, aber meine Stimme verriet keinerlei Erregung, als ich antwortete: »Natürlich weiß ich das.«

»Nun, dann rate ich Ihnen, zukünftig besser mit uns zusammenzuarbeiten«, sagte er scharf.

»Ich werde mir Mühe geben«, versprach ich.

»Heute bekommen Sie Gelegenheit, das zu beweisen«, erklärte der Gestapobeamte und nahm einen Brief auf. »Wir haben einen Sonderauftrag für Sie.«

Ich hielt den Atem an.

»Zwei Ihrer Untermieter haben Anzeige erstattet gegen einen gewissen Mangold«, begann er.

Das also war es – Herr Mangold! Plötzlich stand alles wieder vor mir, als wäre es gestern gewesen: der 20. Juli, das fehlgeschlagene Attentat – der Abend in der Küche – Irmgard Hedrich.

»Was haben sie Ihnen denn berichtet?« fragte ich rasch.

»Sollten Sie das nicht selbst am besten wissen?«

»Nein, ich habe keine Ahnung.«

»Nun, wie steht es denn mit der Bemerkung, die er in Ihrer Küche machte? Schließlich waren Sie und Ihre Mutter dabei.«

»Wie gut Sie unterrichtet sind«, sagte ich mit einem bewundernden Augenaufschlag. »Aber dann wissen Sie sicherlich auch, daß eine der Damen schwerhörig ist. Die Arme hätte wohl kaum etwas von der Unterhaltung mitbekommen können.«

Aber der Gestapobeamte blieb unbeeindruckt. Das sei noch nicht alles, erklärte er. Die Schwestern hätten in ihrem Brief auch angefragt, warum Mangold nicht eingezogen sei und was es mit seiner verkrüppelten Hand für eine Bewandtnis hätte, der rechten, um genau zu sein. Vielleicht könne ich ihm Auskunft geben, wieso zwei Finger fehlten und warum. Und im übrigen, was sei das denn für eine Geschichte mit seinem Schwarzhandel?

Der Beamte ließ mich keinen Augenblick aus den Augen, während er sich jetzt eine Zigarette anzündete. Ich lehnte mich im Stuhl zurück und versuchte, seinem Blick möglichst unbefangen standzuhalten, aber im Innern wurde es mir kalt vor Angst. Unser Silber! Das Mehl! Die vielen selbstgebackenen Brote! Stand auch davon etwas in ihrem Brief?

Doch meine Sorge war umsonst. Der Beamte beeilte sich, mir zu erklären, daß Mangolds Schwarzmarktgeschäfte ihn im Grunde herzlich wenig interessieren. »Der Schwarzmarkt gehört genauso zum Krieg wie das Umbringen«, sagte er und nahm einen tiefen Zug aus seiner Zigarette. »Was meinen Sie wohl«, bemerkte er, während er mit Behagen einen Rauchring ausstieß, »woher ich diese Zigarette habe?«

»Ja, um was geht es Ihnen denn?« Ich konnte meine Ungeduld kaum noch zurückhalten.

»Wir beanstanden seinen Namen.«

»Seinen Namen?« Das kam so unerwartet, daß ich fast aufgelacht hätte, denn plötzlich fiel mir etwas ein. »Das letzte Mal wurde ich vorgeladen, weil jemand an *meinem* Namen Anstoß nahm«, rief ich aus.

»Das war etwas anderes«, entgegnete er kalt. »Ihr Name klingt zwar ausländisch, aber seiner ist jüdisch.«

Das also war der Grund. Aber Herr Mangold war kein Jude, und die Gestapo sollte das am besten wissen; sie hatte uns alle in ihren Akten. Schon sehr bald nach der Machtübernahme hatte jeder Deutsche seinen Ariernachweis erbringen müssen, und ich hatte nicht die Wochen und Monate vergessen, die meine Eltern damit verbracht hatten, in allen möglichen Kirchen Deutschlands nach den Trauscheinen ihrer Eltern und Großeltern zu fragen. Es war eine höchst umständliche Prozedur gewesen, und als sie endlich ihre Papiere einreichen konnten, hatte es abermals Monate gedauert, bevor sie von den Behörden geprüft und gesichtet worden waren.

Und da sich in unserer Ahnenreihe kein jüdisches Blut nachweisen ließ, wurden wir zu Ariern erklärt.

Nichtarier waren Menschen, die entweder volljüdisch waren oder einen gewissen Prozentsatz jüdischen Blutes in den Adern hatten. Das Schicksal der Volljuden war besiegelt. War es ihnen nicht gelungen, rechtzeitig aus Deutschland herauszukommen, wurden sie später in den Gaskammern der Konzentrationslager umgebracht. Aber dann gab es auch eine große Anzahl derer, die einen Teil jüdischen Blutes in sich hatten; viele von ihnen hatten nicht einmal gewußt, daß etwa ein Großelternteil von ihnen jüdisch gewesen war. Je nach dem Grad ihrer Abstammung galten sie als Halb-, Viertel- oder Achteljuden. Sie wurden zwar weder deportiert noch umgebracht, es sei denn, daß sie eingezogen und in sogenannten »Todeskommandos« in die vordersten Frontlinien gebracht wurden, um so die zweifelhafte Ehre zu haben, für das Vaterland zu fallen. Doch in jedem Fall wurden sie als Menschen zweiter Klasse behandelt. In vielen höheren Lehranstalten war ihnen der Zutritt versagt, und oft gelang es ihnen nur, eine Anstellung als ungelernter Arbeiter zu finden.

Aber was hatte das alles mit Herrn Mangold zu tun? Der war doch Arier wie ich auch – ob sein Name nun jüdisch klang oder nicht.

»Der Kerl ist Jude«, sagte der Gestapobeamte in einem Ton, als handelte es sich um die Pest. »Wir werden seine sämtlichen Papiere überprüfen, bis auf die Urgroßeltern.« Er grinste über das ganze Geischt. »Alles hat seinen Preis«, bemerkte er. »Gefälschte Taufscheine sind auf dem Schwarzmarkt sehr gesucht.«

Selbstverständlich könnten sie Herrn Mangold sofort

abholen, erklärte er mir; aber sie hätten beschlossen, noch ein wenig zu warten. »Als Jude fällt er in die Kategorie der subversiven Elemente und könnte uns vielleicht über andere Volksschädlinge Aufschluß geben«, sagte er. »Wir möchten wissen, mit wem er umgeht – und das sollen Sie für uns herausfinden.«

Er ließ mir keine Zeit zur Antwort und gab mir einen Zettel mit seiner Telefonnummer. »Wir erwarten in spätestens einer Woche Ihren Anruf.«

Ich stand auf und murmelte zum Abschied mein »Heil Hitler«.

»Diesmal tun Sie aber gefälligst Ihre Pflicht«, war die einzige Antwort.

Mit einem letzten Blick auf die weißlackierte Tür verließ ich eilends sein Zimmer.

Es war kühl im Haus, doch draußen auf der Treppe brach mir der Schweiß aus. Kaum war ich draußen, zog ich die graue Kostümjacke aus. Ich rannte fast zum Bahnhof, als läge darin eine Möglichkeit, mich dem zu entziehen, was die Gestapo verlangte.

Ich war außer mir. Was sollte ich tun? Mit Herrn Mangold sprechen, ihm sagen, daß die Hedrichs ihn angezeigt hatten? Aber wenn die Gestapo herausfand, daß ich ihn gewarnt hatte? Und wenn ich nichts sagte, mich einfach totstellte und den Auftrag der Gestapo nicht ausführte? Wie ich es auch machte – Herr Mangold war in höchster Gefahr. Es war nur eine Frage der Zeit, daß er abgeholt werden würde. Und dann würden sie ihn zum Reden bringen. Und er würde reden. Seine Widerstandskraft war gering. Alles, was er wußte, würde er sagen. Und dann waren wir an der Reihe.

Nahe dem Bahnhof verlangsamte ich meinen Schritt;

ich wußte weder aus noch ein, und mir war, als säße ich in meiner eigenen Unentschlossenheit wie in einer Falle. Ich hatte Angst, nach Hause zu gehen; und als plötzlich die Sirene aufheulte, fühlte ich mich seltsam erleichtert.

Es war früher Nachmittag, und nach der strahlenden Helligkeit draußen wirkten die Kasematten unter den Bahnsteigen nur um so dunkler. Die Menge stolperte Schritt für Schritt an Abwasserrohren entlang, ständig von den Nachdrängenden vorwärts gestoßen. Von den Wänden tropfte das Wasser, der Boden war schlüpfrig, und der Gestank von verfaultem Abfall schlug uns entgegen.

Irgend jemand neben mir keuchte, rang nach Atem, dann kam ein halb ersticktes: »Oh, Gott, laßt mich raus!« Dann von oben her das Krachen einer Detonation, eines Einschlags in der Nähe. Noch ein Seufzen, dann wurde es totenstill; das Keuchen hörte auf. In der plötzlichen Stille sah ich mich wieder in dem Raum mit der weißlakkierten Tür, hörte das wütende Summen der Fliege, die vergeblich die Freiheit jenseits der Scheibe zu erreichen suchte. Und dann durchfuhr es mich: »*Ich* bin davongekommen!«

Ich war noch frei, sie hatten mich gehen lassen.

Plötzlich verspürte ich heftigen Hunger. Den ganzen Tag hatte ich noch nichts gegessen. Ich öffnete meine Aktenmappe und suchte nach einem Stück von unserem selbstgebackenen Brot. Als ich es langsam kaute, legte sich meine Spannung. Ein wohliges Gefühl durchströmte mich und ließ mich das Grollen der Einschläge und den Gestank der Abwässer vergessen.

»ICH LEBE!« Jetzt erst begriff ich, warum Gunnars Brief nur diese zwei Worte enthalten hatte. Sie sagten

291

alles und mehr als die längste Epistel. »Ja, Gunnar«, klang es in mir, »ICH LEBE!«

Es war Nachmittag, als ich an unserer S-Bahn-Station ankam. Statt nach Hause zu gehen, stellte ich mich dem Eingang gegenüber auf die andere Straßenseite. Mein Entschluß stand fest. Ich mußte Herrn Mangold abfangen, bevor er nach Hause kam. Nur so konnte ich ihn warnen, ohne von der Gestapo entdeckt zu werden. Man wußte nie, wann er heimkam; vielleicht war er sogar schon zu Hause, doch ich wagte nicht anzurufen – unser Telefon konnte überwacht werden.

Ich wartete bis zum Abend und suchte alle zehn Minuten, wenn eine Bahn kam, die herausströmende Menge ab. Mit dem Zug um fünf Uhr fünfzig kam Irmgard Hedrich. Ich erkannte sie sofort an ihrer grauen, hochgeschlossenen Strickjacke. Sie sah weder nach rechts noch nach links, als nähme sie überhaupt nichts wahr, aber ich wußte es besser. Sie war eine Denunziantin – unser Haus würde für uns nie mehr dasselbe sein. Nicht nur, daß wir in allen unseren Äußerungen noch viel vorsichtiger sein würden – ich würde fortan jeden ihrer Schritte mißtrauisch verfolgen.

Die Sonne war untergegangen, und es dämmerte. Trotzdem gab ich nicht auf; ich wartete und vertraute auf mein Glück. Es war schon fast dunkel, da tauchte Herr Mangold endlich auf. Als er aus dem Bahnhof trat, sah ich, wie er den seidenen Schlips lockerte und sich eine Zigarette anzündete.

Ich überquerte rasch die Straße, holte ihn an der nächsten Ecke ein, ging ein Stück neben ihm her und flüsterte: »Ich muß Sie sprechen . . .«

Wir bogen in eine stille Seitenstraße ein mit von Hekken überwucherten Zäunen. Die hohen Eichen zu beiden Seiten schützten uns vor Blicken aus den anliegenden Villen.

»Sie sind hinter Ihnen her«, sagte ich. »Sie sind angezeigt worden.«

Die Zigarette fiel ihm aus der Hand. Er hustete; ich sah, wie es in seinem Gesicht zuckte, als ich ihm von dem Brief der Schwestern erzählte.

»Die Gestapo stößt sich an Ihrem Namen.« Ich war verlegen und sah an ihm vorbei. »Man hält Sie dort für einen Juden«, sagte ich stockend.

Das Streichholz flackerte in seiner Hand, als er sich eine neue Zigarette anzuzünden versuchte. Abermals wich ich seinem Blick aus und schaute in das Dickicht der Eichen. Aus dem dicken Laub tönte der Gesang einer Drossel – es war Sommer . . .

»Erinnern Sie sich noch an den Abend in Ihrer Küche?« begann er schließlich. »Als die Hedrichs gegangen waren, wollte ich Ihnen etwas sagen. Aber dann brachte Hitlers Rede mich zum Schweigen.« Er zuckte die Achseln und fügte müde hinzu: »Ja, eigentlich hat er mich schon vor langem zum Schweigen gebracht.«

Er war erst elf Jahre alt gewesen, als er eines Tages von der Schule zurückkam und seine Mutter in Tränen aufgelöst vorfand. Sein Vater saß am Schreibtisch, über ein Stück Papier gebeugt, das gerade mit der Post gekommen sein mußte. Es war die Geburtsurkunde eines der Großväter, den sie für ihren Ariernachweis angefordert hatten.

»Was sollen wir nur machen?« schluchzte seine Mutter, und der Vater winkte ihn heran und schrie außer

293

sich: »Du bist Jude! Ab heute bist du ein Jude!« Tränen hatten ihm in den Augen gestanden, und er schlug mit der Faust auf das Papier. Der Junge hatte nicht begriffen und gefragt: »Aber was macht das denn schon? Bin ich denn nicht derselbe wie vorher?« Am nächsten Tag hatte der Vater ihn wieder zu sich gerufen. »Du mußt vergessen, was ich dir gestern gesagt habe«, hatte er ihm eingeschärft, und dann hatte er ihn schwören lassen, nie wieder etwas davon zu erwähnen. Er habe einen Ausweg gefunden, hatte er dem Jungen erklärt. Sie seien trotz allem Arier.

»Und von da ab tat mein Vater, als wäre er ein Nazi«, sagte Herr Mangold. »Und um mit dieser Lüge leben zu können, wurde er fanatischer als Hitler selbst.«

Die Urkunde, die Herrn Mangold zum Vierteljuden stempelte, wurde durch ein anderes Papier ersetzt. »Mein Vater kaufte es für schweres Geld von einem SS-Mann. Er glaubte, damit Ruhe zu haben. Aber der Mann kam wieder und wollte mehr.« Herr Mangold lachte bitter auf. Der Erpresser ließ nicht locker, und nachdem die Eltern bei einem Luftangriff umgekommen waren und Herr Mangold alles verloren hatte, trieb er Schwarzhandel, um weiterhin zahlen zu können, was von ihm verlangt wurde. Er schwieg einen Augenblick, dann sagte er noch: »Sagte ich Ihnen nicht schon einmal, daß alles seinen Preis hat?«

Noch etwas anderes lag mir im Sinn, und doch scheute ich mich zu fragen. Aber es war, als erriete Herr Mangold meine Gedanken; er hob seine rechte Hand und flüsterte: »Haben Sie bemerkt, daß mir zwei Finger fehlen?«

»Ich weiß«, schnitt ich ihm das Wort ab.

»Es hat keinen Zweck, Ihnen zu erklären, warum ich es tat. Sie würden das nicht verstehen. Sie brauchten niemals aufgrund von Umständen, die Sie nicht ändern konnten, um Ihr Leben zu bangen. Gegen die Nazis zu kämpfen, war Ihre eigene Wahl. Ich hatte keine. Seit dem Tag, an dem ich erfuhr, daß ich Vierteljude bin, hat alles, was ich tat, nur ein einziges Ziel gehabt: zu überleben!«

»Was soll jetzt werden?«

»Ich weiß es wirklich nicht!« stieß er verzweifelt hervor.

Ich nahm ein Stück Papier aus meiner Tasche und schrieb eine Adresse auf – in Druckschrift, damit niemand meine Handschrift erkennen konnte. Adressen vergaß ich nie, und diese hatte ich mir genau vor zwölf Stunden eingeprägt. Ich gab ihm den Zettel und sagte: »Verlassen Sie sofort Hamburg. Gehen Sie zum Hauptbahnhof und versuchen Sie, im nächsten Zug nach Berlin mitzukommen.«

»Und was geschieht mit Ihnen?« fragte Herr Mangold; zum ersten Mal hörte ich echte Besorgnis in seiner Stimme.

»Ich muß hierbleiben und weitermachen.«

Wir reichten uns die Hand – zwei Fremde, die gelernt hatten, einander zu vertrauen.

Ich solle in sein Zimmer gehen, sagte er mir noch. In der Schublade läge eine Pistole, die solle ich nehmen und behalten. Dann trennten wir uns, und ich hörte ihn noch husten, als seine Schritte längst in der Dunkelheit verhallt waren.

Als ich nach Hause kam, fragte meine Mutter besorgt, was geschehen sei.

»Nur ein paar Fragen.«

Warum es dann so lange gedauert habe, forschte sie weiter, und warum ich sie nicht sofort angerufen hätte.

Ach, es sei nur ein ganz kurzes Gespräch gewesen, erklärte ich, eine Anfrage, nichts weiter. Am Nachmittag sei ich noch in der Staatsbibliothek gewesen und hätte gearbeitet.

Es fiel mir schwer zu lügen. Bis jetzt hatte ich meine Mutter noch nie belogen, doch Dr. von Bergs Worte wollten mir nicht aus dem Sinn. Er hatte recht. Solange ich meine Gedanken und meine Arbeit mit ihr teilte, war sie in Lebensgefahr. Je weniger sie von mir wußte, desto größer waren ihre Chancen, davonzukommen, wenn ich einmal der Gestapo in die Hände fiel. Ich dachte daran, daß sie den Juden geholfen hatte. Wie oft hatte ich ihr im stillen Vorwürfe gemacht, weil sie mich nicht ins Vertrauen gezogen hatte. Wie gut verstand ich jetzt, was ich damals glaubte, ihr nicht verzeihen zu können. Sie hatte mich schützen wollen. Jetzt war ich an der Reihe; ich durfte sie nicht mehr hineinziehen. Was ich auch tat, von jetzt ab war ich allein.

Ich blieb lange auf, und bevor ich in Herrn Mangolds Zimmer hinüberging, vergewisserte ich mich, daß die Diele leer war. Dann kehrte ich in mein Zimmer zurück, und die Pistole wog schwer in meiner Hand. Eines Tages würde ich sie vielleicht brauchen. Ich kannte die speziellen Methoden der Gestapo. Wie lange würde ich durchhalten, ohne meine Freunde zu verraten? Dann wäre die Waffe der einzige Ausweg. Alles hatte seinen Preis.

Ich steckte sie in die Aktenmappe und schaute noch einmal auf meinen grünen Polizeiausweis. Es schien mir endlos lange her, daß ich ihn unterschrieben und dabei die Zeilen entdeckt hatte: »Inhaber dieses Ausweises ist berechtigt, Waffen zu tragen.«

Mitternacht war schon vorbei; aber ich ging noch nicht zu Bett. Ich hoffte auf einen Alarm, bei dem die Schwestern Hedrich Herrn Mangolds Abwesenheit bemerken würden; und als endlich die Sirene aufheulte, richtete ich es so ein, daß wir gemeinsam zum Bunker gingen. Doch niemand schien ihn zu vermissen.

Am nächsten Tag jedoch fing meine Mutter an, sich Sorgen zu machen. Am Abend sprach sie mit den Schwestern darüber. Irmgard drängte meine Mutter, die Polizei zu benachrichtigen, und ließ durchblicken, daß sie Herrn Mangold nie ganz über den Weg getraut habe.

Ich rief bei der Gestapo an.

»Haben Sie ihn nach unserem Gespräch getroffen?« wollte der Beamte wissen.

»Wie sollte ich wohl?« erwiderte ich. »Er ist ja gar nicht nach Hause gekommen.«

Mehrere Tage vergingen. Meine Mutter hatte Herrn Mangold aufgegeben, die Schwestern erwähnten seinen Namen nicht mehr, und ich ging wieder auf Reisen.

Als ich zwei Wochen später zurückkehrte, hörte ich von meiner Mutter, daß die Gestapo gekommen sei und Herrn Mangolds Zimmer durchsucht habe. Man habe auch sie ausgefragt und die beiden Schwestern beiseite genommen. Mutter wunderte sich über die Hedrichs. »Werden Sie ihn noch erwischen?« hatte Irmgard Hedrich aufgeregt gefragt, als der Beamte gerade gehen wollte.

»Keine Angst«, hatte er ihr versichert. »Uns geht keiner durch die Lappen – aber auch keiner!«

Drei Wochen später bestand ich mein Physikum. Am gleichen Tage wurde bekanntgegeben, daß die Universität geschlossen würde – »bis auf weiteres« hieß es; das bedeutete: bis zum Ende des Krieges.

»Das ist gut so«, sagte ich zum Pfarrer, als wir wieder im Zug saßen. »Die Gefangenen warten. Nun kann ich mich ihnen endlich ganz widmen – bis zum Tag der Befreiung.«

»Und dann?«

Ich sah auf. Der Zug fuhr langsamer, blieb stehen. Stimmen draußen, die durcheinanderriefen: »Raus! Tieffflieger!« Ein leises, silbriges Geräusch hing in der Luft. Wir stiegen aus, rannten über die Felder: Roggen. Er war schon geschnitten und aufgehockt. Nur ein paar Glockenblumen waren am Rand stehengeblieben. Das Bahnpersonal schwenkte mit den Armen: »Weg vom Zug! Beeilung!«

Nach wenigen Minuten hatte sich die wimmelnde Masse am Zuge auf dem weiten Feld verteilt. Wir lagen flach auf dem Boden. Ich deckte meinen Koffer, als enthielte er das kostbarste Gut.

Totenstill war es nun, kein Geräusch mehr in der Luft. Ich lag auf dem Rücken und schaute in den Himmel. Hoch oben zog ein Habicht seine Kreise. Weit hinten am Horizont war ein schwarzer Streifen, ein Tannenwald. Am Felde verlief ein Weg. Zu beiden Seiten schimmerten schon die Beeren der Ebereschen im ersten Rot. Es war der zweiundzwanzigste August. »Je früher sie rot werden, desto strenger wird der Winter«, hatte Willfried gesagt. Ich versuchte, mir sein Gesicht vorzustellen, doch es schien weit weg, wie von einem Schleier verdeckt; plötzlich fror ich trotz der Sommerwärme. Die Tiefflieger blieben aus. Man rief uns zum Zug zurück, und die Fahrt ging weiter. Pastor Svendsen kam nicht auf seine Frage zurück. Was würde ich nach dem Krieg tun, wenn alle Gefangenen wieder fort waren? Ich hätte keine Antwort gewußt.

Jetzt, wo Herr Mangold fort war, ging es mit unserem Mehlvorrat bedenklich bergab, und ich fing an, mir Sorgen zu machen. Doch dann ereignete sich etwas Unerwartetes. Eines Tages im September stand der Bauer, der uns die Küken gebracht hatte, wieder vor unserer Tür. Er trug einen schweren Sack, und neben ihm stand ein junges Mädchen mit einem Koffer. Ihr blondes Haar war in zwei strengen Zöpfen geflochten, und ihre Augen waren gerötet, als hätte sie geweint. Es sei Lisa, seine Tochter, erklärte der Bauer, als er hereinkam. Den schweren Sack zog er hinter sich her, und ich sah auf dem Fußboden die Spuren von Mehl.

Schnaufend nahm er am Küchentisch Platz, wischte sich den Schweiß von der Stirn und schickte Lisa in den Garten hinaus; sie sollte nach den Hühnern sehen. Er sei überhaupt nur vorbeigekommen, sagte er, um zu fragen, was sie machten.

Sobald seine Tochter draußen war, erfuhren wir den eigentlichen Grund seines Kommens. Lisa hatte sich in den Kriegsgefangenen verliebt, der auf ihrem Hof arbeitete. »Was weiß so ein junges Ding schon vom Krieg!« seufzte er. Sich mit einem Kriegsgefangenen einzulassen, war Feindbegünstigung und konnte mit dem Tode bestraft werden. Er schwieg einen Augenblick, als hielte er etwas zurück, was noch viel schlimmer sei. Dann ließ er seine Faust schwer auf den Tisch fallen und platzte heraus: »Und dieser Kriegsgefangene ist obendrein noch ein Russe.«

»Was für ein Mensch ist er denn?« fragte meine Mutter ruhig. Der Bauer sah verwundert auf. Hatte sie ihn denn nicht verstanden? »Er ist ein Russe«, wiederholte er mit Nachdruck.

Sie brauchten dringend Hilfe auf dem Hof, sagte er, und alles was recht sei, Petja sei ein guter Arbeiter, unentbehrlich, und so hätten die Frau und er beschlossen, Lisa fortzuschicken. Ob wir sie bei uns aufnehmen könnten? Er klopfte auf den Sack, der neben ihm stand, und fügte hinzu, daß wir es gewiß nicht bereuen würden.

»Und was ist mit den Fliegerangriffen auf Hamburg?« hielt meine Mutter ihm entgegen. »Sicher ist Lisa hier nicht.«

»Eher wollte ich, daß sie in einem Bombenangriff umkommt, als daß sie sich mit einem Russen einläßt«, war die Antwort. Als Lisa aus dem Garten hereinkam, fragten wir sie, ob sie bei uns bleiben würde. Sie hatte aufgehört zu weinen und nickte nur stumm. Doch dann sagte sie ihrem Vater mit haßerstickter Stimme: »Ihr werdet mich nie wieder auf dem Hof sehen! Ich warte auf Petja, und nach dem Krieg gehe ich mit ihm nach Rußland.«

Ihr Vater blieb ungerührt. »Dahin kommst du nie«, sagte er. »Die Russen hassen uns genauso, wie wir sie hassen.«

»Ich hasse die Russen aber nicht«, rief Lisa trotzig. »Sie sind nicht meine Feinde. Meine Feinde – das seid ihr!«

»Ich weiß, was das Beste für dich ist«, beharrte er. Dann ging er, ohne sich von Lisa zu verabschieden.

Jeden Monat kam er mit Lebensmitteln – Mehl, Kartoffeln und sogar gelegentlich einer Seite Speck. Da er für seinen Lastwagen kein Benzin hatte, kam er mit Pferd und Wagen, und es war ein langer Weg, der fast einen ganzen Tag in Anspruch nahm. Trotzdem sprach Lisa kein Wort mit ihm; und die rote Schleife, die er ihr einmal mitbrachte, würdigte sie keines Blickes.

Wir gingen zu der Frau mit der Hornbrille beim Wohnungsamt und beantragten für Lisa die Genehmigung, in Willfrieds Zimmer zu wohnen. Erst lehnte sie es ab. Der Zuzug nach Hamburg von außerhalb sei gesperrt, es sei denn aus kriegswichtigen Gründen. Als ob Lisas Hiersein nichts mit dem Krieg zu tun hätte! Aber wie sollten wir ihr das begreiflich machen? Schließlich fanden wir einen Ausweg und bekamen die Erlaubnis. Es gab Schnellkurse zur Ausbildung junger Mädchen, die gefallene oder frontdienstfähige Lehrer ersetzen sollten. Lisa bewarb sich und wurde sofort angenommen. Sie machte sich an ihr Studium, aber ihr Herz war nicht dabei. Bei den Mahlzeiten nahm sie kaum etwas zu sich. Wir hatten sie wie ein Mitglied der Familie bei uns aufgenommen, aber sie sonderte sich ab. Nie sah ich sie lachen, und die tiefen Schatten unter den Augen verrieten schlaflose Nächte. Manchmal war sie abwesend, so weit fort war sie mit ihren Gedanken, als lebe sie nur noch für den einen Tag, der vielleicht niemals kommen würde.

Aber das Leben ging weiter und sorgte auf seine Weise dafür, daß die Liebe, die Lisa einem Gefangenen nicht schenken durfte, vielen anderen zugute kam. Seit sie bei uns war, hatten wir wieder Mehl, und viele Koffer mit Brot fanden den Weg zu den Gefangenen.

Mit den Beeren der Eberesche hatte es seine Richtigkeit. Es wurde früh Herbst im Jahre 1944. Schon die ersten Septembertage brachten dicke Morgennebel, als wäre es schon Oktober.

Pastor Svendsen und ich reisten durch Deutschland. Als wir abends das Zuchthaus verließen und uns in einer dunklen Stadt den Weg zum Hotel suchten, kam ein schneidender Wind auf; er peitschte die Blätter von den Bäumen und nahm mir den Atem. Plötzlich war mir, als ersticke ich, und ein Schwächegefühl überkam mich.

Ich blieb mitten auf der Straße stehen und sagte zum Pfarrer: »Ich muß nach Hause.«

»Die Gefangenen warten«, wendete er ein.

»Ich weiß. Es muß aber sein.«

Der Zug rollte durch die Nacht. Die Fenster waren entzwei, der Regen schlug mir ins Gesicht. Und die Räder ächzten: »Es kann doch nicht sein – es kann doch nicht sein.«

Übernächtigt stand ich vor meiner Mutter. Ein Blick genügte. Ich atmete auf. Nichts war geschehen. Sie fragte: »Warum hast du die Fahrt unterbrochen?«

Ich wußte nicht, was ich ihr antworten sollte.

Einige Stunden später klingelte das Telefon. »Ferngespräch – bitte melden.«

Es klickte in der Leitung, ein Hin und Her von sich überschneidenden Stimmen. Endlich drang die Stimme durch, die ich erwartet hatte. Es war Günther, der im Westen stand. Ich reichte meiner Mutter den Hörer. Ich wußte es, ehe es ausgesprochen war.

»Ich warte schon so lange auf Post von Willfried. Weißt du etwas über ihn?«

Es war so still im Zimmer, daß ich seine Antwort hören konnte: »Ja, Mutter. Er ist gefallen.«

Als Arzt war Günther vom Frontlazarett in Rußland direkt angerufen worden, bevor man meiner Mutter die offizielle Todesnachricht zustellte. Willfried war am 22. August gefallen – an dem Tag, an dem ich im Stoppelfeld lag und vergebens versuchte, mir sein Gesicht zu vergegenwärtigen. Er war nach der Schlacht umgekommen, bei der ersten Versorgung der Schwerverwundeten auf freiem Felde; einer von ihnen hatte ihn erschossen – ein verwundeter Russe.

Mutter brach zusammen und weinte. Sie ging hinauf und schloß sich in ihr Zimmer ein. Ich blieb unten und starrte aus dem Fenster. Es hatte aufgehört zu regnen. Der Wind hatte sich gelegt, und am Himmel zeigte sich schon das erste Blau. Doch der Boden war rot von den Beeren der Eberesche – ein stummes Zeugnis für den Sturm der vergangenen Nacht.

Ich dachte an meine Mutter, und mir wurde bewußt, daß ich sie noch nie zuvor hatte weinen sehen.

31

Was von den letzten Monaten des Krieges noch zu sagen ist, läßt sich mit einem Wort ausdrücken: Warten. Alle warteten.

Die breite Masse der Bevölkerung, die tagsüber nach Lebensmitteln anstand und nachts im Luftschutzbunker um den Schlaf gebracht wurde, wartete in der dumpfen

Hoffnung, daß es irgendwann einmal zu Ende gehen würde; die Frage, wie dieses Ende aussehe, wurde mit einem resignierten Achselzucken und einem »darüber darf man gar nicht erst nachdenken« abgetan.

Die aktiven Nazis klammerten sich an den vom »Führer« versprochenen »Endsieg« und das gleichfalls zugesagte »Wunder«, das den Kriegsverlauf schlagartig zu ihren Gunsten wenden würde. In ihrer Verblendung und vielleicht auch, um jeden aufkommenden Zweifel in sich selbst zu ersticken, waren sie lauter und aggressiver denn je.

Doch am meisten warteten deutsche Männer und Frauen, die das Hitlerregime vom ersten Tage an abgelehnt hatten. Was wußte die Welt schon von diesem »verborgenen« Deutschland? Sie hatten am längsten gewartet. Seit 1933 hatten Deutsche, Männer wie Frauen, die Konzentrationslager gefüllt; viele von ihnen waren darin umgekommen.

Wir, die durch eine glückliche Fügung vor dem Zugriff der Gestapo bewahrt geblieben waren, lebten in einer – wenn auch freiwillig eingegangenen – Haft. Es dauerte lange, zu lange. Als »sie« kamen, war ich noch keine siebzehn und sagte zum ersten Mal »nein«. Über ein Jahrzehnt lang hatte ich »nein« gesagt. Ich hatte gelernt, die Menschen in zwei Lager zu teilen, nur eine Wertung zu kennen: dafür oder dagegen. Vielleicht war es gut, daß noch mitten im Kampf der Tag kam, an dem ich erkannte, daß mein Blick erstarrt war.

Es war kein großes Erlebnis, und es widerfuhr mir in der öden Mittagsstunde auf dem Gang eines Zuchthauses. Der Wachtmeister stand vor der Tür einer Zelle.

»Verstehen Sie etwas von Malerei?« begann er. Er öffnete die Zelle. »Kommen Sie! Schauen Sie einmal herein.«

Wie geblendet wich ich zurück. Die Zelle war leer und doch nicht leer. Sie war wie jede andere und doch anders. Die sonst kahlen, grauweiß gekalkten Wände waren mit Bildern bedeckt, Ölgemälden, Zeichnungen und Aquarellen. Farben, lauter Farben, zarte und grelle.

»Darf denn ein Zuchthausgefangener malen?«

»Er ist der einzige. Besondere Vergünstigung vom Chef.« Ich trat näher heran, blickte von einem zum anderen und bemerkte, daß das Motiv immer das gleiche war: Meer, Himmel, ein Boot und ein Fischer. Jede Wandlung von Himmel und Meer war festgehalten, und das Boot gehorchte den tausendfach wechselnden Bewegungen des Meeres. Da waren strahlende Sonnenaufgänge, glutvolle Abende und milde Mondnächte.

Doch der Fischer selbst? Zwar klammerte er sich bei stürmischer See im Boot fest, im Regen glänzte sein Ölzeug von blanker Nässe, bei ruhiger See saß er gelassen am Steuer. Eins aber war immer gleich: der Ausdruck seines Gesichts. Ich vergaß Himmel, Meer und Boot beim Anblick seiner Augen. Sie waren starr auf ein einziges Ziel gerichtet. Sie nahmen die Umgebung nicht mehr wahr, weder Sturm noch Regen, noch Sonnenschein.

»Wer ist es?«

»Ein Stammgast.«

Es war ein deutscher Strafgefangener. Er war Fischer gewesen. Eines Tages hatte ihn ein plötzlicher Sturm zur vorzeitigen Rückkehr gezwungen, und er überraschte seine Frau in den Armen eines Liebhabers. Da war er gegangen. Erst später, ruhig und mit Vorbedacht, hatte er beide umgebracht. Es war vorsätzlicher Mord. Aufgrund mildernder Umstände wurde das Todesurteil in lebenslängliches Zuchthaus abgewandelt.

»Als ich meinen Dienst antrat«, sagte der Wachtmeister, »war er gerade zwanzig Jahre hier. Ich bekam Weisung, ihm einen Bogen Papier in die Zelle zu bringen, damit er ein Gnadengesuch schreiben könnte.«

»Und warum ist er nicht begnadigt worden?«

»Er gab den Bogen leer zurück. Er wollte nicht wieder nach draußen.«

Nach weiteren fünf Jahren erhielt er die Erlaubnis zu zeichnen. Etwas später gab man ihm Farben, Pinsel und Leinwand.

»Sehen Sie einmal genauer hin!« sagte der Wachtmeister und wies auf ein Bild, das einen Sonnenuntergang über dem Meer darstellte.

Da fiel es mir wie Schuppen von den Augen. Die Farben waren auf dem Bild so seltsam verändert, wie ich sie in der Natur nie gesehen hatte. Das Meer war nicht grau, grün oder blau, sondern violett, giftrot, braun oder ockerfarben. Nur ganz entfernt erinnerte es noch an die Wirklichkeit. Die Farben waren wie ein entstelltes Antlitz. Der Sonnenglanz, der sich auf dem Meer spiegelte, glich gespenstischem Mondlicht.

»Er malt aus der Erinnerung«, erklärte der Wachtmeister und griff sich an das Koppel. »Wenn man so lange drinnen ist . . .«

Ich war betroffen. Waren wir nicht alle »drinnen«? War mein Blick nicht ebenso starr geworden wie der des Fischers? Sah ich nicht auch nur noch in die eine Richtung, auf das eine Ziel? Unser ganzes Dasein war nur noch von einem einzigen Gedanken besessen: von der

Sehnsucht, befreit zu werden. Wir hatten darüber alles verloren, was einmal das Leben lebenswert gemacht hatte. Beschwingte Sorglosigkeit, die dem Leben Glanz verlieh – jenen Glanz, der immer fahler geworden war. Die sichere Geborgenheit ungestörten Schlafs. Musik, Farben und Kunst – die Musik war verklungen, die Farben waren verblichen, und Worte, einst tief empfunden, tönten uns in den Ohren wie der Klang einer blechernen Schelle. Aber ich wußte: Alles, was ich verloren wähnte, lebte irgendwo jenseits unserer sichtbaren und unsichtbaren Mauern. Ich nahm es nur nicht mehr war. Ich hörte nur noch die Stimme der Gegenwart. Sie stellte Jahr um Jahr nur eine Frage: Wann?

Meine Augen sahen nur das eine Ziel. Würden sie, wenn es einmal erreicht war, starr sein wie heute? Würde ich je wieder sehen lernen? Oder würde ich wie der Fischer darauf verzichten? Würde ich zu erstarrt sein, um dem Leben zurückgegeben zu werden – einem Leben, das weitergeglitten war, als wir stehenblieben?

Furcht überkam mich, Angst vor dem Tag, an dem es soweit sein würde. Der Fischer hatte keinen Zugang mehr zu den Farben der Wirklichkeit, weil er Gefangener seiner eigenen Vorstellungswelt geworden war. Sein Blick reichte nur noch bis zur Mauer. »Mein Gott«, brach es aus mir hervor. »Vielleicht sehe auch ich alles falsch!«

Wie weit reichte denn mein Blick? Seit Jahren kreisten meine Gedanken um die Gefangenen. Meine Liebe galt ihnen, mein Haß denen, die sie unterdrückten. Immer edler erschienen mir die Gesichtszüge meiner Freunde, immer verabscheuungswürdiger die ihrer Peiniger.

Ich sah den Wachtmeister, der sein Schlüsselbund

schwenkte und kurzsichtig die Bilder betrachtete. Ich sah, wie gebeugt sein Rücken war, wie alt und müde er aussah.

»Kommen Sie«, sagte er zu mir, »es ist besser, Sie gehen jetzt.«

In strammer Haltung stand der deutsche Strafgefangene neben der Zellentür. Der Wachtmeister schob ihn hinein und legte dann den Riegel wieder vor.

»Der hat es besser als ich«, sagte der Wachtmeister. »Der ist fertig mit dem Leben. Dem kann nichts mehr passieren.«

Im Laufe der Jahre lernte ich viele Anstalten kennen und ebenso viele Anstaltsleiter. Als ich mit meiner Arbeit anfing, glaubte ich noch, es gäbe keinen kälteren Chef als den des Zuchthauses Fuhlsbüttel und keinen gefährlicheren als den in Rendsburg. Allmählich begann ich zu begreifen, daß weder der eine außergewöhnlich kalt, noch der andere besonders gefährlich war. Sie waren wie alle. Sie waren so, wie Menschen im Verwaltungsbüro eines Totenhauses werden müssen. Bis auf wenige Ausnahmen brachte ich ihnen nur Angst, Haß und Mißtrauen entgegen. Doch eines Tages empfand ich Mitleid.

Wir waren irgendwo in Mitteldeutschland in einem Lager nahe der Elbe. Es war ein Lager ohne Stacheldraht; bis zum Horizont gab es nur Wiesen, die flächenweit unter Wasser standen; und nahe dem trübe dahinschleichenden Fluß gab es ausgedehnte Kreide- und Steinbrüche; darin lagen die Baracken wie ein schmutzigbrauner Fleck.

Es war in den letzten Oktobertagen. Der Wind wehte

in heftigen Böen. Staub erfüllte die Luft, lag als dicke Schicht auf meinen Schuhen, brannte mir in den Augen und verstopfte die Nasenlöcher. Unten im Steinbruch arbeiteten Hunderte von Gefangenen. Sie wirkten in dieser endlosen Steinwüste wie von Wind und Regen verstreute spärliche Gräser.

Im Lager selbst war es still; das Klappern von Rinnen und trockenen Traufen und das Knarren der vom Sturm bewegten Barackentüren war das einzige Zeichen von Leben.

Die Baracke des Lagerkommandanten war leicht erkenntlich – die Tür war fest geschlossen, das Dach gedeckt, und die Wände waren aus Ziegelstein. Innen gab es noch eine zweite ledergepolsterte Tür, und meine Schuhe sanken in einen dicken Teppich. Schwere seidene Vorhänge hingen an den Fenstern; der Raum war so überheizt, daß es mir den Atem verschlug. Hinter dem Schreibtisch stand ein Mann; die Adern an seiner Stirn schwollen an, als wir ihm den Zweck unseres Besuches erklärten. »Gefangene besuchen?« brüllte er uns an. »Warum? Mich besucht auch niemand.«

»Wir haben ein Recht, sie zu sehen.« Ich zeigte meinen Ausweis.

»Ein Recht?« wiederholte er langsam mit vor Wut blitzenden Augen. »Was heißt hier Recht? Hier draußen gibt es nur ein Recht, und das bin *ich*!«

Plötzlich hörten wir seltsame Laute. Aus der Tiefe eines ledernen Klubsessels kam klägliches Winseln. Eingehüllt in mehrere Wolldecken schaute ein kleiner brauner Kopf hervor – ein Dackel. Vor ihm stand ein elektrischer Heizofen.

Ich trat näher, beugte mich nieder und streichelte ihn.

Als ich aufsah, stand der Kommandant neben mir. »Er heißt Nicolai«, flüsterte er, »er ist krank.«

Überrascht sah ich ihn an. War dies derselbe Mann? Seine Stimme klang mitfühlend, und seine Augen verrieten Besorgnis. »Der Staub vom Steinbruch hat ihn krank gemacht«, sagte er. »Überall Staub! Man kann ihm nirgends entgehen.« Der Dackel hörte erst auf zu winseln, als sein Herr ihn auf den Arm nahm. Er legte seinen Kopf an den des Hundes. »Wir müssen fort von hier, Nicolai«, sagte er zu dem Tier.

Er habe um Versetzung gebeten, erklärte er, doch die Justizbehörde arbeite langsam. Was, wenn der Hund vorher draufginge? Er ballte die Hand zur Faust, und wie er da auf und ab schritt, schien er gefangener zu sein als jeder Gefangene. Schweigend sahen wir zu. Schließlich sagte ich: »Ihr Hund hat einen russischen Namen?«

Da drehte er sich um: »Ja, er ist der einzige gute Russe.« Sein Gesicht erhellte sich.

Er ließ sich in den Klubsessel fallen. Bis vor kurzem sei er Leiter einer Strafanstalt in der Ukraine gewesen. Ein Sonderauftrag des Ostministeriums. Er prahlte mit Kellergewölben und Kasematten und sprach von den Tausenden von Ukrainern, die er darin gefangengehalten hatte. Eines Tages habe er einen neu eingelieferten russischen Gefangenen durchsucht und dabei einen ganz jungen Hund gefunden, der sich unter den Lumpen des Häftlings verborgen hatte. »Ich griff ihn mir«, sagte er, »und beschloß, ihn zu behalten.« Er lehnte sich im Sessel zurück und zündete sich eine Zigarette an. »Der Russe ging auf die Knie und bettelte um seinen Hund. Ich lachte nur. Doch als er das Tierchen dann lockte, entschlüpfte es mir und lief hinüber zu ihm . . .«

Er hielt inne. Seine Hand ruhte schwer auf dem Hund, und als er weitersprach, war es, als redete er mehr zu sich selbst als zu uns.

»In diesem Augenblick war etwas in seinen Augen, das mich die Pistole ziehen und feuern ließ.«

Er starrte vor sich hin. Die Asche seiner Zigarette fiel auf den Teppich. Es war still im Raum, nur das Sausen des Ventilators vom Heizofen war zu hören und das Pfeifen des Windes draußen.

Schließlich sah der Kommandant auf und warf einen Blick auf den Hund, der ihm die Hand leckte. »Als der Russe vornüber fiel«, sagte er, »kam Nicolai zu mir zurück. Er wollte mich also doch.«

Der Herbst 1944 war eine einzige, ununterbrochene Reise; doch ein Tag im November schrieb sich mir für immer ins Gedächtnis.

Ich besuchte mit einem dänischen Konsularbeamten aus Berlin das Zuchthaus in Brandenburg. Er hatte die Genehmigung bekommen, einen dort einsitzenden dänischen Häftling zu sehen. Es war ein unfreundlicher Tag, tiefhängende Wolken und ein nieselnder Regen. Als wir den Zuchthaushof überquerten, bemerkte ich vor uns einen Mann, der von einem Wachtmeister begleitet wurde. Die Lumpen, die er trug, schlenkerten ihm um die Glieder. Sein Schuhzeug bestand aus zwei schmutzigen Lappen. Ging er noch oder stand er? Er schwankte. Nur die Arme blieben merkwürdig unbeweglich. Erst als wir ihn erreicht hatten, sah ich, warum. Seine Hände waren so eng in Eisen geschlossen, daß er die Arme wie leblose Stöcke vor sich hielt. Der Wachtmeister wollte ihn zu schnellerem Gehen antreiben, doch die gezischten Kommandos prallten an ihm herab, als sei er schon nicht mehr in dieser Welt.

»Wohl hoffentlich kein Däne?« sagte leise mein Begleiter, der dänische Konsularbeamte.

Etwas zerbrach in mir bei dieser Frage. »Er ist ein Mensch in Ketten«, versetzte ich.

Aus dem Nieseln des Morgens wurde am Abend peitschender Regen. Der Zug, in dem wir saßen, hatte keine Fenster mehr. Die Türgriffe waren entzwei; um die Türen des Abteils zu schließen, mußten wir sie mit Bindfaden zusammenbinden. Aber auch das gab noch keinen Schutz. Ich schlug den Kragen des Mantels hoch, doch der Regen fand immer wieder irgendwo eine Ritze.

Es war dunkel. Nur ab und zu schimmerte in den schwarzen Fenstern der endlosen Häuserreihen ein Lichtschein. Die Umrisse der Ruinen ragten schattenhaft in die Finsternis. Mir war, als brauchte ich nur den Arm auszustrecken, um sie zu berühren.

Ich vergrub mich noch tiefer in meinen Mantel.

»Finis Terrae«, dachte ich, das Ende ist nah. Wo ist die Hoffnung auf einen neuen Anfang, wenn die Menschen sich nicht ändern?

32

Der Winter setzte früh ein. Noch im November wurde eines Nachmittags der Regen zu Schnee. Gegen Abend blieb der Schnee liegen und breitete über alles eine weiße Decke. Das dichte Schneegestöber versprach eine Nacht ohne Alarm. Die Abendbrotzeit der Schwestern war längst vorbei, aus ihrem Zimmer dröhnte das Radio. Auch Lisa war oben.

Meine Mutter und ich saßen noch in der Küche, als wir ein Klopfen hörten. Ich lief in die Diele, machte das Licht aus und spähte aus dem Fenster. Vor dem Haus standen Pferd und Wagen. Lisas Vater war gekommen.

»Ich muß mit Lisa sprechen«, sagte er, als ich ihn einließ. Mütze und Mantel waren schneebedeckt; sogar in seinem Haar und in den buschigen Augenbrauen hingen die Flocken. Er rieb sich die kalten Hände.

Mutter erbot sich, ihm etwas von der übriggebliebenen Suppe zu wärmen. »Nur keine Umstände!« hielt er sich zurück. »Ich kann nicht bleiben. Wo ist Lisa?«

Ich ging, sie zu holen. Ihr Licht brannte noch, aber sie war schon im Bett.

»Dein Vater ist hier«, rief ich ins Zimmer.

»Ich will ihn nicht sehen!« Sie kehrte sich zur Wand und verstummte. Als ich die Treppe hinabging, hörte ich, wie sich der Schlüssel im Schloß drehte.

Ihr Vater wartete in der Diele; ungeduldig trommelte er mit den Fingern auf das Treppengeländer. Als er mich allein zurückkommen sah, schwollen ihm die Adern. »Sie hat zu tun, was ihr befohlen wird«, rief er zornig, schob mich beiseite und stapfte die Treppe hinauf.

Lisas verschlossene Tür machte ihn nur noch wütender. Er hämmerte mit den Fäusten dagegen und schrie: »Lisa, mach auf!«

Keine Antwort.

»Deine Mutter ist krank. Ich bin gekommen, um dich nach Haus zu holen.«

Einen Augenblick Schweigen, dann Lisas Stimme: »Und was ist mit Petja?«

»Wir müssen nach Haus«, drängte der Vater. »Reden können wir unterwegs.«

Wieder eine lange Pause, in der mir plötzlich aufging, wie still es im Haus geworden war. Das Radio war verstummt, und die Tür zum Zimmer der Schwestern stand einen Spalt offen. Wir hörten Lisa auf und ab gehen; dann drehte sich der Schlüssel im Schloß.

Sie stand in der Tür, das blasse Gesicht umrahmt von einem schwarzen Kopftuch. Sie trug hohe Stiefel, einen grauen Wollrock und einen warmen Schal um die Schultern. Um wieviel älter sie wirkte als das blondzopfige Mädchen, das vor drei Monaten vor unserer Tür gestanden hatte!

Ein zaghaftes Lächeln umspielte ihren Mund, als sie nochmals fragte: »Und was ist mit Petja?«

»Fängst du schon wieder an?« brauste der Vater auf. »Und was ist mit deiner Mutter? An die denkst du wohl überhaupt nicht?«

Regungslos stand Lisa da. »Was ist mit Petja?« wiederholte sie langsam, während ihr Gesicht sich zu verfärben begann. »Also gut, ich werd's dir sagen.« Er trat unruhig von einem Fuß auf den anderen und gab dann schließlich zu: »Ich habe Petja wieder ins Lager geschickt. Jetzt im Winter brauche ich ihn nicht.« Dann faßte er sie am Arm. »Komm, vergiß ihn«, sagte er. »Deine Mutter und ich brauchen dich.«

Im fahlen Licht des Flurs sah Lisa aschgrau aus, die Schatten unter ihren Augen schienen noch dunkler. Doch ihre schmalen Schultern strafften sich, als sie mit langsamer Bewegung Schal und Kopftuch abnahm.

»Jetzt also, wo ihr auf mich angewiesen seid, wollt ihr mich zurückhaben?« fing sie an. Sie musterte ihn kalt und sagte dann mit eisiger Ruhe: »Nun gut. – Braucht ihr mich so dringend, daß ihr auch Petjas Kind in Kauf nehmt?«

Ihr Vater fiel in sich zusammen, als hätte ihn der Schlag getroffen. »Du bist . . . du bist . . .?«

»Ja – Ich bin!« Hocherhobenen Hauptes stand sie vor ihm. Der Bauer griff sich an die Kehle, als wollte er ersticken, und keuchte: »Ich bring' ihn um! Ich bring' euch beide um!«

»O nein – das wäre wohl das letzte, was du tätest«, höhnte die Tochter. »Eher würdest du verrecken als zugeben, daß deine Tochter das Kind eines . . .«

»Halt den Mund!« schnitt er ihr das Wort ab. Dann, wie im Krampf erstarrt, schrie er in ohnmächtigem Zorn: »Du hast meinem Namen Schande gemacht! Ich verstoße dich!«

Er stützte sich auf das Geländer und stieg schwerfällig, wie ein gebrochener Mann, die Stufen hinab.

Es schneite noch, und meine Mutter lud ihn ein, über Nacht im Hause zu bleiben. Er gab keine Antwort, drehte sich nicht einmal nach ihr um, bestieg den Wagen und trieb mit einem kurzen »Hü!« das Pferd an. Aber der Wagen steckte fest im Schnee, und die Räder rührten sich nicht.

»Bleiben Sie doch«, rief meine Mutter noch einmal von der Tür her.

Wortlos sprang er vom Wagen und schaufelte mit den Händen die Räder frei. Dann legte er sich einen Zugriemen über die Schulter, stellte sich neben das Pferd und zog an. Unwillig, mit leisem Knirschen, setzte sich der Wagen in Bewegung, und als Mensch und Tier in die Nacht hineinkeuchten, hörten wir ihn noch sagen:

»Herrgott im Himmel, strafe meine Tochter für das, was sie mir angetan hat.«

Irmgard Hedrich wartete schon in der Küche. Sie war im Nachthemd und hatte nur hastig einen Mantel übergeworfen.

»Ich war noch so durstig«, sagte sie, aber der Kaffee stand unangerührt auf dem Bord. Sie trat an meine Mutter heran und flüsterte. »Was ist denn los mit Lisa?«

»Es schneit noch«, war deren Antwort, als hätte sie die Frage überhört.

»Wer ist Petja?« versuchte es Irmgard noch einmal.

»Bei dem Schneegestöber brauchen wir wenigstens nicht auf Fliegeralarm zu warten.«

Irmgard hatte aber keineswegs die Absicht, aufzugeben. »Petja – das klingt so russisch«, fing sie wieder an. »Meinen Sie, Lisa hat womöglich etwas mit einem Russen . . .?«

Ich spürte, wie sich die Spannung in mir verdichtete; wieder glaubte ich, die lauernde Stimme des Gestapobeamten zu hören, als er sagte: »Zwei Ihrer Untermieter haben Anzeige erstattet . . .« – »So halten Sie doch den Mund!« unterbrach ich sie außer mir.

Ich sah den entsetzten Blick meiner Mutter und hörte Irmgard zischen: »Ja, was fällt Ihnen denn ein?«

Aber mir war alles gleich. Wieder sah ich vor mir den gehetzten Ausdruck in Herrn Mangolds Augen, und meine Hand ballte sich hinter dem Rücken zur Faust. Am liebsten hätte ich ihr ins Gesicht geschleudert: »Denunziantin!«

»Aber – Hiltgunt!«

Mutters Stimme brachte mich zur Vernunft, doch

Irmgards stechender Blick verriet nichts Gutes: Sie plante bereits einen Bericht über Lisa.

Fieberhaft arbeitete es in meinem Kopf; und wie immer in Augenblicken der Gefahr wurde ich plötzlich ganz ruhig. Ich kannte die Spielregeln; und nun galt es, sie anzuwenden. »Bitte, verzeihen Sie, Fräulein Hedrich«, sagte ich mit dem freundlichsten Lächeln. »Ich glaube, ich bin heute abend ein bißchen durcheinander.«

»Wir sind alle ein bißchen durcheinander, nicht wahr?« lenkte Irmgard sofort ein. »Aber jetzt sagen Sie mir: Wer ist Petja?«

»Petja?« tat ich überrascht. »Da müssen Sie sich verhört haben. Er heißt Peter.«

»Ach . . .?« Irmgard konnte ihre Enttäuschung kaum verbergen. »Und wer ist Peter?« drang sie in mich.

»Peter ist Soldat«, erklärte ich ihr und kam damit der Wahrheit schon recht nahe.

Aber noch immer gab Irmgard nicht auf. »Warum war ihr Vater denn so wütend? Irgend etwas stimmt da doch nicht?«

»Der ist eben altmodisch«, sagte ich achselzuckend. »Seine Tochter ist nicht verheiratet, und dann . . .«

»Da bin ich genauso altmodisch!« rief Irmgard aufs neue aufgebracht. »Es ist wirklich eine Schande.«

»Der Führer denkt darüber aber anders«, hielt ich ihr vor. »Er braucht Kinder für Deutschland, viele Kinder – so oder so.«

»Richtig, richtig!« beeilte sich Irmgard zuzustimmen. Mit einem Blick auf die Uhr in der Diele stellte sie fest: »Ach, es ist wohl doch zu spät, noch Kaffee zu trinken«, und zog sich eiligst zurück.

Meine Mutter wartete, bis die Tür hinter ihr ins Schloß fiel, dann fragte sie leise: »Hat sie Herrn Mangold angezeigt?«

Ich nickte.

Sie stellte keine weiteren Fragen.

Zum erstenmal seit Wochen hatten wir eine Nacht ohne Alarm, und doch schien es, als käme niemand recht zur Ruhe. Bei Lisa brannte noch Licht. Sie gab keine Antwort, als wir anklopften. Aus dem Zimmer der Schwestern drang Irmgards Stimme – sie klang verärgert, aber das Radio war zu laut, als daß wir halbwegs hätten verstehen können, was sie sagte. Erst beim Gutenachtsagen kam Mutter auf meinen Zornausbruch in der Küche zurück. Sie nahm meine Hand in die ihre und sagte still: »Gegen die Bomben können wir nichts machen – aber laß uns beten, daß unser Haus nicht durch Haß zerstört wird.«

Ich konnte nicht einschlafen, lag regungslos und horchte in die Stille. Das Zimmer der Schwestern lag neben dem meinen; das Radio schwieg, und Irmgard war verstummt.

Ich sah mich im Zimmer um. Über meinem Bett hing Eduards Bild – eine Erinnerung an längst vergangene Zeiten. Ich brauchte kein Licht, um das strohgedeckte, dänische Bauernhaus zu erkennen und den Sandweg, der sich jenseits des Hügels im Nichts verlor. Gegenüber hing Frau Groths Postkarte – die Dame mit der Fackel; würde ich sie jemals sehen?

Meine Augen wanderten zum Schreibtisch. Da lagen, im Dunkel kaum erkennbar, die Stapel von Gefangenenbriefen. Die Erinnerung an gestern und der Gedanke an morgen verblaßten. *Dies* war meine Gegenwart.

Ich stand auf und trat ans Fenster. Es war mit Brettern vernagelt bis auf eine kleine noch heilgebliebene Scheibe, die vereist war. Ich hauchte dagegen und rieb so lange mit den Fingern, bis ich ein Guckloch hineingeschmolzen hatte. Es schneite nicht mehr; der Mond stand hoch am Himmel. Schnee bedeckte Herrn Dekkers Handwagen, und der Schuppen duckte sich unter der Last. Die Eberesche, schwarz und kahl, warf einen dunklen Schatten über den Schnee ...

Ich erschauderte. Alles schien frosterstarrt. Gab es noch eine Hoffnung? Plötzlich wußte ich: Es war Lisas ungeborenes Kind.

Schon im Dezember wurde die Feuerung knapp. Wir standen in ungeheizten Zügen, verbrachten die Tage in kalten Zuchthäusern und die Nächte in klammen Hotelbetten. Zu Hause saß ich eingewickelt in Wolldekken, wenn ich Gefangenenbriefe las.

Das Leben in Hamburg war eine Kette von Fliegeralarmen. Noch hatten die alliierten Truppen keinen Fuß auf deutschen Boden gesetzt. Es regnete Bomben, und ich war zu erschöpft, um noch schlafen zu können.

In diesen langen Winternächten tauchte die Erinnerung an Begebenheiten des letzten Jahrzehnts auf, die ich längst vergessen hatte. Ich träumte von der kleinen Wahlzelle, in der ich vor vielen Jahren gestanden hatte, und von den beiden SA-Männern, die neben mir standen und sich über mich beugten, als ich mit zitternder Hand ein Kreuz machen wollte. Es wurde kein Kreuz; es wurden nur einige angstvolle Striche neben dem »nein«. Ich wußte nicht einmal mehr, wonach gefragt worden war. Das war 1934, meine erste und letzte Wahl nach der Machtergreifung Hitlers.

Ich träumte vom Zuchthaus, von Dreibergen, von deutschen Männern und Frauen und von einem Chef, der am Morgen der Hinrichtung sagte: »Jetzt gibt's Leben hier.«

Oft träumte ich auch von der Schule, ich hörte Fräulein Brockdorf fragen: »Soll man subjektiv oder objektiv denken, wenn es um das Vaterland geht?« Ich sah sie den Arm heben und mich aus der Klasse weisen. Ich ging; die Klasse war hell erleuchtet. Nun stand ich im Dunkel – im Nichts.

Und dann die Bahnhöfe! Am häufigsten träumte ich von den Bahnhöfen des Krieges. Von grauen Wartesälen, in denen ich so oft gewesen war.

Ich träumte von einem endlos langen Zug, den ich nicht vergessen konnte. Von Gestalten, die sich an Türen und Fenstern drängten; ernsten, bleichen Gesichtern. Ich konnte nicht unterscheiden, ob es Gefangene oder Soldaten waren. Immer beugte sich einer von ihnen vor und flüsterte: »Ich komme nicht wieder zurück.«

Eines Tages, kurz vor Weihnachten, traf wieder ein Schreiben ein: »Sie werden gebeten ...« Geheime Staatspolizei.

Ich hatte den blauen Briefumschlag weggesteckt, bevor noch meine Mutter hinzukam. Was war es diesmal? Ich versuchte, nicht weiter darüber nachzudenken, aber nachts, als die Sirene ging, dachte ich: »Wäre nur schon alles vorbei.«

Doch der Morgen kam, und ich ging. Pünktlich zur

angegebenen Stunde war ich im Patrizierhaus, mit meiner Mappe und Brot und der Bibel. Und diesmal steckte die Pistole von Herrn Mangold in meiner Manteltasche.

Wieder saß ich vor der weißlackierten Tür. Und wieder ließ der Mann am Schreibtisch mich warten. Aber ich war ohne Furcht – durch die Tasche fühlte meine Hand die Pistole, und das machte mich seltsam frei.

»Was wissen Sie über den norwegischen Pfarrer?« begann der Gestapobeamte endlich.

Also jetzt ist er an der Reihe, dachte ich. Beim nächsten Mal bin ich es.

»Überhaupt nichts«, sagte ich. »Er sagt nicht viel bei den Gefangenenbesuchen.«

»Hat er je zu predigen versucht oder aus der Bibel vorgelesen?«

»Aber wo denken Sie hin?« rief ich scheinbar verärgert. »Wissen Sie denn nicht, daß Gott im Zuchthaus nichts zu suchen hat?«

Und so ging es weiter. Er stellte viele Fragen, und ich gab ebenso viele Antworten. Eins wurde mir dabei klar: Sie hatten keine wirkliche Handhabe – jedenfalls noch nicht; aber mir war ebenso klar, daß das nur noch eine Frage der Zeit war. Gegen Ende des Verhörs geschah etwas Unerwartetes. »Warum haben Sie uns noch keine Berichte zukommen lassen?« fing er wieder an, um dann, bevor ich noch antworten konnte, in einem Ausbruch gespielter oder vielleicht sogar echter Vertrauensseligkeit hinzuzufügen: »Na, egal. Bald ist es ja doch vorbei.«

Ich warf ihm einen raschen Blick zu, lächelte und entgegnete in leichtem Ton: »Mit Ihnen – oder mit mir?«

»Mit uns beiden.« Ohne eine Miene zu verziehen,

stand er auf und trat ans Fenster. Draußen zerrte der Wind die letzten Blätter von den Bäumen. Von dem Haus gegenüber war nur noch die Fassade übriggeblieben und ein paar Buchstaben irgendeiner Aufschrift unter den leeren Fenstern des ersten Stocks. Wohl ein Firmenschild. Die einzig unversehrten Buchstaben waren ein A und ein O.

»Also – genießen wir den Krieg!« Der Gestapobeamte öffnete mir die ledergepolsterte Tür. »Der Friede wird schrecklich.«

Als ich die Treppe hinuntereilte, wurde mir plötzlich schwarz vor Augen; ich griff nach dem Geländer und blieb einen Augenblick stehen.

Ich kam spät nach Haus. Meine Mutter hatte mit dem Abendbrot gewartet, aber ich konnte nichts essen. Den ganzen Tag über hatte ein Fliegeralarm den anderen abgelöst. Aber es waren keine Bomben gefallen, und als gegen Mitternacht die Sirene wieder aufheulte, ging ich nicht zum Bunker.

Allein zurückgeblieben, wanderte ich ziellos durchs Haus und ließ mich schließlich im Wohnzimmer nieder, um Gefangenenpost zu lesen. Das stille Haus hatte etwas Bedrückendes. Das Radio brachte eine Meldung: »Starke Verbände im Anflug auf Hamburg.«

Ich stellte es ab, löschte das Licht und öffnete die Fenster. Bei Angriffen blieb ich gewöhnlich in der Diele, die, obgleich von allen Seiten umschlossen, doch ein rasches Entkommen ins Freie zuließ. Doch heute nacht war mir alles gleich. Vermummt in eine Wolldecke, blieb ich am offenen Wohnzimmerfenster sitzen und wartete.

Kalte Luft drang von draußen herein. Vom Sessel aus konnte ich ein Stückchen Himmel sehen. In der frostklaren Nacht funkelten die Sterne über der erstarrten Erde. Dann kam aus weiter Ferne ein silbriges Geräusch – es kam unaufhaltsam näher – wurde lauter, bohrender, steigerte sich schließlich zu donnerndem Dröhnen.

Ich kroch in mich zusammen, wurde ein einziges angespanntes Horchen. Eben noch war mir alles einerlei gewesen, doch jetzt hämmerte und pochte in meinen Adern ein unsinnig wildes Verlangen nach Leben.

Nicht denken – nicht jetzt – ein langgezogenes Pfeifen . . . Ich hielt mir die Ohren zu, riß die Beine hoch, rammte den Kopf zwischen die Knie und glaubte zu ersticken.

Das Haus schwankte, vom Klavier ertönte ein greller Mißton, als schlüge ein Wahnsinniger in die Tasten, dann eine ohrenbetäubende Detonation, noch eine – und dann wußte ich nichts mehr.

Als ich wieder zu mir kam, lag ich am Boden. Um mich herum schwarzes Schweigen. Ein dumpfer Schmerz saß mir im Kopf. Die Nase war verstopft, die Lippen waren ausgetrocknet. Staub hing in der Luft. Ich bewegte einen Fuß und hörte ein Rascheln. Meine Hand tastete in der Finsternis und fand ein Stuhlbein.

Die Augen gewöhnten sich an die Dunkelheit; ich erkannte die Gefangenenbriefe, im Schutt über das ganze Zimmer verstreut. Der Verputz war in Brocken von den Wänden gefallen; von den Fensterrahmen baumelten Fetzen von Papier und Pappe. Etwas silbrig Schimmerndes hing vom Klavier: durch den Luftdruck gerissene Saiten.

Meine Stirn fühlte sich feucht und klebrig an: Blut.

Ich wischte es ab, zog mich hoch und ließ mich auf den Sessel fallen. Ich zitterte vor Kälte und Erschöpfung. »Die Fenster müssen sofort verschlagen werden!« durchfuhr es mich. Ich tastete mich durchs Zimmer und in die Küche. Im Schrank, in der dritten Schublade von unten, lagen Hammer und Nägel. Erst tags zuvor hatte ich sie gebraucht, doch jetzt entsann ich mich an nichts mehr, zog sinnlos Schubladen auf und zu, ohne zu wissen, wonach ich suchte.

Ich riß die herunterhängenden Papierfetzen vom Küchenfenster und warf einen Blick in den Garten. Ich sah ein zweites Mal hinaus, stockte, starrte – und dann begriff ich.

Unser Schuppen war fort.

Die Küchentür klemmte, vom Luftdruck verzogen. Ich riß an der Klinke, warf mich gegen die Tür und bearbeitete sie mit den Füßen, bis sie nachgab. Dann stürzte ich in den Garten. Wo Schuppen und Hühner gewesen waren, gähnte ein Krater mit zerfetzten Grassoden am Rand. Zersplittertes Holz war über den ganzen Garten verstreut. Gar nicht weit entfernt davon stand die Eberesche – ihr war nichts geschehen – und darunter Herrn Deckers Handwagen, umgeworfen, doch unversehrt.

Ich starrte in die Schwärze des Kraters. Nur fort von hier, dachte ich und zwängte mich durch das Gatter in der Hecke und stand auf der Straße.

Der Alarm war noch nicht zu Ende. Über den Himmel ergossen sich Feuergluten, und von weitem schrillte das Klingeln der Feuerwehr.

Verlassen lag unsere Straße da. Aus den Häusern hingen Gardinen und Papierfetzen wie Strünke, und die schwarzen Fensterlöcher sahen aus wie die leeren Augenhöhlen riesiger Gesichter.

Plötzlich blieb ich stehen und horchte. Von irgendwoher klang Musik – Klavierspiel – vertraute Passagen – das Konzert von Mozart! Es war grausig schön. Wie im Traum ging ich der Musik nach, kam zu einem Haus, dessen Tür durch den Druck der Bombe aufgerissen war. Ich mußte dem Geheimnis der Musik auf den Grund kommen; ich ging hinein. Mitten in einem wilden Durcheinander von Schutt, Mörtel und zerbrochenen Möbeln stand ein Radio, offenbar durch Batterie betrieben.

Mit der Musik kam die Erinnerung an einen längst vergessenen Sommertag – an Elisabeth Levy, die dieses Konzert auf unserem Klavier gespielt hatte. Wieder sah ich vor mir den blühenden Rotdorn, das offene Fenster und die Passanten, die stehenblieben, um ihr zuzuhören. Wieder hörte ich Elisabeths angstvolles Flüstern: »Ziehen Sie den Vorhang zu!«

Auf dem Rückweg ging mir auf, daß der Schrecken dieser Nacht schon damals begonnen hatte. Noch einmal hielt ich inne, in das Klavierspiel versunken. Meine Verzweiflung begann sich zu lichten, ich schöpfte neue Hoffnung. Hatten meine Überzeugungen sich nicht als stark und realistisch erwiesen? Sie würden weiterleben, solange ich ihnen treu blieb. Alle Furcht wich von mir. So oft hatte ich vom Frieden geträumt, doch ich hatte ihn immer als etwas betrachtet, das in weiter Ferne lag, als ein Versprechen der Zukunft. Nie hatte ich den Frieden da gesucht, wo ich ihn finden mußte: inmitten von Trümmern, Gestapo, Krieg und Bomben. Das war meine Wirklichkeit; alles Suchen nach einem Frieden in der Zu-

325

kunft war leeres Wunschdenken. Nun schien mir klar, was ich bisher nicht verstanden hatte, »Friede kommt von innen«, sprach ich zu mir selbst. »Friede ist *jetzt*.«

Die Schwestern Hedrich waren vom Luftschutzbunker zurückgekommen. »Ja, sehen Sie, nun kommen Sie dran«, stellte Irmgard mit einer Mischung aus Angst und Genugtuung fest, als sie den Schutt in der Diele musterte.

»Aber das ist nur der Anfang!« klagte Theresa, und ihr Kopf zuckte schlimmer denn je.

Einige Tage später saßen Pastor Svendsen und ich wieder im Zug. Wir fuhren zum Weihnachtsbesuch nach Dreibergen.

»Sie hätten mindestens zehn Briketts mitbringen müssen, wenn Sie eingeheizt haben wollen«, sagte der Wirt. Seine Augen hatten rote Ränder, als er heiser weitersprach: »Mit dem ›Deutschen Haus‹ ist es aus. Mein Sohn ist gefallen . . .«

Am Fenster klapperten Holzpantinen vorbei, doch man konnte nichts sehen; die Scheiben waren vereist.

Ich übernachtete wieder in Zimmer 12. Die nackte Birne baumelte von der Decke und gab nur ein spärliches Licht. Aber ich war oft genug hier gewesen, um mich gut auszukennen. Der alte Kupferstich über dem Bett – wie passend, dachte ich: Reiter und Pferd im Kampf mit dem Drachen, während die Erde sich unter ihnen auftat – »Finis Terrae«.

Ich zog mich nicht aus, als ich mich hinlegte, und breitete auch noch den Mantel übers Bett. Dennoch konnte ich nicht warm werden; zuletzt setzte ich mich auf, um einige meiner Gedanken zu Papier zu bringen.

»Es gibt Nächte«, schrieb ich, »in denen ich keinen Schlaf finde, bekümmert darüber, daß alle Bemühungen und aller guter Wille doch nur so wenig Hilfe für euch erreichen konnten. Im tiefsten Dunkel kam aber auch die Erkenntnis, daß es nicht allein auf die Tat ankommt. Auch Gedanken haben Macht, und so wird uns in unserer Hilflosigkeit immer wieder Hilfe, verborgene Kräfte freizusetzen, um dem Leben zu dienen.«

Heiligabend zündete ich im Besuchsraum des Zuchthauses Dreibergen eine Kerze an und sah ihren Widerschein in den Augen der Gefangenen. Daß die Wärme eines einzigen Lichtes soviel Hoffnung in die Düsternis zu bringen vermochte, war wie ein Wunder.

33

Lisas Vater kam nicht wieder, und so schwand unser Mehlvorrat bald dahin. Ich fing an, Brot von Freunden zu erbitten, und wandte mich abermals an Herrn Jensen. Irgendwoher kam immer Hilfe – mein Koffer war niemals leer.

Den ganzen Januar über waren wir unterwegs. Auf endlosen Fahrten in ungeheizten Zügen lernten wir, nach Tieffliegern Ausschau zu halten. Sobald der Zug langsamer fuhr, sprangen wir ab und suchten Deckung. Kaum zählte ich noch nach einem Angriff die Einschläge an Zugfenstern und Türen.

Die Zeit stand still, wie erstarrt in der eisigen Umklammerung des Winters. Doch das Sterben ging weiter. An den Fronten wurden Schlachten geschlagen und verloren. In Konzentrationslagern wurden Gefangene umgebracht, und in Zuchthäusern und Gefängnissen gingen sie an Unterernährung und Kälte zugrunde. Ganz Europa hungerte und fror unter der Nazibesetzung, und in Deutschland selbst kamen die Menschen bei Luftangriffen um.

An manchen Tagen waren wir ohne Heizung, Gas oder Licht. Dann wieder blieb das Wasser aus. Es fehlte an Seife, es mangelte an Schlaf. Das Leben um uns herum und in uns zerbrach. Krieg war Habsucht, Neid, Haß und Mißtrauen. Krieg war Angst, Einsamkeit und Verzweiflung. Krieg – das hieß hungern und frieren und warten, immer wieder warten, daß die Nacht zum Tag und der Tag zur Nacht wurde.

Anfang Februar kam ein Brief vom Justizministerium. Nahezu ein Jahr war verstrichen, seit ich geschrieben hatte, daß mir der Zugang zum Zuchthaus Bautzen verwehrt worden war. »Sie haben recht«, hieß es in dem Schreiben. »Vorschrift ist Vorschrift. Wir haben Bautzen deshalb Anweisung gegeben, Sie zuzulassen.«

Ich machte mich sofort an meine Kartei, um eine Liste der dreißig Gefangenen aufzustellen, die wiederzusehen ich kaum noch geglaubt hatte. Als ich »Gunnar Dal« schrieb, schien der Winter dem Frühling zu weichen.

Ich rief bei der norwegischen Seemannskirche an. Pastor Svendsen sei in Berlin, hieß es, und um Zeit zu sparen, schickte ich ihm ein Telegramm und bat ihn, sich in Bautzen mit mir zu treffen.

Schon vor Morgengrauen stand ich am Bahnhof. Als der Zug abends im Dresdner Hauptbahnhof einlief, traute ich kaum meinen Augen. Nicht eine einzige

Scheibe war zerbrochen. Der Bahnsteig war sauber und trocken – keine Schmutzlachen, kein verdreckter Schnee. Nirgends sah man Flakgeschütze – Dresden war die einzige Großstadt in Deutschland, die bisher von Bomben verschont geblieben war. Da gab es keine Trümmer und keine Krater in den breiten, von Bäumen umsäumten Alleen.

Mein Entschluß war gefaßt. Hier würde ich übernachten. Einmal in einer Stadt ohne Ruinen zu schlafen, einmal Krieg und Zerstörung vergessen zu können! Bautzen lag nicht weit von Dresden entfernt. Mit dem ersten Morgenzug würde ich immer noch früh genug ankommen, um Pastor Svendsen zur verabredeten Zeit zu treffen.

Guten Mutes schritt ich auf den Ausgang zu. Da hörte ich, wie auf einem anderen Bahnsteig durch den Lautsprecher ein Zug nach Bautzen ausgerufen wurde. Ich horchte auf, dachte an Gunnar – und einer unerklärlichen Eingebung folgend, begann ich zu rennen, als gelte es mein Leben. Keuchend lief ich treppab, treppauf und sprang mit letzter Kraft in den eben abfahrenden Zug.

Der Wachtmeister am Zuchthauseingang warf einen Blick auf meinen Koffer; aber ich hatte nichts zu fürchten. Bei jedem ersten Besuch in einer Strafanstalt trug ich Sorge dafür, nur persönliche Dinge bei mir zu haben. Dennoch verhieß seine Miene nichts Gutes.

Ursprünglich war die Anstalt in Bautzen ein Jugendgefängnis gewesen. Seit mehreren Jahren war sie Ausbildungsanstalt für die Wachmannschaften aller Zuchthäuser. Sie sei eine Musteranstalt, wurde behauptet.

Der Turm überragte alle anderen Gebäude wie eine Kirche; doch die schmalen Fenster, schwarze, tief in die Mauer versetzte Löcher, waren vergittert.

An diesem grauen Wintermorgen entsann ich mich jenes Tages im Mai, an dem ich in Hamburg zum ersten Mal ein Zuchthaus besuchte. Durch wieviel Tore war ich seitdem gegangen, und wie viele vergitterte Fenster hatte ich nicht schon gesehen!

Der Wachtmeister ließ den Pfarrer im Meldezimmer warten und sagte zu mir: »Ich werde Sie dem Chef vorführen.«

»Vorführen«, das klang, als wäre ich bereits verhaftet. War das die Sprache einer Musteranstalt?

»Sie haben es also doch noch geschafft, sich bei uns einzudrängen«, zischte es vom Schreibtisch, als der Chef meiner ansichtig wurde. Er sprang auf und stellte sich vor mich, ein kleiner fetter Sachse mit Plattfüßen und schmatzenden Lippen. Er warf einen stechenden Blick auf meinen Ausweis und musterte mich von Kopf bis Fuß. »Ich kann Sie nicht wegschicken«, sagte er dann in näselndem Sächsisch. »Aber innerhalb dieser Mauern bestimme ich! Einer meiner Wachtmeister wird bei den Besuchen zugegen sein. Sie werden alles übersetzen, was gesprochen wird, Satz für Satz.« Damit entließ er mich und hielt den Wachtmeister noch zurück.

Draußen auf dem Gang ging ich unruhig auf und ab. Kein Laut war zu hören, kein Klappern von Holzpantinen, keine Kommandorufe. Ich war allein mit mir und der einen Frage, die mich bewegte. Sollte ich nachgeben und gemäß dem Befehl des Chefs jedes gesprochene Wort übersetzen – oder sollte ich auf die mir eingeräumte Stellung in den anderen Zuchthäusern bestehen? Ich sah den langen Gang hinunter, als könnten die massiven Mauern mir Antwort geben.

Schließlich kam der Wachtmeister heraus. »Wir haben nur einige skandinavische Gefangene einsitzen«, sagte er kurz.

»Sie haben dreißig«, entgegnete ich gelassen.

»Die können Sie aber nicht alle sehen. Die meisten sind auf Schicht in der Munitionsfabrik.«

»Dann werden wir hier warten und sie heute abend besuchen«, beharrte ich.

Das einzige Licht im kalten Besuchszimmer kam durch ein kleines, tief versetztes Fenster. Der Raum faßte nur zwei Bänke; auf der einen nahm der Wachtmeister Platz. Ich saß ihm gegenüber, von zwei Augenpaaren überwacht: Über ihm starrten Hitlers Knopfaugen aus einem großen Bilderrahmen. Daneben ein Plakat, schwarze, fett gedruckte Blockschrift:

UNSER IST DER SIEG.

Der erste Gefangene wurde hereingelassen. Die Anstaltskleidung hing ihm in Fetzen von den Gliedern. Er hielt den Kopf gesenkt, sein Gang war schleppend, als schmerzte ihn jeder Schritt. Ich bemerkte die aufgedunsenen Beine.

Pastor Svendsen sprach ihn an, und der Wachtmeister starrte zu mir herüber und wartete auf die Übersetzung. Ich sah an ihm vorbei auf die schwarzen, fetten Lettern UNSER IST DER SIEG. Plötzlich wußte ich, was ich tun würde.

Ich spürte den durchbohrenden Blick des Wachtmeisters und schwieg noch immer . . . Da heulte die Sirene auf!

Fliegeralarm. Der Wachtmeister sprang auf. »Der Be-

331

such ist zu Ende«, rief er. »Der Häftling muß zurück in die Zelle.«

Der Pfarrer und ich blieben im Besucherzimmer. Durch das kleine Fenster sahen wir ein Geschwader nach dem anderen über den Winterhimmel ziehen; das Donnern der Motoren durchdrang selbst diese Mauern. Die Luft – der ganze Raum –, alles vibrierte; das Bild an der Wand schwang von einer Seite zur anderen, nur der Blick der Knopfaugen blieb starr auf mir hängen.

Keine Bombe fiel. Draußen auf dem Flur hörte ich einen Wachtmeister sagen: »Na, jetzt hat es Dresden erwischt. Letzte Nacht haben sie angefangen, und nun sind sie schon wieder da.«

»Dann sind wir ja noch einmal davongekommen«, meinte der andere.

»Gott sei Dank!« dachte ich auch bei mir. »Gott sei Dank, daß ich gestern noch mit dem Zug davonkam.«

Erst abends wurde entwarnt. Der Wachtmeister kehrte zurück und sagte mit einem Blick auf die Uhr: »Jetzt ist es zu spät.«

»Dann kommen wir morgen wieder.«

»Nein, das ist gegen die Vorschrift. Sie haben nur alle vier Monate Besuchserlaubnis.«

»Dann bleiben wir und sehen die Häftlinge noch heute.«

Er verschwand, offenbar um sich weitere Anweisungen vom Chef zu holen. Als er zurückkam, sprach sein Gesicht eine nur zu deutliche Sprache: »Wart's nur ab. Wir kriegen dich doch noch.«

Doch zu meiner Überraschung sagte er nur: »Kommen Sie mit«, und führte uns zu einer Baracke, die aus

Platzmangel für die skandinavischen Gefangenen im Hof errichtet worden war. Neben dem Eingang lag die Schreibstube. »Hier können Sie sie sehen«, sagte der Wachtmeister und ließ sich auf dem einzig vorhandenen Stuhl nieder.

Es war kurz vorm »Licht aus!« Die Gefangenen waren gerade vom Außenkommando zurückgekehrt. Wir hörten hinter der dünnen Holzwand das Klappern von Schüsseln, das Scharren der Schemel und den müden Tritt von Holzpantinen. »Irgendwo da drinnen ist Gunnar«, dachte ich bei mir.

Zu je zehn Mann wurden die Gefangenen in die Schreibstube geführt. Sie standen vor uns, zitternd vor Kälte, und hielten sich nur mühsam aufrecht. Ihre tiefliegenden Augen waren wie dunkle Schatten, und das trübe Licht der einzigen von der Decke herunterhängenden Birne ließ ihre Haut noch gelber erscheinen. Sie sahen aus wie Tote.

»Sie haben drei Minuten Zeit.« Der Wachtmeister hielt die Uhr in der Hand.

Es wurden lange Minuten. Die bloße Anwesenheit des Wachtmeisters verschlug uns die Sprache und ließ uns den Druck fühlen, der diese »Musteranstalt« beherrschte. Schließlich begann der Pfarrer, mit den Gefangenen zu sprechen. Nochmals sah mich der Wachtmeister erwartungsvoll an. Aber ich blieb stumm. Dennoch ließ er uns gewähren, ohne eine Miene zu verziehen. Der Ausdruck seiner Augen erinnerte mich an das Plakat im Besuchszimmer: UNSER IST DER SIEG.

Ich wandte mich den Gefangenen zu. Die leise, in gezwungenem Ton geführte Unterhaltung erinnerte mich an unseren ersten Besuch in Hamburg, und ich dachte daran, wie ich zum ersten Mal eine Vorschrift übertreten hatte. Ein Gefangener hatte gebetet – für mich –, und ich hatte ihn nicht daran gehindert. Jetzt betete ich still für mich: »Oh, gib uns in diesem Dunkel einen Augenblick der Erleuchtung und Hoffnung!«

Die letzte Gruppe von Gefangenen war eingetreten, und plötzlich stand Gunnar vor mir. Ich spürte, wie ich bleich wurde, und ich wandte mich ab, um mich nicht zu verraten. »Es ist spät«, sagte ich zum Wachtmeister. Dann, indem ich auf meine Uhr sah und vorgab, dem Pfarrer und den Gefangenen zu erklären, daß wir gehen müßten, sagte ich auf norwegisch: »Heute können wir nicht frei mit euch sprechen; aber wenn wir uns wiedersehen, dann kommen wir, um euch nach Hause zu holen.«

Tiefes Schweigen, sowohl bei uns als auch hinter der dünnen Wand, die uns von den anderen trennte. Vielleicht hörten sie unsere Worte? Ich nickte dem Pfarrer zu. Er öffnete die Bibel und las:

»Herren er min hyrde, meg fattes intet . . .« – »Der Herr ist mein Hirte, mir wird nichts mangeln . . .«

Der Wachtmeister stand vom Stuhl auf, auf dem er bis jetzt, auf sein Gewehr gestützt, wie eine leblose Figur gesessen hatte.

»Lebt wohl!« sagten wir zu unseren Freunden, ehe das Dunkel sie wieder aufnahm. Wir gaben ihnen die Hand. Einen Augenblick fühlte ich, wie Gunnars Hand die meine umschloß. »Ich lebe«, flüsterte er mir zu. »Und du auch!«

»Ich soll Sie noch einmal dem Chef vorführen«, erklärte draußen der Wachtmeister.

334

Auf dem Rückweg sprach keiner ein Wort; ich hörte nur den Klang meiner eigenen Schritte auf dem steinernen Gang. Ein zweiter Wachtmeister wurde herbeigerufen, und man ließ mich mit ihm auf dem Gang warten, bevor ich zum Chef gebracht wurde.

»Sie haben meine Anweisungen mißachtet.« Der Chef hatte eine Akte vor sich und einen Zettel mit Notizen. »Sie haben nicht alles übersetzt, was gesprochen wurde, und Sie haben zugelassen, daß der Pfarrer aus der Bibel vorlas.« Er schlug mit der Faust auf die Akte, und seine Stimme überschlug sich: »Ich sage nur eins: Bericht nach Berlin, aber nicht an ihre Freunde im Justizministerium. Ich gehe an die oberste Stelle. Ich melde Sie direkt beim Reichsführer, und die Folgen sind Ihnen bekannt . . .«

Ich unternahm keinen Versuch, mich zu verteidigen. Ich war wie ausgebrannt. Mein Werk war fast getan. Am Tage der Befreiung würden viele Helfer bereitstehen. Mich würde man dann nicht mehr brauchen. Ich war frei von Angst, denn es ging zu Ende – so oder so.

»Was werden Sie jetzt machen?« fragte Pastor Svendsen mich auf dem Weg ins Hotel.

»Untertauchen.« Eine Weile gingen wir schweigend. »Ich werde nach Berlin gehen«, sagte ich schließlich.

»Und zu wem?«

»Ich glaube, ich weiß zu wem«, sagte ich und dachte an jene Sommernacht, in der ich Herrn Mangold die Berliner Adresse gegeben hatte. Doch im gleichen Augenblick wurde mir klar, daß ich den Namen der Freunde von Dr. von Berg vergessen hatte. Und wie sehr ich mich auch anstrengte – ich konnte mich nicht darauf besinnen. War es, weil ich seit Tagesbeginn noch nichts gegessen hatte? Mein Gedächtnis hatte mich noch nie im Stich gelassen. Der Name würde mir schon wieder einfallen – heute nacht oder morgen früh.

In der Hotelhalle roch es nach angebrannten Steckrüben, doch der Speisesaal war geschlossen. Ich ging auf mein Zimmer, warf mich angezogen aufs Bett und fiel in einen unruhigen Schlaf.

Irgendwann in der Nacht ging die Sirene – oder bildete ich es mir nur ein? Ich träumte von schwarzen, fetten Lettern, griff immer wieder nach ihnen und versuchte, sie so zusammenzusetzen, daß sie die vergessene Adresse ergaben. Doch immer wieder formten sie sich zu einem UNSER IST DER SIEG. Es hämmerte mir in den Ohren, das Geräusch wurde lauter. Plötzlich schreckte ich hoch, setzte mich auf und horchte mit angehaltenem Atem.

Starkes Klopfen an der Tür.

Noch gestern war ich frei gewesen von Angst. Jetzt brach mir der Schweiß aus allen Poren. Es war noch dunkel; ohne das Licht anzumachen, tastete ich nach meiner Tasche und holte die Pistole heraus. Auf wen sollte ich sie richten – auf die Tür oder auf meinen Kopf? Vergeblich versuchte ich, die Hand ruhig zu halten.

Es klopfte noch einmal. »Drei Uhr!« rief jemand hinter der Tür. »Ihr Zug! Sie müssen aufstehen!«

Es war nicht die Gestapo, sondern das Zimmermädchen. Die Spannung zerbrach. Die Pistole glitt mir aus der Hand. Ich brach in ein hysterisches Lachen aus, wobei mir die Tränen über die Wangen rannen. Ich lebte. Ich war noch frei. Wenn ich nur erst im Zug nach Dresden saß, dann käme ich auch nach Berlin.

Frischer Schnee war gefallen. Die Schuhe versanken darin. Wir gingen mitten auf der Straße. Vielleicht ist Gunnar gestern vom Außenkommando den gleichen Weg gegangen, dachte ich. Jetzt waren seine Spuren verwischt. Und wenn es weiter schneite, würden auch meine Spuren bald verwischt sein.

Der Bahnhof war kaum erleuchtet. Nur an der Sperre brannte eine Birne, deren Lichtschein sich in der dunstigen Schneeluft verlor. Ein paar Leute hockten auf Rucksäcken und Koffern. »Wann geht der Zug?«

Niemand wußte es. »Auf den Zug von München nach Berlin, der schon vorgestern hätte durchkommen müssen, warten wir immer noch«, sagte ein Eisenbahner. »Heute nacht waren sie gewiß wieder in Dresden.«

Wir warteten. Wie lange, weiß ich nicht. Eine Stunde, zwei Stunden? Ich weiß es nicht. Endlich hieß es: »Einsteigen!«

»Nach Dresden?«

»So weit wir kommen.«

Wir fuhren. Ich schlief wieder ein. Dann schreckte ich auf. Inzwischen war es hell geworden, und der Zug stand. Neben uns waren viele Geleise, verstopft mit Zügen. Ein Güterzug voller Soldaten. Ein anderer Zug ohne Fensterscheiben. Frauen hatten sich Tücher um den Kopf gebunden. Kinder legten frierend die Hände über die Ohren. Alte Männer kauerten auf Koffern. Frauen hielten zwischen den Zügen ihre Kinder ab. Flüchtlinge.

Wir warteten wieder. Die Ereignisse des gestrigen Tages kamen mir jetzt ebenso unwirklich vor wie das, was vielleicht morgen geschehen würde. Ich spürte nur noch die eisige Kälte, die vom Boden heraufkroch. Meine

Füße waren wie abgestorben, und ich fühlte und dachte nichts mehr.

Schließlich stiegen wir aus und gingen zwischen den Schienen. Von Bohle zu Bohle. Ab und zu drehte ich mich um. Vielleicht war der Zug inzwischen wieder angefahren? Doch die Züge auf den Geleisen wurden zu Punkten. Ihre Lokomotiven glichen schwarzen Gesichtern mit weißen Kapuzen. Die Strecke war vereist. Immer wieder glitt ich aus und fiel. Koffer und Mappe wurden immer schwerer. Zuletzt schleuderte ich den Koffer über die Böschung.

Es war Mittag, als wir auf einem Vorstadtbahnhof in Dresden ankamen. Dort begann die Zerstörung. Die Straßen waren von Trümmern und umgestürzten Bäumen versperrt. Der Himmel war rauchgeschwärzt, im seltsamen Gegensatz zum Weiß der Schneelandschaft.

Auf dem Bahnhof war keine Scheibe heil. Es herrschte unbeschreibliche Verwirrung. Jeder Eisenbahner war von einer Menschenmenge umringt.

»Wann geht ein Zug nach Berlin?«

»Niemand weiß es. Sie müssen warten.« Die Stimmen waren müde, die Augen blicklos.

Wir ließen uns nieder. In den Wartesälen des Krieges erging es mir wie auf einem Schiff bei Seegang. Es fing im Magen an, ein Unbehagen, und schließlich verschwamm alles zu einer grauen Masse. Denn im Wartesaal vernahm ich die Melodie unserer Zeit deutlicher als irgendwo sonst: Da klirrten die Teller – Warten. Da sagten die Augen der vor sich Hinstarrenden – Warten. Da knarrten die Bohlen unter Langschäftern und Holzpantinen – Warten.

Dieser Wartesaal war die Welt von heute. Flüchtlinge

saßen am Boden, auf Bündeln und Matratzen, der letzten Habe. In einer Ecke hockte eine Gruppe von Ukrainern; Männer mit langen Bärten, im Kaftan; ungarische Soldaten in bunten Uniformen.

Wir saßen an einem der vielen Holztische. Von der schmutzigen Holzplatte tropfte Dünnbier. Am Nebentisch saß ein Offizier, vor ihm ein Landser in strammer Haltung. Der Offizier forderte ihm das Soldbuch ab. »Wenn ihr euch einbildet, daß ihr nicht mehr zu grüßen braucht . . .« Er notierte sich Namen und Einheit. »Das gibt eine Meldung. Die Folgen sind Ihnen bekannt.«

»Herr Hauptmann, ich habe . . .«

»Halten Sie 's Maul!«

»Jawohl, Herr Hauptmann.«

Das Gesicht des Chefs in Bautzen tauchte vor mir auf: »Das gibt eine Meldung. Die Folgen sind Ihnen bekannt . . .« Ich dachte an Berlin, an die Adresse, an die ich mich nicht mehr erinnern konnte. Ich beugte mich vor, vergrub mein Gesicht in die Hände und versuchte, alles um mich herum auszuschalten, um mich besser konzentrieren zu können.

Auf langen Leitern standen Männer und hämmerten aus den Fensterrahmen die zerbrochenen Scheiben heraus. Klirrend fiel das Glas zu Boden. Im Lautsprecher krachte es. Immer wieder ertönte der Ruf: »Achtung!«

Jedesmal schlug mein Herz schneller. Denn die Hoffnung war da, es ging weiter. Irgendein Zug würde ausgerufen werden. Einerlei, wohin. Nur fort von hier.

Doch ich mußte nach Berlin. Wie lautete nur der Name?

Die Stimme im Lautsprecher sagte: »Eins – zwei – drei – wir machen Sprechversuche.«

Mit halbem Blick bemerkte ich, wie eine Hand den Aschenbecher, der auf dem Tisch stand, durchwühlte. Auf der Jagd nach Kippen. Es waren keine da, doch vom Nebentisch rief eine Frau: »Komm, Reiner, ich hab welche für dich!«

Ich blickte auf. »Reiner« hatte sie gesagt? Reiner! Ja, das war es. So hieß es. Jetzt entsann ich mich wieder. Professor Reiner. Plötzlich stand die Adresse wieder vor mir, wie ich sie damals niedergeschrieben hatte: »Professor Reiner, Berlin-Dahlem, Arnimstraße 25.«

»Ich habe Hunger«, sagte ich zu Pastor Svendsen. Über Bündel und Menschen, über langausgestreckte Beine und schlafende Kinder bahnte ich mir den Weg zum Büfett. Es gab Brot. Ich hatte noch Marken für zweihundert Gramm.

»Vier Scheiben, bitte.«

Ein Mann stand neben mir, elend und schmutzig. »Brot!« flüsterte er. »Geben Sie es mir, ich bin hungrig.«

Ich sah zur anderen Seite, als hätte ich ihn nicht bemerkt. Inmitten dieses Saales voller Not und Grauen überfiel mich wahnwitzige Angst. Wie lange mußten wir noch warten? Vielleicht nur Stunden. Aber wenn es Tage würden?

Ich wollte leben. Ich wollte nach Berlin. Ich dachte nur noch an die wiedergefundene Adresse. Wenn ich es bis nach Berlin schaffte, dann war ich geborgen.

Ohne mich noch einmal umzuwenden, zog ich mich hastig vom Büfett zurück. Doch dann blieb ich stehen, sah mich suchend nach dem alten Mann um, wollte ihm nachgehen – aber ich fand ihn nicht wieder.

Durch die zerbrochenen Fenster drangen das laute Klingeln der Feuerwehr und die Sirenen der Krankenwagen. Irgendwo da draußen brannte die Stadt, waren Menschen in Kellern verschüttet, die um Hilfe schrien und darum beteten, daß irgendeiner sie hörte; und doch gab es in diesem Saal nur Menschen, die darauf warteten, davonzukommen. Auch ich betete nur um meine eigene Sicherheit.

Wir warteten. Und dann plötzlich ein Ruf: »Ein Zug ist eingelaufen!«

Wir sprangen auf, drängten uns durch die Menge, stürzten zum Ausgang. Nur heraus aus dem Wartesaal. Weiter, nur fort! Wir brauchten unsere Ellbogen und Füße. Wir stießen und fluchten. Es wurde ein Kampf um jeden Platz, um jeden Fußbreit Boden. Wir siegten. Wir kamen hinein. Wir waren gerettet.

Der Zug fuhr.

Unser Abteil hatte noch Fenster. Draußen schneite es, die Scheiben waren milchig verklebt, und wir waren wie eine Ladung Leiber, die von der Stadt des Todes fortrollte. Wir standen so dicht gedrängt, daß einer den anderen trug. Selbst wenn ich vor Müdigkeit umgefallen wäre, die Menge hätte mich gehalten.

Mein Kopf schwamm. Schlief ich schon, oder wachte ich noch? Im Dunkel der Nacht hörte ich Worte, die ich zu träumen glaubte. Sie sprachen von »Leningrad«, von einer »Großoffensive« der Russen, und sie flüsterten einander zu: »Es geht zu Ende.«

Der Zug hielt. Berlin? Es mußte kurz vor Mitternacht sein. »Anhalter Bahnhof!« dröhnte der Lautsprecher über dem Zug. Also doch Berlin. Dieser zerbombte Bahnhof ohne Namensschild hätte ebensogut Dresden oder sonst eine Stadt sein können.

Die Zeit war gekommen, von Pastor Svendsen Ab-

341

schied zu nehmen. Er fuhr wieder nach Hamburg. Einen Augenblick lang standen wir noch zusammen. Ich blickte ihn an und dachte an unsere erste Begegnung, wie kalt er damals gewesen war, wie er meine ausgestreckte Hand geflissentlich übersehen hatte ... Seither waren wir einen langen Weg gemeinsam gegangen. Aber wie wenig wußten wir voneinander! Stets in der Gefahr, belauscht zu werden, hatten wir jeden persönlichen Gedankenaustausch vermieden.

Jetzt gab er mir die Hand. »Geben Sie acht auf sich, Hiltgunt!« sagte er und redete mich zum ersten Mal mit Vornamen an.

Meine Augen wanderten über die Geleise. Ruinen ragten wie abgestorbene Bäume in den nächtlichen Himmel, und ohne es eigentlich zu wollen, sagte ich: »Und was wird aus uns, wenn alles zu Ende ist?«

Einen Augenblick lang schien er betroffen. Doch dann beugte er sich vor und sagte zuversichtlich: »Sorgen Sie sich nicht. Ich bin ganz sicher, daß unsere Freunde gerettet werden und nach Hause kommen.«

Ich trat aus dem Bahnhof und stolperte über Schutt. Von Ruinen gesäumt, wirkte die Straße breiter als vorher. Ich kannte mich nicht mehr aus, wußte nur noch die Richtung. Nach links mußte ich gehen, dann immer geradeaus. So kam man zum Potsdamer Platz, zur S-Bahn. Noch andere gingen diesen Weg, schwerbepackt; in der Dunkelheit der Nacht verschmolzen die Menschen mit ihrem Gepäck. Es fing wieder an zu schneien, und bald fiel der Schnee so dicht, daß man nicht mehr die Hand vor Augen sehen konnte.

Neben mir tappte sich irgendeiner vorwärts wie ich. »Wo ist das Vaterland?« kam es aus dem Dunkel.

»Ich weiß es nicht«, gab ich zurück. »Ich weiß nicht mehr, wo das Vaterland ist.«

»Ich habe drei Tage nicht mehr geschlafen.« Die Stimme neben mir wurde lauter, fing an zu fluchen. »Wenn sie uns Landsern keine Übernachtung mehr schaffen, dann kann von mir aus . . .«

Da begriff ich. Sein »Vaterland« war nicht das Vaterland, das ich gemeint hatte.

»Kommen Sie mit . . .«

Stumm gingen wir nebeneinander, bis vor uns wie aus dem Boden gewachsen eine Schlange von Menschen stand, schwach erleuchtet von dem abgeblendeten Licht einer Taschenlampe. »Immer mit der Ruhe!« rief eine heisere Stimme.

»Erst die Papiere!«

Es war das »Café Vaterland«, einstmals Restaurant und Tanzlokal, nun Übernachtungslager für durchreisende Soldaten.

Es hatte zu schneien aufgehört, als ich in Dahlem-Dorf ausstieg – einem Wohnviertel, das vom Krieg noch ganz unberührt zu sein schien. Da gab es noch Straßenschilder, und die Villen, einen dicken Pelz von Schnee auf den Dächern, lagen verschlafen da.

Von der breiten Allee bog man ab in einen stillen Seitenweg; das war die Arnimstraße. Meine Fußstapfen waren die ersten im frischgefallenen Schnee. Es war Mondschein, und die Birken am Wege warfen lange dünne Schatten. Es war nach ein Uhr nachts, und mich packte die Furcht. Was, wenn niemand da war oder man mir nicht öffnen würde? Wohin dann? Den letzten Teil des Weges legte ich im Sturmschritt zurück.

Die Gartenpforte war verschlossen. Ein Namensschild war nirgends zu entdecken, nur die Hausnummer. Die Villa lag abseits der Straße und wirkte unbewohnt.

Ich klingelte an der Gartenpforte und wartete in ängstlicher Spannung. Vielleicht verstrichen nur Sekunden, doch mir schien es eine Ewigkeit. Dann entdeckte ich einen Streifen Licht – etwas bewegte sich am Fenster, als spähte jemand heraus.

Bevor ich mir noch schlüssig werden konnte, ob es sich wirklich so verhielt, hörte ich, wie die Haustür geöffnet wurde. Schritte näherten sich – eine Frau.

»Sie wünschen?«

»Lassen Sie mich herein«, bat ich. »Ich komme von Dr. von Berg.«

Wortlos schloß sie die Gartenpforte auf. »Jemand von Dr. von Berg!« rief sie ins Haus.

Ein Seufzer der Erleichterung von drinnen.

Ein hochgewachsener, bärtiger Herr und eine leidend aussehende schmale Dame standen in dem nur schwach erleuchteten Eingang.

Ich stellte mich vor. »Entschuldigen Sie, daß ich zu so später Stunde noch klingele«, sagte ich und fing an zu erklären . . .

»Aber lassen Sie doch!« unterbrach mich Professor Reiner rasch. »Sagen Sie nichts weiter! Für uns genügt es zu wissen, daß Dr. von Berg Sie geschickt hat.« Er streckte mir die Hand entgegen und sagte im herzlichen Ton: »Seine Freunde sind auch unsere Freunde.«

Ich sah, daß er hinkte, und als erriete er meine unausgesprochene Frage, fügte er noch hinzu: »Dr. von Berg hat mir im Ersten Weltkrieg das Leben gerettet.«

Das Haus war ungeheizt. Sie trugen Mäntel und baten mich, meinen auch anzubehalten. Einige Nächte zuvor war die neben dem Wohnzimmer liegende Bibliothek durch eine Bombe aufgerissen worden. Das Wohnzimmer glich einem Möbellager. Die Teppiche waren aufgerollt, die Gardinen abgenommen. Ein Teil der Bücher war aus dem Schutt geborgen und im Salon aufgestapelt. Durch die Wände gingen tiefe Risse, einige Mauerbrocken lagen am Boden. Auf Taburett und Tischen lag eine dicke Staubschicht. Die Fenster waren mit Pappe verschlagen, und durch die Ritzen drang eisige Kälte herein. Auf einem Feldbett kauerte eine Frau im Pelzmantel, zwei Männer in schweren Mänteln hatten auf einer Blumenbank Platz genommen. Es seien Flüchtlinge, sagte Professor Reiner, vom Wohnungsamt eingewiesen; auch mich führte er als Flüchtling ein.

Sie stellten keine Fragen, verloren kein Wort über mein spätes Kommen und nahmen unverzüglich ihre Unterhaltung wieder auf. Sie redeten sich mit Titeln an – »Herr Professor«, »Herr Doktor«, »Gnädige Frau« – und sie sprachen über Bücher und Kunst. Manchmal wollte die Unterhaltung ins Stocken geraten. Dann wurde sie hastig wieder aufgenommen, als fürchte man sich vor der Stille, als vermeide man es ängstlich, sich in einem Zimmer umzuschauen, das allzu nüchtern und fahl von einer Birne erhellt wurde, die an einer provisorischen Schnur von der Decke hing. Niemand erwähnte die Bomben oder sprach über die Kriegslage. Trauten sie mir nicht – oder versuchten sie, auf diese Weise die Gegenwart auszuschalten? Ich saß etwas abseits auf einem Sofa, auf dem ein paar Bibliotheksstühle gestapelt waren; ihr weinroter Damastbezug war zerrissen. Ich

345

konnte die Augen kaum aufhalten vor Müdigkeit und vergrub, zitternd vor Kälte, meine Hände in die Ärmel des Mantels. Einer der Gäste zitierte aus dem »Faust«, doch die einst so wohlvertrauten Worte klangen mir fremd – noch immer gellte mir das Klingeln der Feuerwehr in einer brennenden Stadt in den Ohren.

Dann, nach höflichem Klopfen an der Tür, kam das Mädchen herein, um Kaffee zu reichen. Sie trug eine weißgestärkte Schürze über dem schwarzen Kleid; auf dem Haar thronte ein weißes Häubchen.

Vorsichtig balancierte sie das Tablett mit Mokkatassen, als sie über Schutt und Mörtel hinwegstieg. Die kostbaren Täßchen enthielten Ersatzkaffee statt Mokka, und es gab weder Sahne noch Zucker. Der zierliche silberne Löffel auf der Untertasse war wie der letzte Gruß einer auf immer entschwundenen Vergangenheit.

34

Ich blieb zwei Wochen. Es waren die längsten Wochen meines Lebens – nicht der endlosen Alarme wegen, die die Nacht zum Tag und den Tag zur Nacht machten; auch nicht wegen der Reiners. Sie nahmen mich auf, als gehörte ich zur Familie. Sie teilten ihre Lebensmittelrationen mit mir und ließen mich im Zimmer ihres Sohnes wohnen, der irgendwo an der Front stand. Die Unruhe war in mir selbst. Ich fühlte mich wie in der Verbannung, abgeschnitten von meiner Arbeit, die mir das Leben bedeutete. Ich wollte fort, wollte nach Hamburg zurück – und wagte es doch nicht.

Das Gespräch im Salon der Reiners setzte sich fort. Allabendlich saßen Familie und Gäste beisammen und verloren sich in Diskussionen über Kunst und Literatur der Vergangenheit. Nur manchmal gab es einen Augenblick der Wärme, wenn im Ofen alte Zeitschriften und Zeitungen verbrannt wurden. Aber immer wurde es spät. Keiner dachte an Aufbruch, als scheute man sich vor dem Dunkel der Nacht mehr als vor einem ungeheizten Zimmer.

Eines Tages, als wir allein waren, bat ich Frau Reiner um Erlaubnis, die BBC einzustellen. Sie hatte nichts dagegen, meinte aber beim Hinausgehen: »Wozu Dinge erfahren, die man doch nicht ändern kann?«

Jeden Morgen hörte ich sie auf und ab gehen und auf die Post warten. Seit Wochen hatte sie nichts von ihrem Sohn gehört. Endlich kam ein Brief von seinem Hauptmann. Ihr Sohn war gefallen.

Ich war bei Frau Reiner, sah sie zusammenbrechen und hörte ihren Aufschrei: »Wie konnte Gott das zulassen?«

Ich wollte sie trösten – doch was sollte ich sagen? Es war nicht Gott, sagte ich mir, der solche Dinge zuließ, sondern wir, die Menschen. Ich wußte für sie keine Antwort, aber ich wußte jetzt, was ich selbst zu tun hatte. Ich mußte zurück nach Hamburg.

Professor Reiner brachte mich zur Bahn. Es sollte ein Zug nach Hamburg eingesetzt werden, aber wann, wußte niemand.

»Ich werde mit Ihnen warten«, sagte Professor Reiner.

»Nein, Sie werden zu Hause gebraucht.«

Doch er blieb, und zum Schluß fragte er mich:

»Warum setzen Sie sich so großen Gefahren aus? Warum bleiben Sie nicht bei uns, wo Sie sicher sind?«

Da begriff ich, daß er die ganze Zeit von meiner Arbeit gewußt hatte. »Ich muß gehen«, erwiderte ich.

Beim Abschied hielt ich ihn noch einmal zurück, um ihm eine Frage zu stellen, die ich seit meiner Ankunft mit mir herumgetragen hatte. »Was ist aus Herrn Mangold geworden?«

»Er ist gestorben«, sagte Professor Reiner. »Er war ein kranker Mann, als er bei uns ankam. Wir konnten nicht mehr für ihn tun, als ihn so schnell wie möglich ins Krankenhaus zu bringen. Tuberkulose, hieß es, sehr weit fortgeschritten.«

Er zuckte die Achseln. Dann, als besänne er sich auf etwas, setzte er noch hinzu: »Herr Mangold hat Sie einmal erwähnt. ›Ich habe nie richtig gelebt‹, sagte er, ›aber *sie* lebte!‹«

Als ich zu Hause ankam, lag keine Vorladung vor, und das Lächeln im Gesicht meiner Mutter verriet mir, daß die Gestapo uns in Ruhe gelassen hatte. Die Anzeige des Chefs von Bautzen mußte verlorengegangen sein – vermutlich hatten die amerikanischen Bomben auf Dresden mir das Leben gerettet. Ich nahm meine Arbeit wieder auf.

Wenige Wochen später vertraute mir der Wachtmeister eines Außenkommandos an, daß ein Geheimbefehl Hitlers durchgekommen sei: sämtliche politischen Gefangenen in Deutschland seien am Tage X hinzurichten – wobei der Tag X vom Führer persönlich bestimmt werden würde.

Es galt, keine Zeit zu verlieren. Wir fuhren sofort

nach Hamburg zurück, und Pastor Svendsen mobilisierte alle seine Verbindungen, um die Nachricht nach Skandinavien zu übermitteln.

Ich selbst eilte zu Herrn Jensen: »Das Schwedische Rote Kreuz muß umgehend benachrichtigt werden – nicht erst morgen. Noch heute!«

Der Rest ist Geschichte: Graf Folke Bernadotte, der Präsident des Schwedischen Roten Kreuzes, und andere einflußreiche Skandinavier wurden in Berlin vorstellig. Die näheren Einzelheiten sind mir nicht bekannt, doch Himmler gab die skandinavischen politischen Gefangenen frei. In den ersten Apriltagen 1945 kam eine ganze Flottille von Autobussen des Schwedischen Roten Kreuzes und machte in allen Zuchthäusern, Gefängnissen und Lagern halt, in denen sich skandinavische Gefangene befinden konnten. Ich hatte Pastor Svendsen meine Kartei übergeben, und wo immer ein Häftling unauffindbar war, gab meine Kartei Auskunft. Sämtliche skandinavischen Gefangenen wurden gefunden und in das neutrale Schweden gebracht, um dort das Ende des Krieges abzuwarten.

Meine Gefangenen befanden sich in Sicherheit, als kurz darauf Hitlers Sonderbefehl durchkam. Tausende von politischen Gefangenen wurden umgebracht; daß dennoch viele überlebten, war nur den sich immer mehr überstürzenden Ereignissen zu verdanken, mit denen selbst der Tod nicht Schritt halten konnte. Noch einige Luftangriffe, dann wurden die Nächte ruhig. Nur gelegentlich hörte man noch in der Ferne das Donnern der Artillerie, und im benachbarten Lokal klang Musik auf, erst gedämpft, dann lauter, und schließlich das Stampfen der Füße – sie tanzten wieder.

Es war noch Krieg, und es war doch kein Krieg mehr. Auf der Straße zog müden Schrittes der »Volkssturm« – alte Männer und Jungen, Hitlers letztes Aufgebot. Wir standen an, entweder nach Lebensmittelkarten oder um auf Sonderzuteilungen zu warten, die nicht ankamen. Unsere Mägen waren leer und unsere Köpfe voll von Gerüchten: »Hamburg wird kampflos übergeben!« – »Wir werden von den Engländern besetzt – die geben uns zu essen!« – »Die Russen schänden und morden in Berlin!« – und ein Seufzer der Erleichterung: »Hauptsache, wir haben es überstanden!«

Bei uns zu Hause sprachen die Schwestern über Deutschlands »tragisches« Geschick, und ich brauchte das Radio der Levys nicht mehr leise zu stellen, wenn ich die BBC hörte.

Nur Lisa war still. Ihre Zeit war nahe. Stundenlang saß sie am Fenster und starrte in den Garten hinaus, wo Rasen und Rosenbeete grau waren von Schutt und Geröll.

Dann brachte das Radio die Meldung vom Tod Hitlers. Es war der 30. April 1945. Zwölf Jahre hatte ich von diesem Augenblick geträumt, und jetzt, wo er endlich da war, verspürte ich weder Erleichterung noch Haß, noch Triumph – gar nichts. Ich war mit meiner Mutter allein. Schweigend saßen wir uns gegenüber, und ich sah, wie sie sich abwandte und zu Willfrieds Bild an der Wand hinübersah.

An diesem Abend fiel mir das Manuskript ein, das ich unter der Eberesche versteckt hatte. Ich lief hinaus, um es auszugraben. Wir waren ohne Strom, doch bis die Batterien meiner Taschenlampe ausgebrannt waren, las ich – zum ersten Mal –, was ein Gefangener, allein mit

350

sich in seiner Zelle, niedergeschrieben hatte. Noch einmal schritt ich in Gedanken über die Gänge und Brücken eines Zuchthauses, in dem Menschen als einziges Zeitmaß Punkte, Striche und Kreuze in die Mauern geritzt hatten.

»Reißt die Mauern eures Geistes ein!« las ich auf den engbeschriebenen Seiten. »Macht euch frei von Vorurteilen, die euch die Sicht versperren. Vergrabt den Haß, der euch von euren Mitmenschen trennt.«

Dieses Manuskript mußte die Mauer durchdringen, die Deutschland jetzt von der Welt abschloß. Und ich wußte, wer mir dazu verhelfen konnte. Herr Jensen würde einen Weg finden, es nach Schweden zu bringen.

Am nächsten Tag machte ich mich auf zum Hafen. Wieder eilte ich die Helgoländer Allee hinunter, am Bismarck vorbei, der unversehrt, noch immer die Hand auf dem Schwertknauf, inmitten der Trümmer stand. Ich warf ihm einen fast übermütigen Blick zu: In meiner Hand trug ich die Botschaft des Friedens.

Wenige Minuten später kam ich wieder am Bismarck vorbei, diesmal langsam und ohne aufzublicken. Dort, wo Herrn Jensens Haus gestanden hatte, war nur noch ein Trümmerhaufen. Es sei bei einem der letzten Angriffe getroffen worden, berichtete mir eine alte Frau. »Er ging nie in den Bunker«, sagte sie. »Er wurde lebendig begraben.«

Ich ging auf die Reeperbahn zu. Am Himmel verblaßten die rosa und lila Abendwolken, die silbernen Streifen am Horizont wurden matter. Zu dieser Stunde waren vor langer Zeit auf der Reeperbahn die ersten Lichter angegangen. Tanzmusik erklang, und Tausende von Menschen stürzten sich in das glitzernde Leben von

St. Pauli. Nun war es erloschen. An den leeren Häuserfassaden huschten die Menschen vorbei, stumm und in sich gekehrt.

Aber irgendwo regte sich doch noch Leben. Da war eine Holzbude, die eben geöffnet wurde. Es gab Dünnbier und Fischsalat, und schon drängten sich viele um den Ausschank. Einige Soldaten sprangen über die Planke, um sich einen besseren Platz zu sichern; ein anderer, der am Stock ging, blieb zurück.

Es war dunkel geworden. Der Mond stand als schmale Sichel am Himmel. Ich blickte mich um. Wohin ich auch sah – überall nur Ruinen, Zerstörung und Vernichtung. Ich war achtundzwanzig, doch ich fühlte mich uralt. Was war mir geblieben? Gunnar war an dem Tag aus meinem Leben gegangen, an dem die Gefangenen befreit worden waren. Er würde zu Frau und Kind zurückkehren – in seine eigene Welt.

Und wo war meine Welt? Wohin sollte ich gehen?

Doch dann fiel es mir wieder ein. Ich hatte die Entscheidung längst getroffen. Ich ging weiter, mein Schritt wurde rascher und fester. Eines Tages würde ich Ärztin sein. Ich würde weiter dem Leben dienen.